国家自然科学基金项目"脱贫山区生计效率的多尺度评估与干预机制研究"（编号：42171281）

共同富裕目标下的
全面乡村振兴

苏芳◎著

中国社会科学出版社

图书在版编目（CIP）数据

共同富裕目标下的全面乡村振兴 / 苏芳著. -- 北京：中国社会科学出版社，2024.11. -- ISBN 978-7-5227-4562-6

Ⅰ．F320.3

中国国家版本馆CIP数据核字第20242J93J9号

出 版 人	赵剑英
责任编辑	王　曦
责任校对	阎红蕾
责任印制	戴　宽

出　　版	中国社会科学出版社
社　　址	北京鼓楼西大街甲158号
邮　　编	100720
网　　址	http://www.csspw.cn
发 行 部	010-84083685
门 市 部	010-84029450
经　　销	新华书店及其他书店
印刷装订	北京君升印刷有限公司
版　　次	2024年11月第1版
印　　次	2024年11月第1次印刷
开　　本	710×1000　1/16
印　　张	18
字　　数	300千字
定　　价	99.00元

凡购买中国社会科学出版社图书，如有质量问题请与本社营销中心联系调换
电话：010-84083683
版权所有　侵权必究

前　言

2024年中央一号文件指出，推进中国式现代化，必须坚持不懈夯实农业基础，推进乡村全面振兴。党的二十届三中全会强调，要推动人的全面发展、全体人民共同富裕取得更为明显的实质性进展。共同富裕作为中国式现代化的基本特征之一，是乡村振兴的主要目标和根本方向。现阶段，全面推进乡村振兴战略不仅是建设现代化经济体系的重要基础，也是健全现代社会治理格局的固本之策，是实现全体人民共同富裕的必然选择。然而，产业发展滞后、人才短缺、文化困境、生态压力以及组织基础薄弱，成为乡村振兴面临的主要短板和重要挑战。在共同富裕的目标背景下，如何更好地实现乡村振兴已成为亟待解决的问题。为此，本书从逻辑理路和实践进路两个方面对共同富裕目标下的全面乡村振兴进行系统分析，以期为新时代全面推进乡村振兴、加快实现共同富裕提供理论支撑和实践指导。

本书分为两篇共六章，其中篇一包括第一章至第三章，篇二包括第四章至第六章。在逻辑理路篇（篇一），本书从理论、历史、制度三个维度，深入剖析共同富裕目标下乡村振兴的理论基础、历史进程及制度体系；在实践进路篇（篇二），本书通过深入总结、探索共同富裕目标下的乡村振兴实践，全面剖析其实践价值与模式经验，并详细阐述产业发展、生态保护、生活富裕、乡村治理及支撑保障等具体路径。这不仅为乡村振兴与共同富裕的深度融合提供了坚实的理论支撑，也可为乡村振兴实践提供丰富的案例参考与可行的操作指南。

本书由苏芳负责整体组织与统筹，拟订研究框架和写作思路，明确稿件规范、协调人员分工，并对全书内容进行撰写完善与最终审定。舒琪、胡国玲、康子淇、古梦维、许宋佳等成员协助完成了具体的编写任务。其中，苏芳、舒琪撰写第一章——共同富裕目标下全面乡村振兴的理论基础与理论逻辑。该章从基本内涵、主体范围、主要内容等方面阐明乡村振兴的理论基础，从理论溯源、理论基石和理论进路等方面阐明共同富裕目标下全面乡村振兴的理论逻辑。苏芳、胡国玲撰写第二章——共同富裕目标下全面乡村振兴的历史进程与历史逻辑。该章从发展历程、提出背景、实施目标、重点任务等方面阐明乡村振兴的历史进程，从历史连续性、历史方位、历史使命等方面阐明共同富裕目标下全面乡村振兴的历史逻辑。苏芳、康子淇撰写第三章——共同富裕目标下全面乡村振兴的制度体系与制度逻辑。该章从农村基本经营制度体系、乡村人才工作制度体系、乡村公共文化制度体系等方面阐明乡村振兴的制度体系，从制度环境、制度结构、制度保障等方面阐明共同富裕目标下全面乡村振兴的制度逻辑。苏芳、古梦维撰写第四章——共同富裕目标下全面乡村振兴的实践总结。该章阐明共同富裕目标下全面乡村振兴的实践价值、实践模式、实践效果及实践经验。苏芳、许宋佳撰写第五章——共同富裕目标下全面乡村振兴的实践路径探索。该章构建共同富裕目标下全面乡村振兴的实践框架，并从产业发展、生态保护、生活富裕、乡村治理和支撑保障等方面总结实践案例。苏芳、古梦维撰写第六章——共同富裕目标下全面乡村振兴的实践路向。该章从产业融合、绿色生态、乡风文明、治理有效、生活富裕等方面阐明共同富裕目标下全面乡村振兴的实践选择，从认知图式、组织方式、体制结构、政策制度、产业形态等方面阐明共同富裕目标下全面乡村振兴的实践展望，主要由古梦维完成。此外，全书撰写过程中的框架制定与内容完善等工作，也要感谢常江波、韩雨杉、曹娣、胡玲、王坤等人员的大力支持。

  本书的撰写是在深入总结中国乡村振兴丰富实践经验的基础之上，紧密结合共同富裕的时代背景，对乡村振兴战略展开的一次全面、深入且富有前瞻性的理论探索与实践反思。希望本书能够为政策制定者、学术研究者、乡村振兴实践者以及所有关心中国乡村发展和全球发展问题的读者提供有价值的参考和启示。鉴于我们有限的能力和知识水平，书中难免存在错误和不足，希望读者不吝指教，共同商量探讨！

目 录

篇一 共同富裕目标下全面乡村振兴的逻辑理路

第一章 共同富裕目标下全面乡村振兴的理论基础与理论逻辑……3
　　第一节　乡村振兴的理论基础……3
　　第二节　共同富裕目标下全面乡村振兴的理论逻辑……25

第二章 共同富裕目标下全面乡村振兴的历史进程与历史逻辑……43
　　第一节　乡村振兴的历史进程……43
　　第二节　共同富裕目标下全面乡村振兴的历史逻辑……74

第三章 共同富裕目标下全面乡村振兴的制度体系与制度逻辑……91
　　第一节　乡村振兴的制度体系……91
　　第二节　共同富裕目标下全面乡村振兴的制度逻辑……118

篇二 共同富裕目标下全面乡村振兴的实践进路

第四章 共同富裕目标下全面乡村振兴的实践总结……141
　　第一节　乡村振兴的实践价值……141
　　第二节　乡村振兴的实践模式……145
　　第三节　乡村振兴的实践效果……154
　　第四节　乡村振兴的实践经验……158

第五章 共同富裕目标下全面乡村振兴的实践路径探索 ……………… 163

第一节 共同富裕目标下全面乡村振兴的实践框架……………… 163

第二节 产业发展——脱贫攻坚基础上的脱贫县帮扶产业衔接
机制研究 …………………………………………………… 168

第三节 生态保护——脱贫攻坚基础上的绿色可持续发展研究 … 199

第四节 生活富裕——乡村振兴进程中的农户旅游生计转型研究 … 215

第五节 乡村治理——乡村振兴进程中的农村土地政策改革研究 … 226

第六节 支撑保障——共同富裕目标下的基本公共服务均等化研究 … 239

第六章 共同富裕目标下全面乡村振兴的实践路向 ………………… 255

第一节 共同富裕目标下全面乡村振兴的实践选择……………… 255

第二节 共同富裕目标下全面乡村振兴的实践展望……………… 260

参考文献 ……………………………………………………………………… 265

篇一

共同富裕目标下全面乡村振兴的逻辑理路

中国政府非常重视并始终致力于解决贫困问题。从集体经济向市场经济转型的过程中，政府不仅在顶层设计与制度安排层面高度重视强化公共投入的管理与控制，还积极推动各项改革措施的落实，这些战略性举措极大地促进了扶贫工作的显著进步和发展。党的十八大以来，政府积极推行扶贫与减贫等政策，极大地激发了低收入群众的积极性，让他们更加有动力主动脱贫致富，提高自身素质和技能，积极参与经济和社会建设。这种激发低收入群体内生动力和主体作用的转变推动了低收入地区和群众的脱贫致富进程，使中国的扶贫工作步入了新发展阶段。2020年中国成功实现了全面脱贫的伟大目标，绝对贫困问题的历史性解决是党和国家的重大成就。然而，贫困问题的复杂性和系统性决定了相对贫困仍然是当前中国面临的挑战。党的二十大报告指出，巩固脱贫攻坚成果、推进乡村振兴，是实现全体人民共同富裕的必由之路。在此战略背景下，中国正瞄准共同富裕目标，借鉴过往发展经验，梳理乡村振兴的各个方面，建立健全相对贫困治理的长效机制，改善生态环境和基础设施建设，提高群众的经济收入。本篇主要从理论、历史、制度的角度出发，系统梳理乡村振兴的理论基础、历史进程和制度体系，剖析共同富裕目标下全面乡村振兴的理论逻辑、历史逻辑和制度逻辑，以期为更好推进乡村振兴、促进共同富裕提供理论支撑，为全面建设社会主义现代化国家提供理论指导。

第一章 共同富裕目标下全面乡村振兴的理论基础与理论逻辑

乡村振兴战略是中国共产党统领全局、统筹布局提出的一项关键性战略。乡村振兴立足"三农"问题,在党和国家的带领下重点规划乡村发展,以产业兴旺、生态宜居、乡风文明、治理有效、生活富裕为基本内涵,深入推进农村建设。党的二十大报告强调,要全面推进乡村振兴战略,加快建设农业强国,扎实推进乡村产业、人才、文化、生态与组织振兴。要加强农村基础设施建设、统筹公共服务总体布局、建设宜居宜业和美乡村,实现全体人民共同富裕的中国式现代化。乡村振兴和共同富裕存在高度的目标趋同性,乡村振兴是实现共同富裕的必由之路。全面建成小康社会并不意味着中国已经解决了贫困的问题,"三农"仍然是中国建设和发展的关键所在,要不断提升乡村治理水平,有序推进乡村全面振兴,为实现共同富裕提供有力的保障。基于此,正确认识农业、农村、农民在乡村振兴战略推动过程的重要作用、明确乡村振兴战略实施的具体内容和理论逻辑、理解和把握乡村振兴与共同富裕之间的内在逻辑是推动乡村振兴的关键所在。本章从理论基础和理论逻辑两个方面出发,梳理了共同富裕视角下乡村振兴实施的内涵、主体、内容和相关理论,旨在进一步完善乡村振兴的理论研究,为进一步推动乡村建设、实现共同富裕提供理论依据。

第一节 乡村振兴的理论基础

实施乡村振兴战略是实现共同富裕的必由之路,乡村振兴是经济、社会、生态、民生和社会的全面振兴,它要求国家从宏观的战略高度,深刻把握发展的内在规律与核心要义,确保乡村地区在多维度的振兴道路上稳步前行，为实现全体人民共同富裕奠定坚实基础。乡村振兴关系到中国能否正确处理"三农"问题，能否从根本上解决城乡差距问题、城乡发展不平衡不充分的问题。习近平总书记强调，必须坚持中国共产党领导"三农"工作的原则不动摇。乡村振兴战略是以习近平同志为核心的党中央从党和国家事业发展全局出发、着眼实现"两个一百年"奋斗目标、顺应亿万农民对美好生活的向往作出的重大决策，为此要坚持中国共产党的领导，多方主体协同推进乡村振兴。本节梳理了乡村振兴的基本内涵、主体范围和主要内容，为全面推动乡村振兴提供理论基础。

一 乡村振兴的基本内涵

乡村是一个区域综合体，与城镇连接紧密，具有与农民相关的生产、生态、生活、文化等多种功能。乡村兴则国家兴，乡村的发展状况在一定程度上能体现整个国家的发展现状。同时，人民日益增长的美好生活需要和不平衡不充分的发展之间的矛盾在乡村最为突出，中国仍处于并将长期处于社会主义初级阶段的特征在乡村体现得十分明显。因此，乡村建设是全面建成小康社会和社会主义现代化强国的任务所在，也是最全面最深厚的基础所在。实施乡村振兴战略是解决新时代社会主要矛盾的必要途径，为实现中华民族伟大复兴的中国梦提供了重要现实经验和深远历史意义[1]。深刻理解习近平总书记关于乡村振兴重要论述的科学内涵，是新时代新征程全面推进乡村振兴、推进农业农村现代化和加快建设农业强国的必然要求。乡村振兴的内涵是全面的、系统的，它要求在推进乡村经济发展的同时，注重乡村社会、文化和生态等方面的发展与进步，其具体内涵包括以下五个维度。

（一）经济之维：产业兴旺

产业兴旺是乡村振兴的重点。产业兴则百业兴，通过加强产业结构调整，促进经济增长，构建起健康的社会环境，是实施乡村振兴战略的关键，更是实现共同富裕最终目标的前提。随着农民收入的增加，他们对生活品质的要求也在不断提高，农村产业高质量发展可以创造更多的就业机会和增收渠道，让农民在产业发展中分享更多增值收益，从而让

---

[1] 习近平：《决胜全面建成小康社会 夺取新时代中国特色社会主义伟大胜利——在中国共产党第十九次全国代表大会上的报告》，人民出版社2017年版。

产业振兴成为乡村持续发展、农民美好生活的重要保障,因此,实现农村产业高质量发展至关重要。农村产业的健康、科学、可持续发展是产业兴旺和经济发展的基础,农业生产力的提高推动着农村产业的发展。为实现农村产业高质量发展,要推动农村产业创新发展,提升产业生产链,强化交易利益链,统筹城乡一体化发展,增加新时代农民收入,为实现新农村健康发展提供扎实、充足、可持续的物质与财力支撑。不同于社会主义新农村建设的"生产发展"的重点是改进和优化农业生产结构、发展方式和产业构成,产业振兴是在现有基础条件下发展的农业生产,在发展过程中注重提高农业与非农产业的有机融合。农民作为农村经济发展的主体,可以在一二三产业融合中分享产业发展的增值收益,故而可以通过农民与产业有机结合、共同繁荣,最终实现农业体系和二三产业体系的协调发展,共同推进乡村产业振兴[①]。此外,乡村振兴各领域的政策活动旨在促进社会健康发展,促进生产力水平的提高,为产业兴旺提供了保障。绿色发展支撑产业兴旺,新质生产力促进经济社会发展全面绿色转型,为乡村振兴提供持久动力。以绿色可持续发展为前提,以生产力发展为指标可以衡量农业现代化程度,并且能构建集产业链、农业价值链、产业附加值于一体的绿色产业发展格局。在这样的发展格局中,现代农业的繁荣与否,取决于如何提高农民的收入水平,以及如何维护他们的合法权益。随着城市化进程的加快,农村的产业结构调整将促进城市与农村之间的平衡,使两者都可以从中受益,并且可以通过促进产业创新、人口流动以及经济的可持续发展来实现这一目标。首先,产业兴旺面临农业供给侧矛盾的现实问题,产业发展的重点是提高农产品质量,加强产业建设,提供更优质、更安全的农副产品和工业原料。同时,面向农业现代化体系,通过提高农业科技创新、服务体系保障等为农业现代化发展提供基础条件。其次,产业兴旺需要依托农业的多功能属性,推动农业与物流管理、科技创新、高新产业、品牌营销等增值产业协调发展和融合创新。中国幅员辽阔,地区之间资源禀赋、地理位置和经济发展存在较大差异。在当地发展现状和资源特征的基础上,农业可结合龙头企业开发具有当地特色的现代化产业。最后,农业现代化

---

① 汪三贵、周园翔、刘明月:《乡村产业振兴与农民增收路径研究》,《贵州社会科学》2023年第4期。

是农村产业的发展方向,要不断完善农村基础设施,增加人力资本、技术资本和生产要素投资,促进农业产业组织体系优化,同时以农民家庭为单位进行规模化经营,提高农业生产率和农产品附加值,增强农村农产品综合竞争力,为乡村振兴战略的实施提供更充足的经济动力。

(二)生态之维:生态宜居

生态宜居是实施乡村振兴战略基本的环境条件。农村生态文明建设是构筑良好生态环境、满足人民群众美好生活愿景的基石,它旨在通过不断完善农村基础设施、优化农村生态环境,促进人与自然和谐共存。生态宜居注重农村生态文明建设,体现了人与自然的新发展,是实现乡村振兴质量保障的重要体现。以生态宜居为导向,人与自然的关系由人类依附自然的原始状态向人与自然和谐共生的方向逐渐进步和发展①。在保持乡村自然环境、乡风文化等的基础上,乡村振兴致力建设新时代美丽、宜居乡村,为人们提供安居乐业、青山绿水的美丽环境。生态宜居既是实现资源转化的和激活农村内生动力的重要路径,也是实现农民高质量共同富裕的条件②。生态宜居目标包括物质和精神两个方面的内容。即实现农村生态环境治理取得明显成效,农业生态保护取得新进展;人与自然环境融为一体,人民过上幸福生活。过去,部分农业活动因缺乏合理性,对农村的生态环境造成了严重损害。而今,向生态宜居的转型旨在让村民能够呼吸到清新空气、享受健康生活,从而切实体会到经济发展与环境保护协同并进带来的效益。目标评价维度下的生态宜居表明良好的生态环境是最大的优势和宝贵的财富,因此,良好的生态必须成为乡村振兴的支撑点。乡村振兴战略背景下的生态宜居蕴含着乡村生态环境的价值取向,更加强调村容村貌的外部整洁和干净,更加注重人与自然的和谐发展。随着乡村振兴战略的不断推进,农民对生活环境和居住水平的要求也日益提高。然而,长期的经济建设严重影响了农村环境,在农民的卫生安全方面依旧存在部分隐患③。为此,必须重视环境建设和乡风建设在乡村振兴战略中的重要地位。在推动农业的可持续发展过程中,一是要通过提高人们对于自然资源价值的重视,进而促进对资源的长期利用;二是要通过采取有效措施来解决当前的环境挑

---

① 徐勇:《中国农村村民自治》,华中师范大学出版社1997年版。
② 陈美球:《乡村振兴与土地使用制度创新》,南京大学出版社2019年版。
③ 宋惠敏:《乡村振兴与农民工人力资源开发研究》,河北人民出版社2019年版。

战，使社会发展更加健康、可持续。政府的引导和支持是生态宜居发展的基础保证，要重点治理农村存在的环境问题和生态问题，把环境资源和美丽乡村建设作为生态宜居的重要形式，为农民创造美好生活条件和生存环境。

（三）文化之维：乡风文明

乡风文明是实施乡村振兴战略内在的精神要求。文化是民族之根，良好的乡村文化是中华民族生存和发展的基础，也是乡村和宗族持续繁荣的精神核心[①]。社会主义核心价值观建设下的乡风文明，是乡村振兴的精神支柱和内在本质，为实现共同富裕奠定了文化内核和人文价值。但是，随着经济的快速发展，许多乡村的文化与精神遭受了极大的冲击。随着经济的不断进步，一些古老的、温馨的、美丽的乡土气息也开始慢慢淡出人们的视野。在这样的背景下，要想让乡土气息重新焕发生机，就必须加强对当地文化的宣扬，保持对于乡土文化尊重、友爱、包容的氛围；同时，积极创办各种活动，以促进当地经济、政治、文化的健康发展。农耕文明作为中华民族千百年来的优秀文明，是乡土文明的根和魂。因此，应当以社会主义核心价值观为指引，传承和振兴优秀传统农耕文化，振兴农民精神，重塑人民群众价值观和信仰。在品德和行为上，应继承和发扬农耕文化的优良传统，形成积极进取、健康向上的社会风气和精神面貌。乡土文化、农耕习俗和纯朴的民俗是乡村发展的精神支柱，是构建和谐美好乡村的重要基础。一方面，乡村文明涵盖思想和文化，为实现产业兴旺、生态宜居、治理有效和生活富裕提供思想建设。2022年中共中央办公厅、国务院办公厅印发的《乡村振兴责任制实施办法》指出，要不断引导农民自身实现人与自然和谐共生，为乡村生态宜居提供人文支撑，加强社会主义核心价值观在农民和农村中的思想价值引领，为实施乡村振兴争取广泛群众支持。另一方面，乡风文明是乡村振兴在文化方面的要求，应深入发掘和凝练优秀的乡风文化，弘扬社会正气，推动广大村民积极投身乡村文化的建设，提升主体意识，提高乡村文化程度和思想道德水平。如今，乡村振兴战略背景下的乡村文明建设内涵更加深刻[②]。在乡村振兴的指导思想指引下，乡村文化复兴正不断

---

① 刘博敏、戴嵘、杜建军：《农业产业集聚对乡村振兴的影响》，《统计与决策》2023年第1期。

② 高云才：《全面推进乡村振兴落地见效》，《人民日报》2022年12月14日第4版。

被推进以满足当今世界的需求。这一需求的复杂性，不仅体现在乡村文明的指导思想上，也体现在实际行动上。伴随经济社会的发展，新时代的乡村文明正以其独特而多元的特征，将古老的传统与先进的管理理念、技术手段、技术创新、技术应用，以及技术创造等方面交汇应用，使中国特色社会主义理论更好地落地生根。为了更好地推动乡村振兴，必须加强对乡村文明的支持，创造有利于其可持续发展的社会条件、法律法规以及政策支持，促进农民现代思维能力、社会责任感的增强，进而推动新时代的乡村文明进程，最终实现乡村文化的复苏①。

（四）社会之维：治理有效

治理有效是实施乡村振兴战略的有力政治保证。治理有效是乡村振兴战略实施的核心，乡村振兴战略契合了"完善和发展中国特色社会主义制度"②。首先，组织振兴提出的民主管理原则强调了村民的参与，并且在实施过程中，着力培养了多元化、多样化、多层次的政府机制，使其能够在保障公共利益的同时，实现政府的政策目标。其次，农民、农村经济合作组织、农村社会组织等各种力量是有效治理农村的重要主体，在组织振兴的过程中应充分利用农民、农村经济合作组织、农村社会组织等各种力量，并让他们参与、融入乡村治理的整个过程，同时将传统的村规民约、宗法伦理等资源与村民自治和国家法治有机结合起来，从而实现多方参与的有效治理。如今，通过推行民主政治、加强社会治理和促进农民参与，现代农村治理体系已经基本建立，法治建设、道德规范和村民自治也已经形成，这极大提高了农村应对各种治理危机的能力。然而，随着退耕还林、易地搬迁等工作的不断推进，以及部分农村基础设施的不断建设，部分地区的社会治理、环境保护等出现了新的问题，因此，需要进一步进行农村治理体制改革。为了更好地服务农村社会，应建立一个信息平台，加强农业信息的流通速度，并采取多元化治理模式解决目标偏离和治理效率低下的问题。同时，要建立健全农村基层党组织的核心领导作用，加强党的统筹兼顾作用，做好农村党员管理和领导干部选拔任用工作，建设一支负责任的基层党组织队伍。对于农村社会治理，还要建立有效的社会管控机制，利用其独特的政策、结构、

---

① 胡德宝、翟晨喆：《脱贫攻坚与乡村振兴有机衔接：逻辑、机制与路径》，《政治经济学评论》2022年第6期。

② 陈朋：《夯实乡村振兴的治理根基》，《光明日报》2021年3月30日。

人民参与以及多元化的管控手段，实现有效的治理与管控①。最后，完善政府治理机制，在农村社会组织和广大农民群众等多元主体共同努力下，解决当前条块分割的具体问题，实现整体协同运行，提高治理效率。采取以德治为基础、以法治为保障的多元治理模式，坚持协同管理和精准服务，解决当前存在于农村的去组织化问题，促进农村社会结构调整和农村治理体系完善，同时切实增强农村发展软实力，形成高效的内部驱动机制，为实现乡村振兴提供稳定良好的外部环境和内在动力。总而言之，可从以上方面创新建立新时代农村治理体系，在积极吸收和践行现代治理理念的同时，着力探索符合农村发展实际和农村地方特色的治理机制。在上级政府的监督领导下，不断提升村委会的治理责任和治理能力，动员村民参与乡村治理，充分发挥农村民主政治作用，突出法治在维护农村和谐安全稳定与培育良好农村风气中的作用。

（五）民生之维：生活富裕

生活富裕是实现乡村振兴战略的中心要求。"三农"工作旨在为农民带来更加丰厚的回报，以提高生活质量，促进农民在经济发展中取得更大成就。因此，"三农"工作强调，必须以改善农民收入为首要任务，并以此为基础，推进乡村振兴，让每一位农民都享受到更加幸福和安康的生活。生活富裕是全面建成小康社会阶段对农民生活水平的基本要求②，更是推动乡村振兴战略的核心要求。生活富裕，相较于物质、经济的富裕，更加强调农村生活水平和幸福指数的提高，体现了农民对社会生活的满足③。为了实现增加农民收入的目标，必须以促进农村全面发展为前提，积极开辟新的增收途径，惠及更多的农民，并且让农民可以从中体会到生活改善的快乐。此外，还必须努力减少城乡之间的财政负担，使农民及其家庭都可以从现代化的社会中获益。让更多的人享受到更加优质的服务，提高农民的幸福感成为生活富裕的重要路径，并以此为基础推进乡村的可持续发展。实现生活富裕，需要通过发展农业集体经济、

---

① 蔡文成：《基层党组织与乡村治理现代化：基于乡村振兴战略的分析》，《理论与改革》2018年第3期。
② 张志元、李洋：《共同富裕视域下高质量推进乡村振兴的路径探析》，《长白学刊》2022年第6期。
③ 申云、李京蓉：《我国农村居民生活富裕评价指标体系研究——基于全面建成小康社会的视角》，《调研世界》2020年第1期。

现代化农村结构、特色农村产业等方式促进农民收入渠道多样化①。推动生活富裕的方式具体如下。首先，在结合农村发展现状和农民发展意愿的基础上，对农村现存的污水、废水等污染系统进行合理改造，加强农村水网、电网、互联网等的基础建设，提升高质量农村基础建设的覆盖率。同时，重视教育在乡村建设和提升农民素质中的优化作用，促进城乡教育一体化平稳发展，加强农村产业教育和成人教育的建设与发展②。其次，生活富裕需要以健康乡村为建设基础，需要积极打造健康乡村、完善农业医疗设施建设、加强公共卫生风险预警、完善农村居民医保制度等，通过深入开展乡村卫生活动，提升农民的健康意识，推动农村高质量发展。最后，从宏观层面出发，妥善处理农村内部产业关系和城乡发展不协调的现状，增加农民在城市的就业机会、拓宽农民就业增收渠道，增加农业组织的就业岗位，提高农民进城就业效率，增强农民的获得感和幸福感。生活富裕体现了以农民为中心的发展理念，是最终验收乡村振兴战略实施成果的价值标准，因此，在促进乡村振兴的道路上，必须高度重视改善民生，致力实现农民生活的全面富裕。

二 乡村振兴的主体范围

乡村振兴以党和政府为主导，以农民为主体，以社会力量为调节。党和政府包括中央政府和地方政府，社会各界力量包括当地企业、高校和科研院所、农村社会组织。农民既是乡村振兴的主体，也是战略实施的推动者和受益者。在乡村振兴中，农民自主意识的觉醒构成了发展的动力，农民在发展中的生计、文化、价值需求构成了内生动力的基本要素。新时代关于农村建设的国家宏观战略和农民自身发展的微观需求相互作用、相辅相成，共同构成了乡村振兴战略实施的内外部因素和主要推动力。

（一）以党和政府为主导

党和政府在乡村振兴中发挥着重要作用。中国共产党的领导是乡村振兴战略实施的根本保证；政府是农村建设过程中的重要治理主体，承担组织、协调等多种功能。通常，中央政府是政策制定和战略规划的领

---

① 朱海波、聂凤英：《深度贫困地区脱贫攻坚与乡村振兴有效衔接的逻辑与路径——产业发展的视角》，《南京农业大学学报》（社会科学版）2020年第3期。
② 郭少雅：《接续书写全面推进乡村振兴新篇章》，《农民日报》2022年10月22日。

导者，而地方政府负责实施政策并确保其有效执行。在政府职能体系中，政府治理能力是推动乡村振兴的关键能力，是政府在满足当前政治、经济和社会发展需求的同时，通过综合运用行政和法律手段，使计划与市场相协调，促进社会经济健康发展的能力。强有力的政策体系和优秀的政府执行能力为实践研究创造了条件，为深入分析和探讨乡村振兴政策分布的特点奠定了坚实的基础，有利于进一步完善乡村振兴相关政策。

1. 中央政府

中央政府负责以全局观与科学观统筹协调，从宏观层面制定和完善政策与制度，建立政策和财政为主要支撑点的发展路径，将政策和法规的实施下放至地方政府，并根据各地乡村发展的实际情况因地制宜地推动发展，从而实现乡村振兴战略的有效推进。在乡村振兴发展的大背景下，中央政府主要从以下方面开展工作。首先，根据国内外发展阶段的特点，结合区域发展差异，制定相应的战略、规划和政策。通过统筹规划，组织高校和专业团体为乡村发展建设民间智库，结合各地发展情况推进不同的措施。其次，为了更好地满足群众的需求，中央政府建立了有效的监督机制，加强对基层干部的培训，提供技术支持，并给予适当的激励，以便更好地解决农业发展中的基本矛盾，提升农村基础设施建设，改善社会公共服务。最后，基于县域经济融合发展，中央政府大力推进农业产业化建设，利用数字化技术提升生产效率，并将目光投向国内外市场，为乡村振兴注入持久的活力。

2. 地方政府

地方政府通过对政策的解读和执行，将政策建议转化为实际的措施。乡村振兴战略的实施离不开地方政府的努力，急需地方政府在战略规划上发挥核心协同作用，精准对接并推动乡村发展战略的有效实施。因此，地方政府要以贯彻落实国家政策方针为基础，以全局与地方结合为有序着力点，在充分尊重乡村农民意愿、结合国家发展战略的前提下，有的放矢地共谋发展建设规划，引导社会多元群体发表意见、提出建议。在实施乡村振兴战略的过程中，地方政府应坚持政府与市场相结合，通过鼓励和引导农村企业，大力推动产业振兴，建设覆盖农业基地、乡村院校、涉农企业的服务建设平台；探索科技入股、技术入股等措施以提高农村产业的可持续性；同时，通过联合多方主体积极提供乡村服务，改善农村生态建设，提高农民生活水平，为实施乡村振兴战略提供有力保障。

（二）以农民为主体

乡村振兴的个体层级构成主体有农民和村干部两类。农民是乡村振兴发展的重要实践主体，也是乡村建设的直接受益主体，具有主体地位。村干部是扎根乡村一线、融入乡土社会、参与乡村治理的中坚力量，也是关键主体。在乡村振兴实践中，农民主体性体现在日常的社会生产生活中发挥的能动性和创造力，也是农民在协调对象化关系和过程中所体现的主体能力[①]。

1. 农民

农民是乡村振兴的主要力量，在乡村建设中不可或缺，这深刻地体现了农民的主体性。农民生长于农村、建设于农村，农民能力建设离不开农村背景。随着乡村的发展，当今社会的劳动力市场也在迅速改善，需求人群从以前的单一技术性农民逐渐转变为具有多种能力的"新农人"。因此，为了适应劳动力市场需求，农民积极参与了自身能力的建设，以全面提升基本能力为目标，从而满足不同的文化场景、发展偏好和实际需求[②]。农民积极把握发展机遇，加强对自身的教育培训，逐步提升基本能力，并培育多元协调能力的发展。比如，各地农民通过参加农业创新示范园区、农业生产基地、现代化农林区、跨境电子商务企业基地等组织的活动，学习新知识、培养新能力、开阔视野、创新认知、发现新机遇。乡村振兴战略以农民为出发点、立足点和着力点，根本目的是实现农民富裕，因此，农民的主体性起着至关重要的作用。农民的主体性体现在农民自身的能动性和创造性上，能否发挥农民的积极能动性是乡村振兴战略能否取得实质性进展的关键因素。主体性的关键就是权利是否得到保障、能力是否得到提升，乡村全面振兴关键在于坚持农民的主体地位和对农村经济建设的统筹谋划。

2. 村干部

村干部是政府政策和国家战略的实施者，是农村、农民和农业的承接者，其治理能力的成效直接决定着新时代农村建设的整体水平。村

[①] 王春光：《关于乡村振兴中农民主体性问题的思考》，《社会发展研究》2018年第1期。
[②] 李超：《乡村振兴背景下农民主体性发挥的制约因素与培育路径》，《贵州社会科学》2023年第12期。

干部在系统和全面了解农村工作的基础上,对农村"生态、生产、生活"有积极的推动作用,能够为农村经济发展、文化建设和有效治理描绘出美好蓝图。为了更好地推进农村的发展,村干部应加强对政策、法律、农村经济的理解,并着眼当前的农村经济状况,充分运用惠农政策,努力为农民群众带来更好的生活。同时,村干部应当在充分挖掘乡村潜力、激励农民积极性的基础上,合理运用政策,更加精准地定位并促进农村的发展,进而更好地为农民生活、农业生产作出贡献。在政治思想方面,村干部要不断深化对政治理论的学习和研究,积极吸收农村治理中的实践智慧与宝贵经验,同时紧跟时代步伐,熟练运用现代技术手段,不断提升自身的管理与服务水平,为农村的可持续发展奠定坚实基础。

(三)以社会力量为调节

随着市场经济的发展,社会治理主体逐渐多元化,政府治理逐渐从"管理者"到"服务者",社会和乡村治理主体为乡村振兴提供了强有力的支撑,成为推动农村从外部发展转向内部发展的重要力量。乡村振兴社会层级的组成主体有企业、高校和科研院所、农村社会组织三类。在乡村振兴阶段,企业带动乡村发展、引导市场与农民二元结合的作用进一步凸显;部分高校和研究院所对"三农"进行实证研究,在校企合作、科技扶贫和阻断贫穷代际传递等方面作出了很大的贡献;农村社会组织通过组织和协调农民,不断扩大在产业建设、文化教育、生态建设、社会服务等方面的公众影响力。

1. 企业

村企联动为当地农业带来了巨大的经济效益,通过实施标准化、现代化、专业化的生产管理,精准的营销策略,信息化的营销渠道,使当地的特色优质农产品得到更广泛的国际市场认可。企业作为市场的直接主体,深度融入并积极助力乡村振兴战略的实施进程,并且依托自身优势不断带动乡村进行产业创新。产业振兴是乡村振兴战略实施的经济基础和重要保障,需要企业主体的广泛参与和贡献,共同推动农村产业实现多元化、高质量的综合发展。在此过程中,企业主体可以创新现代经营理念,通过加大资源投入、强化人才队伍建设,构建农村产业发展新业态,为农村产业发展提供充足的发展动力,促进乡村振兴的持续发展。目前,部分市场主体正不断增加对乡村振兴的援助力度,很多企业将助力乡村建设、参与精准扶贫作为应当履行的社会责任。在此基础上，要鼓励企业为乡村振兴的发展提供资金支持和专业技术，为乡村建设提供充足的人才和资源，帮助农村产业科学、健康地适应产业振兴发展道路。

2. 高校和科研院所

高校和科研院所在推动高质量发展方面发挥着重要的作用，不仅具有丰富的知识储备，而且在提升农业科技水平方面发挥着重要的推动作用。一方面，通过提升这些机构的专业化能力，可以更加高效助力乡村振兴目标的实现，并促进产业的蓬勃发展。科研院所致力深化联合研究，不断突破农业及其相关领域的技术"瓶颈"，引领技术革新，确保农业发展的持续性与韧性。依托全国各地高校和科研院所的紧密合作与协同发展，乡村振兴的进程将得到显著推动，进而为经济社会发展提供动力。另一方面，为了更有效地提升农村人口的素质，高校要积极构筑全面的、多元的培训体系，采用下乡调研、直播助农等方式，以及一系列创新高效的教育模式，帮助农民掌握专业的知识，提升自我发展能力。同时，注重加强基层干部的思想教育和能力建设，促进人才培养、乡村建设、党政赋能的有机衔接，形成乡村振兴的强大合力与良性循环。

3. 农村社会组织

农村社会组织是当代社会治理中不可或缺的重要主体，在农村建设中发挥着重要的推动作用。在深入实施乡村振兴战略的过程中，农村经济类社会组织不断加强组织内部专业建设，通过企业、组织、合作社等多方合作，形成多领域、多主体、多组织的参与，进而全方位助力乡村振兴[1]。随着社会服务体系的日益完善，传统的社会救济和慈善捐赠已经不再适应当今的需求，因此，为了有效激活乡村的内在活力与潜力，各类社会组织不断加强自身的专业性，深度挖掘并高效整合自身资源，同时运用自身的优势，努力构建一种以可持续发展为核心的经济社会增长新模式，以此来推动乡村的发展。为此，可以借鉴各类农业合作社、农产品协会、茶叶协会的经验，以及其他各类政府机构的做法和各类企业的努力，以激活农村地区的经济活力，促使当地的经济可持续增长。通

---

[1] 张照新、吴天龙：《培育社会组织推进"以农民为中心"的乡村振兴战略》，《经济纵横》2019年第1期。

过共同努力，让村民一起打造、建设和管理美丽农村，最大限度地发挥社会组织的专业优势，赋能乡村产业、生态、乡风、治理全面发展。

三 乡村振兴的主要内容

（一）抓好粮食和重要农产品稳产保供

在全面推进乡村振兴进程中，应加强粮食生产，保证重要农产品的稳定供应。中国是人口大国，粮食的生产是保障稳定发展的重要基础，解决好人民的吃饭问题，是治国理政的重中之重。为此，应该立足当前粮食生产和农产品供给现状，把粮食安全作为发展的重点。首先，全力抓好粮食生产，保证粮食供给。生产是粮食供给的来源与开端，粮食的供给是国家稳定发展的保证，因此，各个地区要稳定耕地面积，加强农业生产，全方位地保证粮食供应和粮食安全，确保中国的粮食总产量在1.3万亿斤/年以上。地方政府要加强地方粮食生产和农民保障机制，保证农民种粮获取稳定收益。在南方地区，应加强小麦、稻谷、玉米等熟制粮食生产，完善农产品保供稳价应对机制。同时，各级政府要建立健全地方耕地保障机制和粮食安全责任考核机制，不断完善农业和粮食安全保障法律法规，推动粮食生产，保障粮食供给。其次，加大力度扩种大豆油料。油料是中国粮食能源发展的重要来源，应大力发展大豆、油菜等粮食种植，开展"稻油轮作"，推进油料产能提升工程。在东北地区、淮海地区加大粮豆生产，推动开发盐碱地助力大豆种植。同时，加强对各地区大豆、玉米等油料种植农民的收益补贴，推动油料种植地区收入保险新试点，并对其进行优化。再次，发展现代设施农业。《全国现代设施农业建设规划（2023—2030年）》明确规定现代设施农业建设包括四个方面：一是建设以节能宜机为主的现代化设施种植业，加快水稻集中育秧中心建设和粮食烘干技术建设；二是加强以高效集约为主的现代设施畜牧业，推动地方畜牧业养殖场规范化发展；三是加强以生态健康养殖为主的现代设施渔业，推动生产养殖改良；四是加强以仓储建设和烘干技术为主的现代物流设施，加快冷藏冷链设施建设，增加农产品在运输过程中的保鲜时间。这四个方面是发展现代设施农业的重要方向，有利于推动中国设施农业的快速发展和转型升级。最后，发展多元化食物供给体系。食物供给多元化体现在农林牧渔业等多方面，通过加强农业多层次融合，完善植物、动物、微生物多方融合发展，多种食物可被供给。具体而言，各地区应加快粮食种植，建设高标准农田、建立优质生产基地、建设海洋牧场、推动多元化水产养殖。在供给多元化的同时，还应加大食品粮食安全监察力度，保证安全供应。另外，统筹做好粮食和农产品宏观调控。加强粮食和农产品统筹分配是乡村振兴战略顺利实施的重要保障，因此，政府要在加强粮食应急保障的同时，继续完善农产品专业技术推动补助政策，加强对化肥等农业生产资源的宏观调控和储蓄运输。粮食安全是中国乡村振兴发展的重点保障，应不断加强农产品供给、分配和现代化农业技术设施建设，保障多元化的食物供给，以保障乡村振兴战略的稳步推进。

（二）加强农业基础设施建设

在全面推进乡村振兴的进程中，应加强农业基础设施建设。农业基础设施是农村社会经济和国民经济发展的重要物质保障。加强农村基础设施建设是中国有效推进乡村振兴战略的重要途径，也是实现经济可持续发展的基础支撑，同时还是城乡统筹发展的重点工作。为此，要加强农业基础设施建设，推动农业稳定可持续发展。首先，加强耕地保护和用途管控。耕地是保证人民生存的重要来源之一，是粮食生产的重要保证，耕地质量的好坏直接影响农业产出的效率。因此，各地区应加强耕地的评定和审核机制，确保耕地供应数量相等，保证耕地生产发展质量，稳步提高耕地粮食产量。特别指出，在耕地的用途方面，应保证耕地使用的专一性，防止农村高质量耕地流转为其他农用地，保证耕地的数量与质量。同时，还应积极探索耕地种植多元化机制，加强耕地的实时监测，在农业大省创新性地开展耕地试点。其次，加强高标准农田建设。建设高标准农田，是巩固和提高中国粮食生产能力、保障国家粮食安全的重要举措。高标准农田因其完整的设备、肥沃的土壤、科学的经营方式保证高产稳产而被基本划定为永久性耕地。在农田建设层面，要加大力度完成高标准农田在各地区的建设和改造，在土壤、灌排、产出等方面提高运作效率；要加强东北地区黑土保护和坡地耕地的有效治理，强化干旱地区水资源灌溉和红黄壤耕地改良的技术水平。在制度保障层面，将永久性农田转化为高标准农田，积极建立健全高标准农田建设的保障机制和长期有效的管理、保护机制。再次，加强水利基础设施建设。水利基础设施是农业发展的生命之源，是推动农村基础设施建设的重点工程。扎实推进重点水利工程建设，需加强水资源灌溉区建设、中小水库区域调水、灌区骨干工程等重要项目。黄河流域需控制用水，节约用水，将黄河水资源有效地用于黄河流域农业灌溉。同时，还应加强各地区中小水库监测和定期维修，保证水资源持续供给。最后，加强农业防灾减灾能力建设。一是要加强农业气象灾害的预警。各地区应加强气象监测设施建设，及时发布不同区域、种类、灾情的监测信息，提高农业防灾减灾能力，最大限度地减少灾害对农业的影响。二是要提升动物疾病常态化防控。动物疾病是人畜共患病的主要源头，应抓好非洲猪瘟等动物疾病的防控工作，从根源上阻断动物疾病的传播，以保证中国农业安全和粮食安全。综上所述，农业基础设施建设是发展农业的重要基础保障，在乡村振兴的稳步推进阶段，应该加强耕地保护和用途管理、加强高标准农田建设和水利基础设施建设、强化农业防灾减灾能力建设。

（三）强化农业科技和装备支撑

在全面推进乡村振兴的过程中，应继续加强农业科技和装备支撑。科技是农业建设的重要推动力，装备是农业发展的重要支撑，强化农业科技和装备支撑就是加强农业核心技术建设、提高乡村振兴战略的技术和装备支撑。首先，推动农业关键核心技术攻关。2024年，党的二十届三中全会研究了进一步全面深化改革、推进中国式现代化的问题并作出决定，决定强调，要优化重大科技创新组织机制，统筹强化关键核心技术攻关。农业关键核心技术主要包括不可替代、开发成本高、成效收获显著的核心技术。主要应从以下方面入手推动农业关键核心技术攻关：一是加强产业需求导向和农业科技创新体制，建立职权分明、分工合作和产业协同的新型农业科技体系。以农业领域的高校、实验室、创新平台和相关工作团队作为技术的开发者和实践者，增加对相关机构和平台的资金投入，保证农业技术创新发展。二是加强在农业专业性研究、重大科研项目、关键技术等方面的创新和攻关，进一步加强农业科技领导和产业体制建设，将核心技术合理地运用于农业建设的实践。其次，深入实施种业振兴行动。种业振兴是保障粮食安全、强化装备支撑、推动农业发展的重要战略之一。在全国农业种质资源普查的背景下，确定当前中国种业的具体资源情况，开展开放合作、共享协作的农业种业评价体系。同时，确立以高产大豆、短生育油菜、耐盐碱耐干旱等新品种为主的多元种业，加快不同品种的生产、育种步伐，积极扩建多元化种业育种，加强农业规范化种植管理。再次，加快先进农机研发推广。先进农机能极大提高农产品种植、增收和培育的效率，应主要从以下方面入手加快先进农机研发推广。一是加快先进农机的研发。各地区应该加快研发大型农业装备，以及适用于丘陵、斜坡、山区的小型农业机械。同时，应继续加强北斗智能检测、空中驾驶系统和农业监测机的研发和使用。二是加快先进农机的推广。农机的应用速度在一定程度上影响着农业的发展速度，农机的研发与应用不能"关起门"，而应该"走出去"。各地区在加强农机建设的同时，也要积极推进农机的实践化，提高农机对农业的生产效率，推动农机效益最大化。最后，推进农业绿色发展。农业绿色发展是可持续发展的必经之路，必须建立不损害自然环境、与资源环境共生的绿色农业，应主要从以下方面入手推进农业绿色发展。一是要加强污染源头防治，重点加强秸秆、农药、塑料等废弃物的处理规范化，防治废弃物对农田的二次污染。二是要建立健全农业生态保护监测机制和生态补偿机制，加强各地的生态监测和生态保护，防止危害绿色农业的行为发生。三是改善绿色农业环境，具体做法包括但不限于黄土高原淤泥地建设、退耕还林政策落实、加快农牧地修复、开展长江流域生态建设等。综上所述，强化农业科技和装备设施是推动中国农业建设的重要支撑，为保证农业的绿色可持续发展，应该从推动农业核心技术攻关、深入实施种业振兴、加快先进农机研发等方面进行布局。

（四）巩固拓展脱贫攻坚成果

打赢脱贫攻坚战之后，中国要进一步巩固拓展脱贫攻坚成果，接续推动脱贫地区发展和乡村全面振兴。确保脱贫群众稳定脱贫、守住不返贫的底线，是顺利推进乡村振兴战略的重要保障。脱贫地区的农民因其自身贫困性、脆弱性和资源禀赋性在脱贫后仍然存在返贫风险，稳定脱贫成果是全面推进乡村振兴、实现共同富裕的基础保证。为此，要积极巩固拓展脱贫攻坚成果，为全面建设社会主义现代化国家而不断奋斗。首先，坚决守住不发生规模性返贫底线。一是压实各地关于巩固脱贫攻坚方面的责任，对脱贫地区进行实时动态监测，保证不产生规模性脱贫问题；二是加强脱贫地区帮扶措施，建立健全地区救助体系，对脱贫地区继续进行产业、经济、生态建设，有效保障脱贫成果。其次，增强脱贫群体的内生发展动力。脱贫地区返贫因素是多方面的，外部因素主要有环境、人口、经济等，内部因素是以内生发展动力为主的内生动力，内生发展动力是农民进行生产的重要内生推动力。增强农民的内生发展动力，一是培养农民的信心和能力。扶贫先扶志，各地政府应该加强对农民思想、观念和信心上的帮扶，帮助农民树立参与建设新农村和乡村振兴的信心和决心。同时，扶贫必扶智，应加强农民专业技术、相关知识和综合素质方面的能力。通过扶志和扶智提高农民的生产能力和发展观念，加强内生驱动力。二是积极采取专项帮扶行动。重点支持脱贫地区在农业技术、自然资源、服务设施、经济建设方面的发展，鼓励脱贫地区农民发挥聚集优势，打造区域公共品牌；同时加大对农民生产的资金支持，带动农民增收，以外部驱动推动内部驱动。最后，稳定完善帮扶政策。帮扶政策是巩固脱贫攻坚成果的重要保障，各地需要持续且有针对性地制定和实施帮扶政策，持续助力乡村振兴。一是健全监督和帮扶机制，把所有可能出现返贫和致贫的重点人群都纳入监督，做到早发现、早帮助。解决好乡村振兴工作中存在的问题，主要在技术和市场等方面进行弥补，保证农村劳动力有稳定的就业和收入。同时加强对易地搬迁集中安置区配套设施、公共服务、产业发展和就业等方面的扶持力度，确保搬迁群众稳得住、能就业、能逐渐实现富裕。二是保证过渡时期的政策稳定性，严格落实脱贫攻坚的责任、政策、帮扶与监管。针对既有的救助政策，要在沿用的基础上，灵活且适时地进行优化与调整，以保证政策的连贯性和有效性。更重要的是，在巩固拓展脱贫攻坚成果的基础上，要进一步推动乡村全面振兴，坚持农业农村优先发展，加快推进乡村治理体系和治理能力现代化，确保新时代乡村振兴行稳致远。同时，要集中力量抓好产业经济发展、就业质量提升和公共服务优化等重点工作，以推动社会经济的持续健康发展和民生福祉的稳步增进。

（五）推动乡村产业高质量发展

推动乡村产业高质量发展是产业振兴的重要方面。产业振兴是乡村振兴战略的重要经济层面建设，乡村产业高质量发展有助于更好地实施乡村振兴战略。乡村产业高质量发展，不仅是农产品质量的提高，更是全方位、多元化、系统性的农村产业整体进行综合升级的过程，包括生产体系、产业体系、供销体系、经营体系在内的多方农业产业体系的融合与发展。因此，推动乡村产业高质量发展需要从物流业、服务业、特色富民产业等多个方面入手，加强科技创新、立足乡村特色资源、完善供销体系以及优化经营体系，进而提升农业生产效率、拓宽农产品销售渠道、促进农民增收致富。首先，扩大农产品加工物流业。农产品具有保质期短、时效性强的特点，加强农产品物流管理是保证农产品有效运输的重要途径，加强农产品流通业可以有效减少农产品不必要的消耗、提高农产品的利用效率、提高农业生产经营效益，对推动乡村产业高质量发展具有重要意义。在具体举措实施上，一是各地要完善农产品的加工，加强农产品农业合作社和中小企业的初加工，继续深化大型农业企业农产品的深加工；二是要积极搭建物流平台、完善配套产业链、建设批量的农产品仓储基地，保证农产品的流通。其次，加快发展现代农村服务业。中国乡村服务产业发展不均衡、不充分，区域间产业体系不健全，对"三农"发展的内生需求推动不足，因此，应全面推进县域商业体系建设。各地应加强电子商务、物流配送和数字治理，加快农产品的县域流通，通过实时配送、线下零售等模式，完善冷链服务体系，推动农产品物流向农村下沉。同时应继续完善农村社会服务，创新农村产业体系，发展乡村餐饮服务、乡风文学、特色旅游、养老幼儿等服务，加强农村的社会服务能力，助力乡村振兴。再次，培育乡村新产业、新业态。乡村新产业新业态是在农村经济发展和农业技术进步的背景下提出的新要求，是进一步推动农村经济繁荣、农民增收的重要路径，也是推动农村产业进一步发展的重要动力。具体做法方面，一是推动产业兴旺，构建多元化、集群式现代产业体系，加强区域产业链的发展，支持农业相关产业基地、示范区的建设；二是通过文化赋能加强产业振兴，推动乡村文化、旅游业的发展，助力乡村民俗质量提升；三是通过"互联网＋"计划，推动农产品进城，运用电商直采、设立农产品电商基地等方式推动农村新业态。最后，培育壮大县域富民产业。农民的收入是衡量农村发展的重要因素之一，为了实现乡村振兴战略的稳步推进，要努力提升农民收入，最有效的途径之一就是培育壮大县域富民产业。发展富民产业需要完善产业结构布局，提升县域内服务水平，推动富民产业的融合发展；同时各地区要加强高新区、农业区等产业园区的建立，为推动富民产业提供基地保障。综上所述，推动乡村产业高质量发展是实现产业振兴的重要途径之一，为此要提高农产品流通效率、加快发展现代乡村服务业、培育乡村新产业新业态、培育壮大县域富民产业，从而更好地推动乡村振兴。

(六）拓宽农民增收致富渠道

农民增收不仅是巩固脱贫攻坚成果的重要保障，也是推动乡村振兴和实现共同富裕的重要途径。第一，农民收入不仅改善了农民的生活条件，也调动了农民的生产和经营积极性，进一步提高了社会的稳定；第二，拓宽农民增收渠道在提高农民经济收入的同时，也推动了农村经济的多元化发展和多产业融合，对实施乡村振兴战略起到了重要的推动作用；第三，提高农民收入水平，促进服务分配均等化，是实现共同富裕的重要推动力。可从以下几个方面拓宽农民增收致富渠道：首先，促进农民就业增收。随着城镇化的不断推进，农村大部分劳动力向城市输出，在推动城市发展的同时也引发了一系列农民工就业难的问题，因此，一是拓宽农民就业渠道，促进农民就业增收。在政策方面，各地要加强农民工就业帮扶政策落实，推动中小企业岗位在农业领域的倾斜力度，为农民就业提供导向型的政策保障；二是完善农民就业人员的权益保障，维护超龄农民工的就业权益；三是在项目建设中要加强返乡创业园、农村孵化实训基地等建设，推动城市资源反哺农村建设。其次，促进农业经营增效。一是加强农村经营主体多元化建设。支持农业合作社、"企业＋农户"、龙头企业带动等多种形式，丰富农业经营主体、拓宽经营方式，实现共同增收。二是积极引导土地经营权有序流转。土地经营权是农民进行农业经营的直接保证，通过土地经营权的有序流转拓宽农村经营渠道，保障农民经营权利。地方应在总结"小田并大田"的基础上，结合当地农业发展现状，在农民自愿流转的前提下，积极改善农村用地细碎化问题，积极推动农业耕地系统化建设，以提高农地的利用效率和农产品产出。三是积极引导社会资本投入农村建设。社会资本是农村发展的重要资金来源，也是推动市场灵活运转和农村合理发展的重要资源。不仅要积极引导社会资本下乡，正确地对接农村产业和农民主体，加强社会资本对农村新型产业和农业技术的支持和帮助，还要加强市场监管，防止社会组织滥用、浪费等。同时，要建立健全社会资本同土地流转经营权的适应机制，积极开展相关的资格审查、项目审查，强化资本风险防范机制，促进社会资本在农村建设中的合理、高效应用。综上所述，拓宽农民增收渠道是提高农民收入和推动农村发展的重要举措，各地要积极从农民就业增收、农业经营增效等方面提供保障，为农村建设、乡村振兴提供强有力的内生驱动力。

（七）扎实推进宜居宜业和美丽乡村建设

美丽乡村建设符合人们对美好生活的向往，是实施乡村振兴战略的环境保障。美丽乡村建设可以通过改善农村基础设施，提高农民的生活水平，推动美好乡村的建设。美好乡村的建设应遵循绿色发展之路，绿色发展之路体现了人与自然的全面、协调和可持续的发展，也是实施乡村振兴战略的路径保障。在保持原有乡村环境和乡风文明的基础上，绿色发展之路致力于建立适合居住、环境优美的新时代乡村，为村民提供安居乐业的生活环境。首先，加强村庄规划建设。随着城镇化建设的进一步推进，城镇与农村的外部布局发生了一定的变化，村庄自身的发展和建设存在规划不清、边界不明的现象。因此，要改善村庄规划建设，一是在原有的城乡布局上，加强农村分布的规范化，支持有条件有需求的村庄分区分类编制村庄规划，合理规范村庄布局，并严格划分其建设边界。二是各级政府要将村庄规划纳入村级议题，严格规范村庄建设，加强农村综合整治，通过乡村振兴用地指南保障村庄合理建设。其次，推进农村人居治理环境整治提升。农村是农民生活和生产最重要的基础，良好的人居环境是广大农民群众的殷切期盼。目前，部分农村地区存在环境脏乱差的现象，不仅影响了农民的日常生活，也制约了农村经济、文化、生态方面的建设。在全面推进乡村振兴的背景下，一是需要加大对农村环境的整治提升，定期开展环境整治活动，解决农村厕所脏乱差问题，加强农村厕所整治；二是加强农村污染物处理，例如化肥、垃圾、废弃物等的合理处理和农村废水、污水的合理整治，提高农村现有资源利用率，不断加强农村环境整治、完善废水排放流程。再次，持续加强农村基础设施建设。一是加强农村道路、住宅、景区建设，推动农村规模化水利设施和供水工程改造，提升农村用水质量；二是各地应深入推进数字乡村发展，推动农业产业数字化，加强生产和供销效率，推动智慧农业、可持续农业的发展和建设。最后，提升基本公共服务能力。美丽乡村建设不仅是环境的建设，也是精神文化、生态文明的建设。各地区要推动基础服务下沉，加强县域内优质资源建设和教学资源建设，加强对农村学校的投入，落实对乡村教师的补助政策，为乡村振兴培养优秀的人才。综上所述，乡村宜居为乡村振兴提供了生态环境基础，美丽乡村建设是乡村振兴重要的文化精神来源，各地区要加强村庄建设和乡风文化建设，扎实推进农村环境整改和基础设施建设，为乡村振兴提供强有力的基础保障。

（八）健全党组织领导的乡村治理体系

党和国家是全面推进乡村振兴的实施主体，是新农村建设和社会发展的重要领导，应健全党组织领导的乡村治理体系。随着多元化治理体系的发展，乡村出现了农民、社会组织、乡村企业等多种经营主体，在分散政府和市场职能的同时也有效地参与了乡村治理。在此背景下，应加强党政赋能，健全党组织对农村建设的统筹领导，为实施乡村振兴战略提供基础保障。首先，强化农村基层党组织政治功能和组织功能。一是要充分发挥县级党委的作用，加强党政建设，深入实施乡村振兴战略，并持续开展县域监督，加强基层党组织和检查组的有效衔接；二是要加强对基层党员干部在乡村振兴领域的思想教育，积极开展腐败和作风问题整治，坚决杜绝原则性问题，积极发挥农村党员的先锋作用。其次，提升乡村治理效能。乡村的治理效能直接影响乡村建设的成效，中国共产党引领的乡村治理是实施乡村振兴战略的重要保证。一是要夯实村级基础，落实县级班子、村干部、基层党员的入户走访制度，加强党组织领导的村民自治制度；二是坚持和发展新时代"枫桥经验"，加强新时代解决农村矛盾、农村纠纷的协调机制，促进农村文明建设；三是开展整治专项行动，在一些农村地区，非法行为仍然存在，乡镇政府必须积极采取行动，依法严厉打击犯罪活动。再次，加强农村精神文明建设。乡村振兴不仅着眼经济与产业的蓬勃发展，更深刻聚焦精神文明的全面提升。为深入推进乡村振兴战略的实施，必须积极开展社会主义核心价值观宣传教育活动，在乡村开展主题教育项目。通过充分发挥基层党员的先锋模范作用及其宣传引领力，深化农民群众的精神文明建设，为乡村的整体建设注入持久而强大的精神动力，从而构筑起乡村繁荣发展的坚实精神支撑。最后，加强乡风文化建设。乡风是农村的发展之魂，是凝聚村民的重要精神载体，各地区要保留优秀的传统乡村文化和乡风文明，改善或摒弃不合理的乡村习俗，积极开展乡风建设活动。比如：改善高价彩礼、大操大办婚丧嫁娶等不合理现象，推动农村丧葬习俗改革；重点保护优秀的农耕文化，实施农村传统文化保护工程，加强农业文化遗产的保护和建设；等等。综上所述，中国共产党领导下的乡村治理是乡村振兴战略的重要政治保证，党员、干部应加强带头示范作用，加强党组织的领导，完善乡村治理体系，推动治理主体多元化发展。

（九）强化政策保障和体制机制创新

政策保障和体制机制是推动乡村振兴战略的方向性指导，加强政策保障就是把推动乡村振兴置于国家发展的首要位置，深入推进党和政府对乡村振兴的推动和监督作用。共同富裕背景下的乡村振兴体制机制创新重点在于围绕乡村服务、乡村建设、人才保障等方面开展。首先，提升服务均等化水平。共同富裕下的乡村振兴，其中一个重要部分是实现基本公共服务均等化。目前，中国的基本公共服务发展还存在不平衡不充分的问题，需要努力提高基本公共服务的能力、均等化水平，为共同富裕提供重要助力。一是要抓紧改善基本公共服务方面的问题，根据常住人口的数量与服务半径，对基本公共服务设施进行合理布局，并根据国家的基本公共服务标准，结合各地的具体情况，加速完善软硬件设施设备。二是要着力提高基本公共服务的质量，健全地方的基本公共服务保障机制，建立跨地区提供基本公共服务的制度，同时加强县域基本公共服务体系的协调建设，努力缩小城乡差距。三是加强对基本公共服务的政策保障，要准确划分中央和地方在基本公共服务领域的事权、支出责任，改进财政支出比例，增加对基层政府提供基本公共服务的财政助力。其次，健全多层次社会保障体系。社会保障对于保障和改善民生、维护社会公平、实现共同富裕，均具有重要意义，要加快建立健全社会保障体系，为实现共同富裕打下坚实的制度保障。一是需进一步改进社会保障制度，正确理解各社会保障政策的内在关系，抓住并解决当前社会保障制度中存在的突出问题，进一步深化社会保障制度改革。二是提升社会保障法治水平，从立法、执法等方面对社会保障工作进行强化，加速对有关法律法规的制定与完善，对各种社会保障领域中的违法行为依法予以严厉打击，确保每个人的财产都得到最大限度的保护。三是提升社会保障管理水平，优化各级社会保障管理体系、服务网络，更大程度地发挥社会保障治理效能，还要与社会变迁的新趋向相适应，建立起一套完善的社会保障对象识别体系。最后，加强乡村人才队伍建设。人才是推动乡村振兴战略的重要人力资源，人才兴则乡村兴，人气旺则乡村旺，发展乡村人才对助力乡村振兴具有重要作用。应培养新时代人才，鼓励本土优秀人才参与乡村建设，同时制定并完善人才发展机制，给予优秀人才充足的保障和奖励，充分激发其积极性、创造性和生产力，带动农村经济快速发展。

第二节 共同富裕目标下全面乡村振兴的理论逻辑

共同富裕是人类社会发展的崇高目标，是中国传统文化所倡导的价值观之一，也是中国社会发展的重要方向。实现全体人民共同富裕是提升人民群众获得感、幸福感、安全感的关键所在，也是中国共产党始终不渝的奋斗目标和历史使命。中国共产党秉持初心使命，将全体人民共同富裕作为重中之重，致力缩小人民群众收入差距、改善人民生活。在致富路上，中国取得了巨大成就，实现了从温饱不足到全面小康的跨越式发展，从"先富带动后富"到实现共同富裕，中国共产党将人民如何富起来的问题放在首位，使曾经的致富梦想逐渐变为现实。中国关于共同富裕的探讨，是一场集理论研究、实践探索、制度创新与国际合作于一体的综合性、系统性工程，旨在通过不懈努力，实现全体人民共同富裕的宏伟目标，具有广泛的国际视野和深远的历史意义。因此，本节从理论溯源、理论基石、理论进路三个方面入手，深入讨论共同富裕目标下全面乡村振兴的理论逻辑。

一 共同富裕目标下全面乡村振兴的理论溯源

提升收入水平、改善生活质量、实现共同富裕，是坚持以人为本理念的马克思主义所蕴含的基本内涵，是中国特色社会主义现代化建设的内在要求，更是中国共产党人的初心与使命。乡村振兴与共同富裕的政策内涵是统一的、目标是一致的，既体现了实现人民共同富裕、民族振兴、乡村振兴的精神内涵，也涵盖了巩固拓展脱贫攻坚成果这一重要的题中应有之义。对此，本部分对共同富裕目标下全面乡村振兴的理论依据进行溯源，分析共同富裕目标下全面乡村振兴所依托理论的起源与发展，为共同富裕目标下的全面乡村振兴提供理论支撑。

（一）理论起源：扶危济困理念下的反贫困理论

实践是检验真理的唯一标准。党的十八大以来，党中央根据中国发展情况相继提出脱贫攻坚、乡村振兴战略，针对历史上长期存在的"三农"问题制定了具有重要战略意义的方案。这两项战略是中国特色社会主义理论与中华优秀传统文化相互融合、相互作用的产物，有共同的马克思主义理论基础。在实践中，这两项战略为中国农村地区的发展带来了显著的变革和巨大的成就，从贫困地区的脱贫致富到农村社会的现代化转型，都取得了历史性的成果。可以说，这两项战略的成功实施充分证明了中国共产党理论创新与实践创新相辅相成、相互促进的关系。

1. 马克思主义反贫困理论的继承和发展

马克思主义理论中的反贫困思想是马克思主义的一个重要组成部分，反贫困理论深刻地探索了剥削阶级、私有制以及贫困问题，提出了具有启示性的思想。马克思以感性的方式对贫困现象进行了深入分析和批判，并在政治经济学的理性层面上揭示了贫困和剥削的本质，从生产力和生产关系的角度出发，指出贫困与压迫不仅会在财富产生的过程中出现，在生产力发展的过程中也会出现。这些思想在今天仍然有深刻的指导意义，为解决当今世界贫困问题提供了有益的借鉴。马克思认为"异化劳动"即自我异化，人民贫困的事实根源就隐藏其中；从社会制度的角度来看，贫困问题的根源在于资本主义制度下的生产方式和私有制度，这种制度使劳动者的工作变成了异化劳动，剥夺了他们的劳动成果，进而导致贫困的产生。马克思主义从政治经济学的角度分析了贫困的实质，提出了消除资本主义私有制、建立共产主义公有制、实现人类自由全面的发展，以作为消除贫困的现实路径[①]；马克思还从社会管理的角度分析了官僚化的管理结构和落后的管理制度也是导致贫困的原因之一。他强调，只有通过制度变革，实现生产力的持续进步和全面发展，才能消除贫困问题，实现人的自由全面发展。因此，反贫困理论是马克思主义理论的重要组成部分，旨在揭示贫困的根源，并提出建立共产主义公有制的制度和道路，以消除贫困问题[②]。脱贫攻坚与乡村振兴紧密结合，是贯彻落实马克思主义反贫困思想的具体体现，乡村振兴战略的核心是通过改革生产关系提升生产力，改善由生产力水平不均而带来的分配不公现象。与此同时，充分发挥中国特色社会主义制度的显著特色，在新发展格局下积极促进国家治理体系、能力的现代化，不断提升低收入群体的自我发展能力，不仅可以巩固和扩大脱贫攻坚成果，还有助于实现全面

---

① 李正图：《中国特色社会主义反贫困制度和道路述论》，《四川大学学报》（哲学社会科学版）2020 年第 1 期。

② 《马克思恩格斯全集》第 46 卷（下），人民出版社 1980 年版。

建设社会主义现代化国家的奋斗目标①。此外，反贫困理论有助于指导落实一系列针对性措施，例如实行一村一策、精准衔接等，以确保取得巩固脱贫成果和全面推进乡村振兴的双重胜利。

2. 中华优秀传统文化中扶危济困思想的吸收和借鉴

中华民族历来提倡相互扶持、仁爱富民、扶危济困的优良美德。孔子提倡仁政爱民、以民为本，认为君主关爱民众、关心民生是解决贫困的必要条件。荀子进一步阐述了富国之道，他认为国家的强盛离不开勤俭节约与对人民福祉的重视，即"节用以厚生"，同时，荀子还倡导"养生"与"养民"并重，主张通过构建和谐社会环境及实施惠民政策，实现国家与人民共同繁荣发展。与此同时，管仲强调通过发展农业生产来达到富裕人民的目的，这一思想在当时具有重要的实践意义。而道家在扶贫济困领域，秉持"无为而治"的哲学理念，强调应该尽可能减少对人民的干预和限制，让自然和社会自发地发展。采取温和的手段，通过减税和减轻劳动强度等措施帮助人民，同时也提倡个人、社会和家庭的慈善行为，互相帮助，达到"利民"的目的。可见，中华优秀传统文化中的扶危济困思想是一种积极向上的道德理念，强调对弱势群体的关注和帮助，把建设一个公平、公正、和谐、法治的社会作为最终目标。因此，在实现巩固拓展脱贫攻坚成果同乡村振兴有效衔接的过程中，需要对中华优秀传统文化中的扶危济困思想进行辩证分析，批判那些关于贫困治理的错误认识，同时吸收和借鉴积极的扶危济困策略。在具体实践中，更是要在理论支持下实事求是，进一步巩固脱贫攻坚成果，推动乡村全面振兴。

（二）理论发展：中国式现代化建设下的乡村振兴

推动乡村振兴、促进农民共同富裕是中国式现代化的重要内容，它不仅可以促进经济社会的持续发展，更能够激活农村沉睡要素，挖掘潜力，形成可持续的发展动能。乡村振兴战略的实施有助于城乡融合发展，推动经济结构优化和资源配置效率提升，进一步夯实中国共产党的执政基础，凝聚最广泛的发展共识。在推进中国式现代化新征程上，要加快推进全面乡村振兴，领会其精神及所蕴含的时代价值，这无疑会鼓舞全

---

① 王凤臣、刘鑫、许静波：《脱贫攻坚与乡村振兴有效衔接的生成逻辑、价值意蕴及实现路径》，《农业经济与管理》2022年第4期。

党全社会践行初心、担当使命、英勇斗争,不断创造人民更加幸福美好的生活。

1. 乡村振兴是实现共同富裕目标的难点和潜力

在全力推进乡村振兴的过程上,应广泛传播并颂扬乡村振兴理念与全体人民共同富裕的宝贵精神,使其成为引领国家和人民不断前行的强大动力。要积极倡导和推广脱贫攻坚的成功经验,并在全社会范围内营造推动乡村振兴的浓厚氛围,将理论运用到实践中,同时,深化东西部协作机制,着力构建政府、市场、社会各方力量协同推进的开发格局,继续书写增收致富的奇迹,描绘乡村振兴的宏伟画卷。2021年2月25日,习近平总书记在全国脱贫攻坚总结表彰大会上深刻总结了中国共产党在脱贫攻坚战中形成和积累的重要认识和经验,重申了这些重要认知和经验是在扶贫实践中统一起来的重要思想成就和理论结晶。中国共产党坚持从扶贫实践中总结经验教训,立足国情,一切从实际出发,走出了一条中国特色减贫道路,对于推动广大发展中国家加快经济发展具有重要作用。共同富裕是全面建设社会主义现代化国家的价值目标,而要实现共同富裕,乡村振兴是必经之路。一方面,虽然自中华人民共和国成立以来,中国农村取得了巨大的发展成就,但农村仍然是中国式现代化建设的薄弱环节和共同富裕的瓶颈,这主要表现在以下三个方面。首先,乡村振兴面临基础薄弱的挑战,包括资源供给瓶颈、人力资本建设落后、环境约束等制约乡村振兴的重要因素[1],这些因素都增加了农民增收的难度。其次,要素下乡的渠道不够畅通,包括要素聚集后产生化学反应的交易成本仍然很高,农业产业的质量和效益仍然较低,这些问题并没有得到根本性的解决。最后,共同富裕的实现基础和实现形式还有待继续完善和丰富,其可实践、可借鉴的模式还比较有限。因此,要想实现共同富裕,必须加强制度建设和政策支持,支持农村创业创新,提高农村社会保障水平,推进新型城镇化和农村旅游开发。另一方面,乡村振兴被认为是推动共同富裕和提升中国式现代化水平最具潜力的领域之一。虽然乡村中现有的资源有限,但蕴含大量未被挖掘的、大量沉睡的要素和资源,包括土地、劳动力、自然资源、文化传承等,它们是

---

[1] 唐任伍、许传通:《乡村振兴推动共同富裕实现的理论逻辑、内在机理和实施路径》,《中国流通经济》2022年第6期。

乡村振兴的重要支撑和动力,激活这些要素,不仅可以带动乡村经济发展和农民增收,更可以促进国家现代化进程。习近平总书记指出,共同富裕目标实现的难题始终在农村,乡村振兴是实现共同富裕迈出坚实步伐的必然要求。① 中国共产党"坚持农业农村优先发展"的方针,不仅体现了巩固、拓展脱贫攻坚成效的需要,同时也是实现乡村振兴的必然要求②。实现巩固拓展脱贫攻坚成果同乡村振兴有效衔接是促进共同富裕的客观要求,而促进农民持续增收是实现共同富裕和社会主义现代化建设目标的重要途径,因此,把脱贫攻坚与乡村振兴、农民增收紧密结合起来,是落实党中央决策部署的重要逻辑依据。

2. 乡村振兴是深化农村环境治理、绿色发展的重要举措

党的十九大指出,乡村振兴的总要求包括产业兴旺、生态宜居、乡风文明、治理有效和生活富裕。其中,生活富裕不仅是民众的期望和出发点,也是乡村振兴的落脚点和目标,生活富裕是共同富裕的基础和重要组成部分,而共同富裕是生活富裕的升华和更高目标,两者相互促进、相互支撑,共同构成了人民对美好生活的向往。共同富裕既是中国特色社会主义的内在要求,也是党和国家的初心和现实需要,对实现高质量乡村振兴起着重要的指引作用。为了实现共同富裕,需要探索其实现的基础和机制,为推进农业农村现代化采取更加有效的行动和干预措施,促进市场的有效运转,确保市场服务社会的共同福祉。共同富裕不仅是实现社会公平正义的有效方式,也是评估乡村振兴成效、推进中国特色社会主义现代化进程的重要指标。在这样的背景下,重视乡村生态保护和环境治理、坚持绿色发展是推动中国特色社会主义现代化建设的题中应有之义,改善农村人居环境、建设生态宜居美丽乡村是提升乡村发展质量和提升群众获得感和幸福感的保证。在"十四五"时期,应坚持绿色发展,改善生态环境,持续巩固扩大蓝天保卫战、碧水保卫战和净土保卫战成效,全面推进生态环境治理体系和治理能力现代化,构建现代环境治理体系,为建设生态文明提供制度保障,到 2025 年,生态文明建设实现新进步,生态环境持续改善。目前,污染物排放、饮用水

---

① 习近平:《扎实推动共同富裕》,《中国民政》2021 年第 20 期。
② 白永秀、苏小庆、王颂吉:《巩固拓展脱贫攻坚成果同乡村振兴衔接的理论与实践逻辑》,《人文杂志》2022 年第 4 期。

安全隐患、生态保护等仍是农村环境治理面临的主要问题。针对这些问题，一是要多举措强化大气污染、污水防治管控。利用现代化大气污染物检测设备分区域进行检测，根据大气污染物清单综合治理，秋冬季节加强对农村普遍存在的秸秆焚烧现象的监测和监管。同时，强化流域治理管理，以流域为单元统筹实施各项措施，深入清理河道垃圾，对排污违法行为加大处罚力度，恢复生态，涵养水资源，营造良好的水生态环境。二是要加强生态环境保护。"绿水青山就是金山银山"，深入领会落实习近平生态文明思想，以实际行动为生态优先、绿色发展的实现作出贡献，统筹山水林田湖草沙系统治理，推进生态高质量发展。

（三）理论拓深：共同富裕目标下的全面乡村振兴理论

乡村振兴、共同富裕等战略的落实直接关系到亿万农民的权益和福祉，它们不仅是推动农业农村现代化进程的关键驱动力，也是缩小城乡发展差距、实现农民收入持续增长、加速迈进共同富裕宏伟目标的必由之路。这一系列战略不仅彰显了社会发展的公平正义原则，更是衡量现代化建设成效与质量的重要标尺，深刻影响着国家发展的全局与未来。共同富裕与乡村振兴在目标、使命、原则、路径等方面具有一致性，共同富裕的重点和难点在乡村，乡村振兴是实现全体人民共同富裕的必然要求与必经阶段，两者都旨在解决城乡发展不平衡、不充分的问题，推动城乡融合发展，实现全体人民的共同富裕。

1. 共同富裕目标下的缓解农民相对贫困与巩固拓展脱贫攻坚成果

实现共同富裕的关键在于农村的发展和农民的增收。中国共产党推动乡村振兴战略的实施，旨在带领农民逐步实现共同富裕的目标。巩固和扩大减贫成果是保障农民生计的重要手段[①]，也是促进农村发展、推动城乡融合的关键措施。在党和政府的带领下，全社会应共同努力，为实现共同富裕的目标而不断奋斗。其理论逻辑体现在以下两个方面：首先，实现共同富裕是一项长期而艰巨的任务，脱贫攻坚已经取得了全面胜利，但仍然需要不断巩固与拓展脱贫攻坚成果，着力减少当前农民的相对贫困现象。脱贫攻坚的目标主要是解决农村贫困人口的基本生存困难问题，

---

① 许源源、陈安妮：《共同富裕目标下的乡村健康服务：价值意蕴、现实困境和优化路径》，《贵州师范大学学报》（社会科学版）2023年第2期。

而共同富裕的目标是使每个人都能够享有基本的生活保障和可持续的发展机会，实现全面发展、全面富裕。但在当前背景下，农村地区的脱贫农户仍面临生计基础不够稳固和收入较低的问题，解决这些问题是缓解农村相对贫困和实现全体人民共同富裕的重要任务，完成这项任务对实现共同富裕的目标具有实质性的意义。对此，需要在脱贫攻坚已取得成效的基础上，进一步加强扶贫力度，推进农村经济发展，提高农民的收入水平和生活质量，以实现共同富裕的宏伟目标。其次，实现共同富裕的目标要求脱贫增收涵盖所有人、所有区域。农村地区群众的收入水平远低于其他地区群众的收入水平，就业与创收能力也受到多种因素限制，他们的发展问题必须得到党和政府的特别重视。脱贫地区的经济社会发展水平也远远落后于其他地区，受产业发展基础、区位发展环境等多方面条件制约。因此，必须解决农民脱贫增收和脱贫地区经济社会发展问题，这是实现共同富裕的重要途径。在此背景下，中国共产党的决策要聚焦低收入农民群体、特殊群体与重点地区，进一步缩小低收入农民群体（地区）与其他群体（地区）的收入差距，促进低收入农民群体和地区走向共同富裕。

2. 社会主义现代化目标下的农业农村现代化与乡村振兴

中华民族伟大复兴的实现，离不开全面建设社会主义现代化国家。而要完成全面建设社会主义现代化国家的目标，就必须实现农业农村现代化。当前，中国农村地区的发展不平衡、不充分现象仍然显著，而农业农村现代化的滞后是这一问题的根源，因此，加快推进农业农村现代化，已经成为实现中华民族伟大复兴的必经之路。在实现社会主义现代化的目标下，乡村振兴与农业农村现代化的理论逻辑相互关联，主要表现在两个方面：首先，乡村振兴能够弥补中国特色社会主义现代化建设的最大短板——农业农村领域。由于多种因素的影响作用，如农村劳动力转移、体制机制等，现代农业水平相对工业化水平而言仍较为落后，同时农村公共服务供给相对城镇化进程也比较滞后[1]。因此，"三农"问题成为中国式现代化建设的最大短板，其阻碍了全面现代化目标的实现。其次，乡村振兴战略是新时代农村新阶段的一项重要任务，是加快实现

---

[1] 黄承伟：《论乡村振兴与共同富裕的内在逻辑及理论议题》，《南京农业大学学报》（社会科学版）2021年第6期。

农业农村现代化的必由之路,也是实现社会主义现代化的重要途径。实现城乡一体化发展,既要提高城市非农部门的竞争力,也要加强农业农村领域的转型升级。农业不应成为社会主义现代化的短板,农业农村现代化是实现社会主义现代化的深厚基础,它可以通过补齐农业农村发展短板,释放农业农村发展的巨大潜力,为全面建成社会主义现代化强国提供强大动力。具体而言,适应现代化进程的农业能够为社会经济发展提供强有力的助力①,在食物、原料、劳动力供给等多方面均起到关键经济助力作用②,有助于实现工农互促的局面,从而为经济现代化转型创造重要条件③。就城乡关系而言,农业现代化、城乡基本公共服务均等化水平的提升,使乡村变得更加宜居、更适合创业,从而促进城乡融合发展、优势互补④。基于以上认识,乡村振兴战略的实施对中国的农业农村现代化发展具有十分重要的战略意义。

3. 巩固拓展脱贫攻坚成果同乡村振兴有效衔接下的促进农民增收

脱贫攻坚与乡村振兴的目标都是实现全面建成社会主义现代化强国和实现共同富裕。持续提高农村居民的收入水平尤为重要,特别是低收入群体的增收问题需要得到更多的关注和解决,只有解决农村居民的持续增收问题,才能够实现共同富裕的目标,实现农业农村现代化和乡村振兴的全面发展。通过农业现代化发展、农村基础设施建设、乡村旅游等手段,推进乡村全面振兴,可以弥补现代化建设中的短板,为中国全面建成社会主义现代化强国提供新的动力支撑。推进乡村振兴和巩固拓展脱贫攻坚成果具有内在的逻辑关系,两者可以通过相互协调发展实现。首先,在巩固拓展脱贫攻坚成果、推进乡村振兴以及农业农村现代化的全过程中,都贯穿着一个核心逻辑——促进农民增收。农业农村现代化的推进可以为农民提供更多的就业机会、拓宽增加收入的途径,有助于促进农民增收。农业现代化是实现乡村振兴的基石,通过提高农业生产效率、提升农业品质和附加值,可以推动农民可持续收入和生活品质的

---

① [美]西奥多·W.舒尔茨:《改造传统农业》,梁小民译,商务印书馆 2009 年版。
② 张培刚:《农业与工业化》,中国人民大学出版社 2014 年版。
③ [美]费景汉、[美]古斯塔夫·拉尼斯:《增长和发展:演进观点》,洪银兴、郑江淮等译,商务印书馆 2004 年版。
④ 苏小庆、王颂吉、白永秀:《新型城镇化与乡村振兴联动:现实背景、理论逻辑与实现路径》,《天津社会科学》2020 年第 3 期。

提高①。同时，农村现代化也是改善农村居住环境和提升治理水平的必要途径，这也是中国共产党领导推进乡村振兴和农业农村现代化的根本目的。其次，农民增收对推动新时代现代化也具有积极的作用。随着农业现代化的不断推进，农民的收入也会相应增加，这些额外的收入可以用来投资现代农业的发展和农村环境的改善。当前，在共同富裕的目标下，巩固拓展脱贫攻坚成果是推进乡村振兴的重要举措，农民增收是推进乡村振兴战略的基础和前提。只有通过增加农民收入，才能发挥好脱贫攻坚已取得的成效，进而推动农村经济持续发展和农村社会全面进步。总而言之，必须坚持以农民增收为核心的发展思路，为乡村振兴、共同富裕提供强有力的支撑。要发挥好脱贫攻坚已取得的成效，就要防止脱贫地区农民再度返贫，提升其生计能力及水平，这是减少农村相对贫困现象的关键。换言之，乡村振兴的实现和农民增收有密切联系，其中乡村振兴的目标之一是实现农民的生活富裕，而实现农民增收是乡村振兴的重要基础。中国共产党领导实施乡村振兴战略的核心目的是推进农业农村现代化，并以此为基础实现农民的持续增收，进而促进乡村生态环境的改善和社会治理能力的提升。

综上所述，脱贫攻坚、乡村振兴和共同富裕三大战略之间不仅具有紧密的理论逻辑关联，而且是相互促进、相互补充的关系。这些战略的目标和任务在实现过程中相互联系、相互支撑，三者的实现离不开彼此的有机衔接。在发挥好脱贫攻坚已取得的成效的基础上，积极促进农民增收，创造全面乡村振兴、农业农村现代化发展的有利条件，为中国实现共同富裕和社会主义现代化的目标提供动力和支持，共同推进中国特色社会主义事业的发展和壮大。

二 共同富裕目标下全面乡村振兴的理论基石

实现共同富裕，关键在于农村，困难在于农村。乡村振兴是实现全体人民共同富裕的必然要求，也是其必需阶段，而实现乡村振兴的前提和基础是脱贫攻坚战的胜利。乡村振兴战略所设定的两个阶段性目标，与党的十九大报告所描绘的共同富裕愿景中"两步走"的战略目标紧密

---

① 杜志雄：《农业农村现代化：内涵辨析、问题挑战与实现路径》，《南京农业大学学报》（社会科学版）2021年第5期。

对应。这一战略旨在全面振兴乡村产业、改善农村生产生活条件、提升乡村治理水平、推动农业农村现代化，从而缩小城乡差距，促进区域协调发展，最终实现共同富裕的目标。脱贫攻坚、乡村振兴与共同富裕三者之间，不仅目标一致，致力社会的整体繁荣与人民福祉的提升；更承载着相同的时代使命，即缩小发展差距，促进公平与正义；同时遵循着统一的原则导向，实现路径也十分相近。

（一）目标基石：实现中华民族伟大复兴

实现民族振兴，就必须实现乡村振兴；要实现共同富裕，首先需要农村富裕起来。中国是一个土地广阔、人口众多的农业大国，"农，天下之本，务莫大焉"，"三农"问题既是千百年来国家治理中的一个重要理念，也是一个关乎民族复兴的重大课题。"三农"是关系国计民生的根本性问题，百年来，中国共产党把解决"三农"问题摆在革命和建设的首位。从减租减息、农村建设运动，到中华人民共和国成立后土地改革、农村社会主义改造、新农村建设、全面建设小康社会，再到乡村振兴战略、共同富裕等，都是为了解决"三农"问题所作出的努力。"三农"问题的解决是实现中华民族伟大复兴最广泛、最深刻的基础，解决这个问题，最具挑战性和复杂性的任务要在农村展开。因此，要稳固农业基础，夯实"三农"工作的基础，使其成为应对当前形势、开创新局面的"压舱石"[①]。

在实现脱贫攻坚目标后，中国要坚持全面振兴，以实现产业兴旺、生态宜居、乡风文明、治理有效、生活富裕的总体要求。同时，要从整体和战略的角度来看待城乡和工农的关系[②]，为了实现农业的强大、农民的富裕和乡村的美丽，必须致力提高农村经济、生态文明、文化、政治、社会和组织建设的质量。这旨在为实现现代化发展目标提供物质基础、生态社会环境、精神动力和智力支持，为中华民族伟大复兴作出贡献。共同富裕是社会主义的本质要求，代表着人们对美好生活的强烈渴望，也体现了生产力和生产关系的和谐统一。中国已经进入乡村振兴与共同富裕协同发展的新时期，这一时期的特征是生产力和生产关系的和谐统

---

① 习近平：《坚持把解决好"三农"问题作为全党工作重中之重 举全党全社会之力推动乡村振兴》，《新西藏》（汉文版）2022年第4期。

② 刘明松、曹席：《从乡村振兴战略总要求看党的初心和使命》，《湖北社会科学》2020年第3期。

一，它将物质和精神有机地结合起来，最终实现共同富裕的目标。脱贫攻坚和乡村振兴是实现共同富裕的必然要求，这三个方面的要求和目标是一致的。

（二）使命基石：实现人民对美好生活的向往

人民群众是历史的推动者，也是社会变革的关键力量，更是中国共产党执政的根本。中国共产党把人民的美好生活视为奋斗目标，这是党初心与使命的集中表现。在中国共产党领导广大人民进行脱贫攻坚、乡村振兴和共同富裕的过程中，始终坚持以人民为中心，顺应人民群众对美好生活的渴望，以使所有人都能更多、更公平地享受到改革发展的成果，始终致力实现、维护、发展好最广大人民的根本利益。美好生活是人民群众对经济、政治、文化、社会、生态等各个方面不断增长的需求的集合，它是一个综合性的命题，涉及多个领域、多个层面，并具有多元性。在这个命题中，人的全面发展是其基本价值取向，体现了改善民生的内在需求①。

乡村振兴站在新时代的历史起点上，遵循战略性、辩证性等思维方法，注重因地制宜，全面推进乡村产业、人才、文化、生态各方面和组织的振兴②。在实施乡村振兴战略的过程中，首先，最重要的任务是推动农村产业的兴旺发展，通过提升农业产业的价值链，加强利益链的构建，促进城乡协调发展，使农民的收入水平提高，确保他们能够充分利用好自己的收入；其次，建设生态宜居的乡村环境是乡村振兴的重要保障，要深入推进农村生态文明建设，完善农村的基础设施，使人们能够与自然和谐相处，创造宜居、良好的生态环境；最后，乡村振兴的使命是保障和改善民生，确保人民能够实现对美好生活的向往。人民安居乐业是实现人民美好生活的社会保障，有效的治理为农村发展提供了良好的政策环境、满足了农民日益增长的安全需求，这需要以坚实、充足、可持续的物质保障作为支撑，从而满足人们的美好生活需要。此外，农村是中华传统文明的发源地和农业文明的载体，通过将社会主义核心价值观与农村优秀传统文化相结合，可以为亿万农民提供文化滋养和精神支持，满足人们对美好生活更深层次的需求。综上所述，乡村振兴的最终目标

---

① 李明：《人民对美好生活的向往就是党的奋斗目标》，《人民论坛》2018年第33期。
② 颜军：《对习近平关于人民美好生活重要论述的深入思考》，《科学社会主义》2020年第2期。

是让所有人过上小康生活，实现经济和精神上的富裕，满足人们对美好生活的向往，这也是共同富裕的追求。

（三）执行基石：效率与公平的统一

实现效率与公平的均衡是社会主义现代化的基本要求，也是中国经济与社会共同关心的重要问题[①]。在中国这样地域广阔、农村分布广泛的国家，不同地区之间在资源禀赋、产业基础和发展水平等方面存在差异。邓小平同志曾指出，贫穷和两极分化都与社会主义的原则不符合，城乡和区域发展的不平衡和不充分一直是党和国家必须解决的重大问题，增长与分配、效率与公平始终是中国经济与社会共同关心的两个重大问题。在这样的背景下，党的十九大提出了乡村振兴战略，并且在中央财经委员会第十次会议上提出了在高质量发展中促进共同富裕的目标。增收致富、改善民生、实现共同富裕，是社会主义的基本要求，也是全党的一项重要使命[②]，是全党不懈追求的目标。从根本上讲，要坚持和推动社会的公平与公正，就不能让社会出现两极分化，因此，中国特色的现代化之路，其本质上就带有"兼顾效率与公平"的理论基因。在稳步推进共同富裕、推进中国式现代化的进程中，必须处理好效率与公平的关系，体现效率、促进公平。乡村振兴和共同富裕两大战略的目标是解决不平衡和不充分的问题，弥补发展的短板，推动乡村产业、人文和生态等全面振兴，为城乡居民提供平等的发展机会和环境，实现效率和公平的有机结合。其中，共同富裕的"共同"代表对公平的追求，而"富裕"代表对效率的追求，二者缺一不可。"富裕"要求蛋糕变大，而变大又要求发展，这就要求有效率；"共同"指的是公平，要让发展成果更多更公平地惠及全体人民。把蛋糕做大，把它分好，这是一对辩证的关系。从人类对社会发展和繁荣的追求这一最终目的出发，可以看到效率与公平这一总体目标的一致性。换句话说，中国特色社会主义现代化建设的本质是在协调效率和公平的关系中逐步取得进步，效率和公平就像鸟之两翼，缺一不可。党的二十大报告指出，中国式现代化是实现全体人民共同富裕的现代化。在全面建设社会主义现代化国家的新征程中，要更加突出

[①] 唐任伍、孟娜、叶天希：《共同富裕思想演进、现实价值与实现路径》，《改革》2022年第1期。

[②] 周文、肖玉飞：《深刻把握习近平经济思想的三重逻辑要义》，《经济问题探索》2022年第6期。

地重视和促进全体人民的共同富裕①,将效率与公平相结合,既要让"蛋糕"变大,又要让"蛋糕"分好,在高质量发展的进程中促进共同富裕。通过脱贫攻坚和乡村振兴,资源的产出效率得到有效提高,这有助于每个人都分享到发展的成果,享受到优质的教育、医疗、社会保障等公共服务,以及良好的生活环境和文化生活。

(四)体系基石:有为政府、有效市场、有序社会统筹发力

乡村振兴和共同富裕代表了生产力发展的阶段性调整和生产关系的演变,这一进程需要政府、市场和社会各方共同努力,三方相互协调、相互推进。政府发挥着有形的引导作用,市场发挥着无形的调节作用,而社会以仁慈的力量参与其中,这三种力量之间形成了优势互补的关系,进而形成一个动态的均衡体系,是实现脱贫攻坚、乡村振兴和共同富裕目标的有效途径,也是激发内在动力的有力手段。

乡村振兴和共同富裕这两个战略,都是中国共产党从整体和长远的角度出发,为满足人民对美好生活的需求和解决不平衡不充分的发展问题而制定的。战略主要是通过科学规划、有效政策引导和充分发挥集中力量办大事的制度优势,以降低发展风险、减少不利外部影响和节约交易成本的方式来推动实施的,这有利于减小发展的负外部性②。解决公共问题不能只靠政府,需要更多的合作,市场就是其中一个重要的手段,它在产业选择、竞争、价格形成与效率等领域有着独一无二的优势③,它能够促进资源的高效配置和优化利用,激发乡村经济的活力,增加就业机会,提高居民的收入水平。同时,市场还能够带来更多的创新和竞争,推动乡村产业的升级和转型,提升乡村居民的生活质量和福利水平。它们蕴含的能量对政府和市场的作用进行了有效的补充和完善,进而实现经济增长,扩大财富规模;并通过公正的分配机制,让更多人共享繁荣。因此,市场有利于把经济底盘的"蛋糕"做大,只有依靠有为的政府,才能把"蛋糕"分好,才能保证公平公正地分享发展成果,同时借力社

---

① 胡鞍钢、周绍杰:《2035 中国:迈向共同富裕》,《北京工业大学学报》(社会科学版) 2022 年第 1 期。

② 黄祖辉、李懿芸、马彦丽:《论市场在乡村振兴中的地位与作用》,《农业经济问题》2021 年第 10 期。

③ [美] D. 盖尔·约翰逊:《经济发展中的农业、农村、农民问题》,林毅夫、赵耀辉编译,商务印书馆 2004 年版。

会的友爱与奉献，才可以更好地推动共同富裕目标的实现。

三 共同富裕目标下全面乡村振兴的理论进路

脱贫攻坚、乡村振兴和共同富裕之间存在着密不可分的逻辑关系，它们相互支持、逐步发展①。脱贫攻坚是实现乡村振兴的重要举措和基本前提，打赢脱贫攻坚战使农民的生产生活条件得到改善，为乡村振兴奠定了坚实基础；乡村振兴是在脱贫攻坚的基础上进一步推进的战略目标。乡村振兴是实现全体人民共同富裕的必然要求与必经阶段，共同富裕目标下的全面乡村振兴理论是一个涵盖经济、社会等多个方面的综合性理论体系，其实践路径包括加强党的领导、深化农村改革、推动产业融合发展等方面。乡村振兴战略的实施，有助于推动城乡融合发展，提高农民收入水平和生活质量，进而推动共同富裕的实现。在2020年打赢脱贫攻坚战后，通过坚持这一逻辑进路，可以有效提升农民收入水平、缓解居民财富差距，进而实现乡村全面振兴和全体人民共同富裕的目标，推动中国经济社会的全面发展和进步。

（一）发展起点：打赢脱贫攻坚战为乡村振兴提供了基础

贫困及其相关问题一直是人类社会发展所面临的挑战。全球范围内，许多发展中国家仍面临着收入差距的困扰，贫富差距不断扩大，不仅对这些国家的经济造成了负面影响，而且破坏了社会秩序，使整个国家陷入不安和动荡。在当今世界，不可否认的是，一些资本主义国家在经济发展方面取得了显著成就，但同时也带来了一系列的社会问题，如财富集中在少数人手中，造成了社会贫富分化，加剧了社会不平等。这种不平等现象不仅削弱了社会凝聚力和共识，还导致社会矛盾的激化和对立的加剧。当贫富差距过大时，社会的稳定性和可持续发展都面临威胁，极端的贫困和不公平会引发社会不满和不稳定情绪，进一步加剧社会紧张局势，甚至可能导致社会动荡和内乱。在中国，缓解相对贫困是一项必然的要求，它不仅是乡村振兴战略实施的必要前提，更是实现共同富裕的必然逻辑。在过去的一百多年里，中国共产党始终秉持马克思主义的指导思想，以扶贫事业为重要任务，结合国家的实际情况，形成了独

---

① 刘晋如、朱炳元：《扎实推进全体人民共同富裕——坚持"脱贫攻坚 乡村振兴 共同富裕"的逻辑进路》，《创新》2022年第2期。

具特色的中国扶贫理论,这一成就在展现了中国智慧的同时也为世界扶贫事业提供了中国方案。特别是党的十八大以来,中国的脱贫攻坚工作取得了巨大的成就,农村贫困人口全部实现脱贫成为一项重大的里程碑。这些努力和成就不仅改变了脱贫地区群众的命运,也为实现全面建设社会主义现代化国家的目标奠定了坚实基础。同时,脱贫地区经济发展取得新突破,基础设施建设水平显著提高,总体面貌也有了较大的改善,这一系列成就不仅改善了脱贫地区人民的生活条件,也为全国乃至全球的减贫事业作出了重要贡献,树立了中国在减贫领域的良好形象。这些成就的取得离不开党和政府的坚定决心、全体人民的共同努力以及各级干部的辛勤工作。中国共产党曾郑重许诺,要让所有的贫困群众、所有的地方都与国家一起迈入全面小康,如今这一目标的实现,为乡村振兴创造了条件,为实现共同富裕奠定了基础。成功的脱贫攻坚,为乡村振兴战略的实施创造了有利的条件,扫清了障碍,并提供了坚实的基础。一方面,产业扶贫工作是脱贫攻坚的基石,它为乡村振兴提供了坚实的基础[1]。通过发展产业,培育壮大农村经济,推动农村产业结构的升级和优化以及公共服务水平的提升,改善了农村地区的生活条件和社会福利,这进一步推动了乡村振兴的进程,促进了城乡融合发展和区域的可持续发展。另一方面,在全面建成小康社会的目标实现过程中,党和政府注重稳定增加农民的收入,逐步提高他们的生活质量和幸福感,并且通过提升农民的生计水平和生活品质,真正让农民对美好生活的向往变为现实。由此可见,脱贫攻坚的成功为乡村振兴奠定了坚实的基础,两者相互衔接、相互促进,共同推动着全体人民的共同富裕目标的实现。

(二)发展重点:乡村振兴是全体人民实现共同富裕的必由之路

乡村振兴战略是党的十九大提出的一项重要战略,这一战略的核心目标是促进农村地区的全面发展,强化农业农村基础,推动农村经济转型升级,提高农民生活质量,缩小城乡发展差距,实现共同富裕。2018年,《中共中央 国务院关于实施乡村振兴战略的意见》提出,到2035年,乡村振兴取得决定性进展,农业农村现代化基本实现;到2050年,乡村全面振兴,农业强、农村美、农民富全面实现。可以明显看出,乡村振

---

[1] 庄天慧、孙锦杨、杨浩:《精准脱贫与乡村振兴的内在逻辑及有机衔接路径研究》,《西南民族大学学报》(人文社科版)2018年第12期。

兴战略的长远目标实施对实现社会主义现代化建设的目标至关重要，农村地区是中国发展的重要基础和人民幸福生活的重要组成部分，乡村振兴战略的实施将为社会主义现代化建设提供有力支撑，促进全体人民的共同富裕。通过加强农村经济活力、改善农民生活水平、提升农村治理能力等方面的努力，可以为社会主义现代化建设提供非常有力的支撑，为社会主义现代化建设注入新的活力，推动城乡协调发展，实现全面小康和共同富裕的美好目标。

截至2024年，中国的农村地区仍然集中了大量的低收入群体，因此要实现全体人民的共同富裕，必须解决城乡发展差距这一大的挑战，而农村地区成了解决这一问题的重点和难点所在。乡村振兴战略的实施具有多重意义和重要性，一是乡村全面振兴能够巩固脱贫攻坚的成果，确保脱贫地区不再返贫，为农民提供可持续发展的机会和保障。二是乡村振兴战略能够有效解决城乡发展不平衡和不充分的问题，推动农业、农村和农民的全面发展，实现农业农村现代化的目标。解决"三农"问题、缩小城乡发展差距是乡村振兴战略的核心任务：农村具有巨大的发展潜力和市场需求，还拥有广阔的土地资源和劳动力资源，发展"三农"可以释放农村的发展潜力，有效促进农村市场繁荣；通过进一步缩小城乡之间的差距，促进城乡共享发展成果，将有助于实现全体人民的共同富裕目标。由此可见，实现共同富裕是一个系统工程，其中脱贫攻坚、乡村振兴和共同富裕三者紧密相连、相互促进，共同构成了实现共同富裕的阶段性任务。

（三）发展归宿：共同富裕是社会主义现代化的重要目标

马克思在《1857—1858年经济学手稿》中明确指出，随着社会生产力的快速发展，生产的目标应当是实现所有人的富裕，这一观点强调了生产活动的目的不仅是满足个人需求，更重要的是确保整个社会的共同富裕[①]。在这一理念中，人们的福祉和社会的繁荣是密不可分的，社会生产应当以此为导向，实现共同富裕不仅是一种经济目标，更是一种关乎公平正义和人类发展的价值追求。马克思的政治经济学深入剖析了资本主义社会的内在机制，揭示了其中存在的一些问题和矛盾，从本质上讲，资本主义私人所有制的存在，使资本主义社会的贫富差距、两极

---

① 《马克思恩格斯全集》第46卷（下），人民出版社1980年版，第222页。

分化日益加剧，是不可能达到共同富裕的。他对资本主义经济的研究更加清晰地展露了资本主义的一些贪婪现象和潜在的问题，他指出资本主义经济体系中存在的剥削、不平等和危机等方面的弊端，指出资本主义的衰亡是必然的。一方面，资本主义最根本的矛盾是生产社会化与生产资料的个人占有，它在阶级关系上表现为无产阶级与资产阶级的对立；另一方面，资本主义的发展又为实现社会主义提供了阶级和物质基础，无产阶级是完全革命的，因此必须通过无产阶级革命推翻资本主义的压迫，进而实现社会主义。社会主义追求的是人的全面发展和社会的共同富裕，通过建立公平正义的分配制度和实施积极的政策措施，实现资源的合理配置和财富的共享，从而促进全体人民共同享有经济、社会和文化方面的福利。中国所走的是一条以实现所有人共同富裕为目的的现代化之路，这是一条有别于西方资本主义的现代化之路。2020年，习近平总书记特别指出，共同富裕是社会主义的本质要求，是人民群众的共同期盼，其目标是让每个人都能享受到发展的红利和成果[①]。同时，共同富裕也注重强调人的全面发展，关注人的尊严、价值和幸福感，提供广阔的发展空间和机会，让每个人都能充分发挥自己的才能和潜力，实现自身的人生价值。通过共同富裕的实现，一个和谐、稳定、繁荣的社会将被建立起来，并让每个人都能享受到发展带来的幸福和成就。这同时意味着要提高人民的生活质量，增进人民的幸福感和获得感，推动社会公平正义的实现，同时重视文化教育、精神文明的发展，让每个人都能分享社会发展的红利，实现人的全面发展和全面幸福。首先，实现基本公共服务均等化是改善民生的基本保障，也是实现共同富裕的根本途径之一[②]，深入推进公共服务均等化，满足人民群众的需求，确保人民群众公平公正地享受基本公共服务资源是实现共同富裕的重要支撑。其次，人民对美好生活的需求不断变化，共同富裕的内涵与要求也不断更新，因此既要关注当前阶段共同富裕目标的实现，也要赋予共同富裕新的时代内涵，随着社会的进步和发展，还要关注人民对民主、法治、公平的更高层需求，持续推动共同富裕目标的实现。最后，共同富裕是脱贫攻坚和乡村振兴的终极目标，因此要通过产业发展、教育培训等多方面的努

[①] 《中共中央关于制定国民经济和社会发展第十四个五年规划和二〇三五年远景目标的建议》，人民出版社2020年版。

[②] 张占斌：《以制度系统集成创新扎实推动共同富裕》，《马克思主义与现实》2022年第2期。

力，帮助低收入人群增收致富，通过"脱贫攻坚—乡村振兴—共同富裕"的逻辑进路，加强乡村基础设施建设、优化农村治理体系、推动农村产业升级等措施，实现城乡发展差距的缩小，让乡村地区与城市地区实现同步发展。只有这样，才能实现共同富裕的目标，让每个人都享受到现代化发展的红利，共同分享国家繁荣的成果，这不仅是实现社会公平正义的需要，也是社会稳定和可持续发展的重要保障。总而言之，要坚持党的扶贫开发方针，促进农村经济持续健康发展，加强农村基础设施建设，改善农民生活条件，推动农村产业升级和农村治理现代化，使每一个人都能分享到发展的成果，共同享受美好生活。

第二章　共同富裕目标下全面乡村振兴的历史进程与历史逻辑

　　站在历史角度，持续深入地理解各个历史时期的发展趋势以及所处经济社会条件，能够发现乡村发展和振兴是逐步缩小收入差距、城乡差距和区域差距的重要举措。从1921年中国共产党成立至今，在不同时期中国共产党均以"三农"问题为重点工作，推进农业农村朝着现代化方向发展，以改善农民生活条件，促进农民共同富裕。现阶段，随着脱贫攻坚战的全面胜利，乡村振兴进入新的历史阶段，但工作重点仍是解决"三农"问题。脱贫攻坚战的胜利并不意味着扶贫事业的结束，部分已脱贫人口仍面临返贫风险，且相对贫困成为新的风险冲击。因此，要基于全新的高度、广度与深度全面推进乡村振兴，促进人民向共同富裕迈进。可见，在实现共同富裕这一具体目标的过程中，乡村发展与振兴是一场以人民为主体的历史活动，这一活动从所处的历史时期出发，解决中国在每一阶段较为突出的乡村问题，具有明显的历史阶段性特点，且每个时期形成的经典理论与宝贵成果能够为下一阶段目标的实现提供有利条件。基于此，本章通过聚焦背景、目标、任务来系统梳理乡村振兴的历史进程，并在此基础上厘清共同富裕目标下全面乡村振兴的历史逻辑，旨在为后续巩固拓展脱贫攻坚成果、推进乡村振兴、迈向共同富裕的实践研究奠定坚实基础。

第一节　乡村振兴的历史进程

　　中国作为拥有14亿多人口规模的人口大国，在实现共同富裕的道路上，农村、农业、农民问题是无法避免的核心议题。为解决社会主要矛盾，扎实推进共同富裕，实施乡村振兴战略显得尤为重要。在脱贫攻坚取得全面胜利和全面建成小康社会之际,及"两个一百年"历史交汇期时代背景下,党中央作出了重大战略部署,即全面推进乡村振兴。在全党全国全社会的共同努力下,中国农村风貌日异月殊,一改积贫积弱的旧况,农业、农村发展和农村减贫工作取得了瞩目成就。这些成就不仅彰显了中国特色社会主义制度的优越性,也为乡村振兴战略的深入实施奠定了坚实基础。除此之外,乡村振兴战略并非凭空而来,而是有着深刻的历史渊源,经过乡村不断实践发展,最终作为一项重大战略被正式提出。因此,本节将通过梳理乡村发展历程,明确乡村振兴的提出背景,洞察乡村振兴的实施目标,把握乡村振兴的重点任务,为后续相对贫困治理、实现农业农村现代化、实现共同富裕提供参考。

一 乡村发展历程

建党伊始,党中央就以中国的实际情况为基础,以中国农村社会的政治、经济、文化现代化为主线,开启了一系列的探索,推动乡村发展。经过长时间的探索和实践,乡村建设和发展具有一定的成效。具体而言,百年来,中国乡村发展共经历了四个时期——乡村改造、乡村建设、乡村改革、乡村振兴[①],每个时期具有不同的中心任务。基于不同的中心任务,中国采取了差异化的政策措施。回顾乡村发展历程(见表2-1),把握乡村发展脉络,对全面推进乡村振兴具有重要意义。

表2-1　　　　　　　　　乡村发展历程

时间	阶段	工作重点	措施
1921—1948年	乡村改造阶段	打破封建土地关系、推动乡村发展	建立革命根据地、进行土地改革、向根据地输送外部资源等
1949—1977年	乡村建设阶段	解决广大农民的"吃饭穿衣"问题、推动广大农民实现农业社会主义现代化	开展农业合作化运动、产业融合发展、改善乡村生态环境、开展农业学大寨运动等
1978—2011年	乡村改革阶段	解决"三农"问题、缩小城乡发展之间的差距	进行生产责任制与经营体制改革、推进乡村治理结构改革、进行社会主义新农村建设等

---

① 唐任伍、唐堂、李楚翘:《中国共产党成立100年来乡村发展的演进进程、理论逻辑与实践价值》,《改革》2021年第6期。

续表

时间	阶段	工作重点	措施
2012年以来	乡村振兴阶段	解决发展不平衡不充分问题、推动农业农村现代化	新型城镇化、补齐乡村发展短板、巩固拓展脱贫成果等

（一）乡村改造阶段（1921—1948年）

1921—1948年是乡村改造阶段，也是共同富裕思想的探寻阶段。这个阶段，旧的生产关系和上层建筑之间的矛盾是制约经济发展的最大阻碍。立足当时的国情，中国共产党以国家独立、人民解放为任务主线，运用革命的方式，推翻旧时期的封建专制制度，消灭剥削，夺取武装政权，建立起人民当家作主的新中国。如果不能推翻几千年来地主剥削农民的封建土地关系，那么中国共产党就不可能赢得农民的信赖和支持，无法推动乡村真正意义上的发展。为此，在这一时期，中国共产党以创建革命根据地为切入点，采取了一系列的乡村改造措施推动农村的发展，为共同富裕奠定了基本政治前提。

1921年，中国共产党肩负着中华民族伟大复兴的历史使命，在国家身处内忧外患的关键阶段孕育而生，其奋斗目标之一就是建立没有剥削、没有封建专制的共同富裕社会。主要措施包括以下几个方面：一是开展土地革命。土地作为农户最主要的生产资源，保障农户的土地所有权是实现共同富裕的必要条件，也是推动乡村发展的首要任务，土地问题不解决，国家生产力就难以增强、经济就难以发展、农民生活就难以改善。基于此，中国共产党和人民政府在有限条件下开启了政治与经济相结合的斗争，对乡村进行改造，同时制定了土地法令与政策，实行了"耕者有其田"制度，推动封建的土地所有制向农民的土地所有制转变，把人民从水深火热中救出，获得了广大人民的支持。二是实行减租减息。建立和巩固抗日民族统一战线，根据地实行减租减息政策，即减少农户土地租金，减轻农户借贷负担，调动了抗日根据地各阶级人民生产的积极性，增强生产效率，这一阶段"打土豪、分田地"、减租减息等举措均是中国共产党对共同富裕的初步实践。三是推动农村文化发展。出台了《苏维埃教育法规》，向农民普及教育，并实施相关措施，提升农民的文化水平。同时，中国共产党在敌后根据地开展国民教育运动，发展以冬学、民校为主要形式的成人扫盲教育和以小学教育为主体的学龄儿童教育,大力推动根据地教育文化事业发展。四是开展防疫工作。党中央与各部门合作建立卫生所,旨在改善农村卫生医疗状况,守护农户健康。正是由于党中央审视局势,准确找出了农民问题的关键所在,以科技、人才、资本等外在资源为依托,开展了系列帮扶工作,促使乡村内部结构发生了根本性的变化,同时有效解决了当时贫困农民的基本需要,对乡村的成功改造获得了广大农民的拥护和参与,才开辟了一条具有中国特色的乡村改造之路。乡村改造最成功的范例是对延安乡村的改造,这为后续乡村的改造提供了样本。延安乡村改造的实践活动是党中央综合了民族抗日、社会经济、政治变革等多方面因素,为推动新民主主义革命成功而探索出的,其目的主要是解决农民受压迫问题和乡村解放。在乡村改造阶段,党中央出台的政策如表2-2所示。

表2-2　　　　　乡村改造阶段的政策（1921—1948年）

年份	文件名	主要内容
1921	《中国共产党第一个纲领》	①承认无产阶级专政；②消灭资本家私有制；③支援工人阶级
1928	井冈山《土地法》	①没收一切土地归苏维埃政府所有；②一切土地经没收或分配后禁止买卖；③按人口和劳动力两个标准分配土地；④以乡、几乡、区为单位分配
1929	《土地问题决议案》	①自耕农的田地不没收；②富农多余的土地要没收
1934	《苏维埃教育法规》	①对各学校的组织机构、日常管理的规则、培养目标等做了规定；②规定小学、中学教育学龄；③规定各类业余教育组织如何建立及怎样开展活动
1937	《抗日救国十大纲领》	①减租减息；②赈济灾荒；③废除苛捐什税
1941	《关于抗日根据地军事建设的指示》	①克服抗日根据地的物质困难；②提高党内人员素质和工作效率
1941	《晋西北减租减息暂行条例》	①地租照原租额减收百分之二十五；②出租人不得收取押租；③耕地副产物一律归承租人所有
1942	《关于抗日根据地土地政策的决定》	①实行减租减息；②实行交租交息
1946	《五四指示》	将减租减息的政策改为没收地主土地分配给农民
1947	《中国土地法大纲》	废除封建土地制度,实行"耕者有其田"

资料来源：共产党员网,www.12371.cn。

（二）乡村建设阶段（1949—1977年）

1949—1977年是乡村建设阶段，也是共同富裕的初步探索阶段。中华人民共和国成立之初，社会生产力极其落后，人民的基本生活需求无法得到满足，社会经济发展停滞不前。在错综复杂的国内外形势下，中国共产党立足中国实际与时代特征，1955年首次正式提出了共同富裕这一理念，将现代政党运动与农村政权建设结合起来，艰难地推进了农业现代化建设，中国乡村发展实践进入新的发展阶段。这一阶段以乡村建设为主，更倾向在计划经济体制下实现平均富裕。通过开展农业合作化运动、推动产业融合等措施，中国解决了广大农民的"吃饭穿衣"问题。这些举措不仅推进了农业与乡村的整体发展，更为后续消灭城乡对立、巩固工农联盟、最终实现农民群众共同富裕奠定了初步的制度与物质基础。

在乡村建设这一阶段，中国采取的措施主要包括以下几个方面。一是开展农业合作化运动。极端贫困的广大农村地区无法解决生存问题，导致政局不稳定与经济发展水平不高。面对这一严峻形势，每一阶段的土地都承载着不同的发展挑战与机遇。特别是在探索社会主义建设时期，乡村地区进行了土地革命，随后又开展了农业合作化运动，这一运动成为实现共同富裕的重要举措。农业合作化运动是1951年党中央正式提出的一项提高农村生产力、增强农业产量的方式。截至1952年底，参加农业生产互助合作社的农民占全国40%。1955年，《关于农业合作化问题的决议》的颁布，再次指出农业合作化是有效治理与发展农业的重要举措。二是强调农业发展。1962年，邓小平同志认为："农业搞不好，工业就没有希望"[1]，指出农业发展是工业发展的前提条件，起着举足轻重的作用，同时，也表明了农业发展是乡村发展的关键。在中华人民共和国成立初期，陈云同志主持全国财经工作，提出用发展工业的办法来解决农业的问题[2]。通过产业融合发展，推动农业与粮食生产和工业相辅相成，助推涉农产业的成功。1975年，邓小平同志提出："确立以农业为基础、为农业服务的思想"[3]，再次表明了农业是乡村产业发展的关键内容，要想扎

---

[1] 郭锦杭：《"一粒种子改变一个世界"——从种子角度看邓小平对农业现代化的思考》，《党的文献》2014年第2期。

[2] 张凤翱：《陈云与新中国成立初期的纺织工业》，《党的文献》2020年第2期。

[3] 李捷：《毛泽东对中国式现代化的历史贡献》，《现代哲学》2024年第1期。

实推进乡村产业发展，就必须巩固住农业的重要地位。此外，采取一系列措施，如改良土壤、扩大耕种面积、增加肥料、创新新式农具等方法来提高生产能力与效率，增强农业产能。三是改善乡村生态环境。人民安居乐业水平与河流治理效果有着密切联系，河流治理效果越好，人民安居乐业水平越高。黄河是中国的母亲河，1952年，毛泽东同志在视察黄河时明确指出"要把黄河的事情办好"[1]，为建设宜居生态乡村提供有利条件。自此，中国开启了黄河生态治理进程，在后续河流保护的过程中，长江与其他重要的区域也逐步被纳入河流生态治理的计划，通过合理科学地进行综合治理，为人民生活和国家安定创造条件。此外，中国还采取城市支援农村的方式，促进资源在城乡之间流动，促使农民的生存环境得到改善，旨在解决农民的温饱问题。四是开展农业学大寨运动。大寨公社在1953年积极响应党中央的号召，力争把贫瘠的山区改善为富裕的地区，基于此，大寨人在中国共产党的领导与支持下，开展农业合作，大搞农田基本建设，把深沟变良田，将坡地改造成水平梯田，实现了粮食大丰收，创造了奇迹。农业学大寨运动是全国乡村建设的典型范例，1964年三届全国人大一次会议标志着农业学大寨运动在中国正式开展，该运动对中国的乡村建设探索之路具有深刻且深远的影响。五是恢复乡村治理秩序。这一阶段，为消除霸权与强权主义，中国共产党自1950年起开启带领人民群众与强权、霸权作斗争的革命历程，同时建立健全制度化的乡村治理机制，这一系列举措旨在为乡村治理创造稳定的秩序基础。此外，伴随农业合作化运动的有效推进，中国总结归纳出多种乡村治理经验[2]，旨在组织农民参与农业社会主义改造和现代国家建设，同时建立人民公社，形成党委、党支部和党小组严密的组织网络，以加强党的领导。六是健全基本公共服务体系。中国高度重视教育的辐射作用，致力完善教育相关配套设施，提高农民的文化水平，从而为农业发展培养高素质人才以带动农业的发展；建设农业技术推广网络，以促进信息交流，同时用先进的技术水平提高农业产量，夯实农业发展基础；建立劳动保障和公费医疗制度，确保农民在看病就医时享有应有的权益和保障，以减轻农民的生活负担；通过建立农村供销合作系统、农

---

[1] 杨伟民等：《新中国发展规划70年》，人民出版社2019年版。
[2] 景跃进：《当代中国农村"两委关系"的微观解析与宏观透视》，中央文献出版社2004年版。

村集体经济组织等,降低农村贫富差距,让农民走上社会主义集体化道路;建立社会保障体系,对严重危害健康的流行性疾病治疗采取减免费用的办法,减轻贫困人口的生活负担。在乡村建设阶段,中国出台的相关政策如表2-3所示。

表2-3　　　　　　　乡村建设阶段的政策(1949—1977年)

年份	文件名	主要内容
1950	《中华人民共和国土地改革法》	①土地的没收和征收;②土地的分配;③土地改革的执行机关和执行方法;④特殊土地问题的处理
1951	《关于农业生产互助合作的决议(草案)》	①根据生产发展的需要和可能,大量发展劳动互助组;②在条件比较成熟的地区,有重点地发展土地入股的初级农业生产合作社
1955	《关于农业合作化问题的决议》	①指出土地改革后的农民是愿意走社会主义道路的;②阐明先合作化后机械化是发展社会主义农业现代化;③强调实现合作化对巩固工农联盟的重要意义;④阐明农业合作化的方法、步骤、组织形式、全面规划以及阶级路线
1956	《一九五六年到一九六七年全国农业发展纲要》	①兴修水利,发展灌溉;②开展保持水土的工作;③开垦荒地,扩大耕地面积;④改良土壤
1956	《高级农业生产合作社示范章程》	①社员;②土地和其他主要生产资料;③资金;④生产经营;⑤劳动组织和劳动报酬;⑥财务管理和收入分配;⑦政治工作;⑧文化福利事业
1957	《中华人民共和国水土保持暂行纲要》	①开发河流水利,发展农、林、牧业生产;②成立水土保持委员会;③密切配合,分工负责水土保持工作
1958	《关于在农村建立人民公社问题的决议》	①建立人民公社;②实行政社合一,工农兵学商相结合;③小社并大社
1960	《关于人民公社卫生工作几个问题的意见》	①大规模培训"赤脚医生";②采取互助合作的形式
1962	《怎样恢复农业生产》	①调动农民积极性,发展农业生产;②工业支援农业
1964	《关于在社会主义教育运动中加强农村社会保险工作,帮助贫下中农困难户克服困难的报告》	①财政补贴;②实物救济;③赈济灾荒
1964	《政府工作报告》	①促进农田基本建设;②发展农业生产

资料来源:共产党员网,www.12371.cn;宣讲家网,www.71.cn。

(三) 乡村改革阶段 (1978—2011 年)

1978—2011 年是乡村改革阶段，也是共同富裕深入推进阶段。党的十一届三中全会召开，开启了改革开放的伟大新征程。原有的土地经营制度、人民公社合作等不能有效调动农民生产的主动性和积极性，偏远贫困山区的贫困群体基本生活也存在困难。鉴于此，中国的改革从乡村开始，在这一阶段，更加倾向实现以先富带动后富为主要特征的共同富裕，但各地区间差距也在逐步扩大，这主要体现在收入、行业、阶层、城乡与区域间的差异，与共同富裕的目标相去甚远。为解决上述问题，中国通过实施体制改革、结构改革、城乡统筹发展、新农村建设等多项措施，为缓解贫困、解决"三农"问题奠定了坚实基础，也推动共同富裕发展取得了新的成果。

在乡村改革阶段，中国采取的措施主要包括以下几个方面。一是开展生产责任制与经营体制改革[1]。这一阶段，农村改革的主要方向是家庭联产承包责任制，农村生产责任制与经营体制的改革不仅推动乡村建设进入新时期，也使新中国发展进程不断向前迈进。1977 年颁布的《关于当前农村经济政策几个问题的规定》指出，必须坚持以按劳分配为主体、多种分配方式并存的制度，鼓励社员经营少量的自家自留地的同时，兼有较为正当的副业。这一文件标志着家庭联产承包责任制的正式确立，也开启了改革开放初期乡村建设的初始模式。1980 年，中共中央颁布的《关于进一步加强和完善农业生产责任制的几个问题》强调，在那些边远山区和贫困落后的地区，实行包产到户，是联系群众、发展生产、解决温饱问题的一种必要的措施。1985 年，政府提出农产品统派购制度改革，意味着中国农村的商品生产开启全面发展进程。此外，1998 年，农村土地承包到期后再延长 30 年这一措施被提出，推动着乡村发生进一步改革。二是开展乡村治理结构改革[2]。农村改革的重要内容是改善乡村的发展面貌。1979 年，邓小平同志在《民主和法制两手都不能削弱》这一文件中明确提出："民主和法制，这两个方面都应该加强。"[3] 农民作为乡村的经济和决策主体，是发展乡村的关键，为了有效治理乡村，必

---

[1] 戈大专、龙花楼、乔伟峰：《改革开放以来我国粮食生产转型分析及展望》，《自然资源学报》2019 年第 3 期。
[2] 张厚安：《村民自治：中国农村基层民主建设的必由之路》，《河北学刊》2008 年第 1 期。
[3] 《邓小平文选》(第二卷)，人民出版社 1994 年版，第 189 页。

须调动起农民的积极性，增强民主建设。1983年，《关于实行政企分开建立乡政府的通知》这一文件首次将村民委员会定位为基层群众自治组织，后来为了适应时代发展需要，不断完善村民自治制度，1988年修订后的《中华人民共和国村民委员会组织法》，以法律形式确认了村民自治制度。在这一阶段，自上而下由国家到各地方政府均在不断努力开展乡村建设工作、探寻完善乡村基础设施的有效路径，如整治各地区乡村生态环境、建立健全村民自治制度等。在相关政策的积极推动下，乡村建设取得明显发展。三是开展城乡统筹协调发展战略。乡村改革的核心在于有效消除城乡二元结构现象，通过一系列政策措施，加速城乡一体化进程，促进资源要素在城乡之间的合理配置与流动。党的十四大明确提出了构建社会主义市场经济体制的目标，这一决策不仅加快了城镇化进程，还推动了城市市场经济的迅速发展，但同时也导致农村地区的资金、土地和劳动力等要素不断向城市单一性的流动，这种流动进一步加剧了城乡差距，造成了城乡间呈现明显二元结构的现象。面对这一严峻挑战，2003年国家提出"五个统筹"方针，其中统筹城乡发展被摆在了突出位置。随后，2010年中央一号文件中也指出，要以城乡统筹为切入点，在城镇化动态进程中研究解决中国农村问题，为共同富裕奠定坚实的基础。四是建设社会主义新农村。乡村改革的重要环节在于缓解"三农"问题，这一伟大战略不仅着眼于通过新农村的建设显著提升农户的经济收入水平，还致力全面改善农业的整体发展状态，使其更加现代化、高效化。社会主义新农村建设强调"三农"发展要从"工业和城市偏向"转向"农业农村优先发展"[①]。2005年，中共中央召开党组扩大会议，强调建设社会主义新农村，必须把发展现代农业，作为新农村建设的主攻方向，同时也要大力推进农业和农村基础设施建设。2007年中央一号文件也不断强调要从多方面促进现代农业的发展，加强农业基础建设，进一步推动新农村建设。可以说，建设社会主义新农村是全面建设小康社会的应有之义和重中之重，同时，社会主义新农村建设也是新时期统筹城乡发展、推动社会主义现代化的重要举措。五是促进农户致富增收。农户作为农村的最基本的经济单元，对农村的改革有着不可或缺的作用。党的

---

① 赵媛媛：《马克思主义指导下的新农村建设哲学问题探讨》，《农业技术经济》2022年第5期。

十七届三中全会强调，把保持农业农村经济平稳较快发展作为首要任务，围绕稳粮、增收、强基础、重民生，进一步强化惠农政策，以确保农民收入持续增长。为实现这一目标，必须采取一系列切实有效的措施。通过强化农业基础设施建设、完善农业支持保护制度等方式，以保障农业的稳定发展与农民的持续增收。同时，完善农业支持保护制度，如优化补贴政策、提高农业保险覆盖率等，也是保障农民利益、抵御自然风险和市场波动的重要手段。此外，必须重视并加强教育扶贫、科技扶贫和社会扶贫的综合施策，因为这一举措不仅能够提高农民的基本权利，还可为其提供发展机遇，有效激发农民参与乡村发展、乡村改革的积极性与主动性，从而改变乡村风貌。在乡村改革阶段，中国出台的相关政策如表2-4所示。

表2-4　　　　乡村改革阶段的政策（1978—2011年）

年份	文件名	主要内容
1980	《关于进一步加强和完善农业生产责任制的几个问题》	建立和创造了多种多样的生产责任制形式
1982	《全国农村工作会议纪要》	①小段包工定额计酬；②专业承包联产计酬；③联产到劳；④包产到户、到组，包干到户、到组
1983	《当前农村经济政策的若干问题》	①农业的经济结构改革；②农业的体制改革；③农业的技术改革
1983	《关于实行政社分开建立乡政府的通知》	①政社分开，建立乡政府；②根据生产的需要和群众的意愿逐步建立经济组织
1984	《关于经济体制改革的决定》	①企业所有权同经营权可以适当分开；②允许和鼓励一部分地区、一部分企业和一部分人先富；③对老弱病残、鳏寡孤独等实行社会救济
1985	《关于进一步活跃农村经济的十项政策》	形成了合同定购和市场收购并行的"双轨制"
1988	《中华人民共和国村民委员会组织法》	村民自治制度以法律形式得到确认
2003	《中国共产党第十六届中央委员会第三次全体会议公报》	①建立有利于逐步改变城乡二元经济结构的体制；②逐步统一城乡劳动力市场；③加快建设与经济发展水平相适应的社会保障体系；

续表

年份	文件名	主要内容
2004	《中共中央 国务院关于促进农民增加收入若干政策意见》	①挖掘农业内部增收潜力；②拓宽农民增收渠道；③改善农民就业与居住环境
2005	《中共中央关于制定国民经济和社会发展第十一个五年规划的建议》	①推进社会主义新农村建设；②构建区域协调发展机制
2005	《中共中央 国务院关于进一步加强农村工作提高农业综合生产能力若干政策的意见》	①农业综合生产能力建设；②强化对农业的支撑力度
2006	《中共中央 国务院关于推进社会主义新农村建设的若干意见》	①生产发展；②生活宽裕；③乡风文明；④村容整洁；⑤管理民主
2006	《中共中央关于构建社会主义和谐社会若干重大问题的决定》	①逐步扭转城乡、区域发展差距大的趋势；②形成合理有序的收入分配格局；③基本建立覆盖城乡居民的社会保障体系
2007	《中共中央 国务院关于积极发展现代农业扎实推进社会主义新农村建设的若干意见》	①建立促进现代农业建设投入保障机制；②加快农业基础建设；③推进农业科技创新；④健全发展现代农业的产业体系；⑤健全农村市场体系；⑥培育新型农民；⑦深化农村综合改革
2008	《中共中央 国务院关于切实加强农业基础建设进一步促进农业发展农民增收的若干意见》	①强化农业基础长效机制；②保障农产品基本供给；③完善农业基础设施建设；④健全农业科技和服务体系；⑤提高基本公共服务水平；⑥完善农村经营制度；⑦推进基层组织建设
2009	《中共中央 国务院关于2009年促进农业稳定发展农民持续增收的若干意见》	①支持保护农业；②发展农业生产；③强化现代农业物质支撑和服务体系；④完善农村基本经营制度；⑤推进城乡经济社会发展一体化
2010	《中共中央 国务院关于加大统筹城乡发展力度进一步夯实农业农村发展基础的若干意见》	①健全强农惠农政策体系；②提高现代农业装备水平；③加快改善农村民生；④协调推进城乡改革；⑤加强农村基层组织建设
2011	《中共中央 国务院关于加快水利改革发展的决定》	①突出加强农田水利等薄弱环节建设；②全面加快水利基础设施建设；③建立水利投入稳定增长机制；④实行最严格的水资源管理制度；⑤不断创新水利发展体制机制

资料来源：中华人民共和国农业农村部官网，www.moa.gov.cn；中国政府网，www.gov.cn；共产党员网，www.12371.cn。

（四）乡村振兴阶段（2012年以来）

2012年以来是乡村振兴阶段，也是共同富裕初步实现阶段。乡村振兴的形成是一个不断丰富、不断积累的过程。进入新时代，"三农"问题日益凸显，成为我们国家在扶贫工作中仍然必须重视的一个重要命题。随着中国扶贫开发工作的不断推进，"三农"工作取得了较大进展，但区域发展不平衡问题依旧存在、贫困地区发展的深层次矛盾仍然突出、相对贫困问题逐步显现。这一阶段，要以实现全体人民共同富裕为目标，通过巩固拓展脱贫成果、增强脱贫人口自我发展能力以及加大国家统筹城乡发展力度，来大力推动乡村振兴，避免出现大规模返贫现象，推动共同富裕在高质量发展背景下能够获取明显成效，从而为人民创造幸福美好的生活。

在乡村振兴阶段，中国主要采取的措施包括以下几个方面。一是通过新型城镇化，推动城乡融合发展①。对整个国家而言，乡村和城市是密不可分的，两者是优势互补、互惠共生的统一体。处理好城乡关系有助于推动社会主义现代化建设。自2016年开始，国家采取了一系列的政策措施，通过加强社会主义新农村建设力度、推进以人为中心的新型城镇化进程、保证农业转移人口的基本权利等方式，推动城乡发展。此外，从健康、安全、环境等方面切入，推进城市治理体系和治理能力的现代化进程。通过这些举措，推动城乡协同发展，确保人民在共享发展成果中稳步迈向共同富裕的美好未来。并且，因各地区推动共同富裕的基础和先决条件具有差异性，通过建设共同富裕示范区，为全国共同富裕探寻可行路径、留下宝贵经验，这一举措旨在解决当前中国经济社会发展中存在的不均衡、不充分等突出问题，从而缩小城乡之间的地区差异以及居民收入分配的差距。二是通过补齐乡村发展短板，建设美丽乡村②。"记住乡愁"这一概念，于2013年由习近平总书记首次提出并引入乡村振兴战略，乡村振兴的内在要求之一就是生态宜居。因此，围绕"建设美丽乡村"这一目标，中国共产党指出要遵循乡村发展规律，立足农村实际，在各地区保持农村原有风貌和文化特征的基础上，走出一条具有当地农村特色的乡村发展之路。为改善农村环境与农民生活质量，2017

---

① 董晓峰、杨春志、刘星光：《中国新型城镇化理论探讨》，《城市发展研究》2017年第1期。
② 刘彦随、周扬：《中国美丽乡村建设的挑战与对策》，《农业资源与环境学报》2015年第2期。

年在农村地区开展了"厕所革命";2018年《农村人居环境整治三年行动方案》指出要以建设美丽宜居村庄为导向,以农村垃圾、污水治理和村容村貌提升为主攻方向,动员各方力量,整合各种资源,加快补齐农村人居环境突出短板;2024年中央一号文件也明确提出,深入实施农村人居环境整治提升行动,推进农村基础设施补短板,加强农村生态文明建设,从而促进县域城乡融合发展。三是巩固拓展脱贫成果,推动乡村振兴取得实质性进展[1]。2020年底,随着脱贫攻坚战的如期打赢,全面推进乡村振兴是"三农"工作重心的历史性转移,但人口的全面脱贫并不意味着贫困的结束,部分人口仍面临返贫风险。为促进已脱贫人口持续脱贫、不返贫,并保障国家粮食安全,"三农"问题成为全党工作的重中之重。在后续"三农"工作的实践过程中,需努力实现从产业振兴到工作体系,再到发展动能等一系列的重大转变。在这一过程中,需明确乡村发展、乡村建设、乡村治理的重点内容,通过补短板、强重点等方式,调动农民的积极性、自觉性和创造性,进而为2035年基本实现农业农村现代化、2050年实现乡村全面振兴以及扎实推进共同富裕提供重要前提和保障。2024年,中央一号文件强调要持续巩固拓展脱贫攻坚成果,确保不发生规模性返贫,以此来有效推进乡村全面振兴。在新的时代背景下,"三农"工作重心发生了明显的转移,我们更应该站在全面建设社会主义现代化国家的高度,进一步完善制度制定、政策调整和工作保障机制。四是加强乡村文化建设,建构乡村意识形态[2]。党的二十大以来就强调要锚定建设文化强国目标,坚持发挥农民主体作用,务实高效开展形式多样、丰富多彩的乡村文化活动,以构建积极向上的乡村意识形态。具体而言,中国共产党通过开展形式多样的主题活动、深入推进党史学习教育、不断丰富乡村公共文化生活等方式,积极探索和实践乡村文化建设的有效途径。2024年,农业农村部办公厅印发的《"大地流彩—全国乡村文化振兴在行动"工作方案》部署了多项重点活动,全面加强乡村文化保护传承,以此促进乡村文化资源创造性转化和乡村文化产业创新性发展。该工作方案包含十二项重点活动,比如"听党话、感党恩、跟

---

[1] 程国强、马晓琛、肖雪灵:《推进巩固拓展脱贫攻坚成果同乡村振兴有效衔接的战略思考与政策选择》,《华中农业大学学报》(社会科学版)2022年第6期。

[2] 杨丽、耿宪兵:《中国共产党领导乡村意识形态建构的百年历程与基本经验》,《南京审计大学学报》2021年第6期。

党走"宣讲、"宜居宜业和美乡村"农民文艺作品展与"新国潮"乡村优秀文化艺术展演等活动。在乡村振兴阶段，中国出台的相关政策如表2-5所示。

表 2-5　　乡村振兴阶段的政策（2012年以来）

年份	文件名	主要内容
2012	《中共中央 国务院关于加快推进农业科技创新持续增强农产品供给保障能力的若干意见》	①推动农业稳定发展；②引领现代农业建设；③加强农业社会化服务；④培育科技、教育人才；⑤改善设施装备条件
2013	《中共中央 国务院关于加快发展现代农业进一步增强农村发展活力的若干意见》	①构建现代农业产业体系；②健全农业支持保护制度；③创新农业生产经营体制
2014	《中共中央 国务院关于全面深化农村改革加快推进农业现代化的若干意见》	①保障国家粮食安全；②改革农村土地制度；③创新农村金融制度；④推进城乡发展一体化
2015	《中共中央 国务院关于加大改革创新力度加快农业现代化建设的若干意见》	①推进新农村建设；②促进农民增收；③全面深化农村改革；④加强农村法治建设
2016	《中共中央 国务院关于落实发展新理念加快农业现代化实现全面小康目标的若干意见》	①发展现代农业；②推动农业绿色发展；③产业融合发展；④促进城乡要素均衡配置
2017	《中共中央 国务院关于深入推进农业供给侧结构性改革加快培育农业农村发展新动能的若干意见》	①调整产品产业结构；②推行绿色生产方式；③壮大新产业新业态；④强化科技创新驱动；⑤补齐农业农村短板；⑥加大农村改革力度
2018	《中共中央 国务院关于实施乡村振兴战略的意见》	①提升农业发展质量；②推动乡村绿色发展；③繁荣乡村文化；④健全乡村治理体系；⑤保障和改善民生；⑥推进体制创新；⑦推动人才建设
2019	《中共中央 国务院关于坚持农业农村优先发展做好"三农"工作的若干意见》	①抓好粮食生产；②增加农民收入；③改善农村人居环境；④补齐农村基础设施和公共服务短板
2020	《全国乡村产业发展规划（2020—2025年）》	①提升农产品加工业；②拓展乡村特色产业；③优化乡村休闲旅游业，发展乡村新型服务业；④推进农业产业化和农村产业融合发展
2020	《2020年新型城镇化建设和城乡融合发展重点任务》	①提高农业转移人口市民化质量；②优化城镇化空间格局；③提升城市综合承载能力；④加快推进城乡融合发展等

续表

年份	文件名	主要内容
2020	《中共中央 国务院关于抓好"三农"领域重点工作确保如期实现全面小康的意见》	①打赢脱贫攻坚战;②对标全面建成小康社会加快补上农村基础设施和公共服务短板;③保障重要农产品有效供给和促进农民持续增收;④加强农村基层治理
2021	《中共中央 国务院关于实现巩固拓展脱贫攻坚成果同乡村振兴有效衔接的意见》	①巩固拓展脱贫攻坚成果长效机制;②确定国家乡村振兴重点帮扶县,完善东西部协作和对口支援、社会力量参与帮扶机制
2021	《中共中央 国务院关于全面推进乡村振兴加快农业农村现代化的意见》	①巩固拓展脱贫攻坚成果同乡村振兴有效衔接;②推进农业现代化;③实施乡村建设行动;
2021	《中共中央 国务院关于支持浙江高质量发展建设共同富裕示范区的意见》	①明确浙江示范区建设的四个战略定位;②明确六大支持举措
2022	《论"三农"工作》	①加强党的全面领导;②牢牢把住粮食安全主动权;③增加农民收入;④深化农村改革
2022	《乡村建设行动实施方案》	①制定一个规划;②实施八大工程;③健全三个体系
2022	《"十四五"新型城镇化实施方案》	①深化户籍制度改革;②分类推动城市群发展;③完善城市住房体系;④有序推进城市更新改造;⑤加大内涝治理力度等
2022	《中共中央 国务院关于做好2022年全面推进乡村振兴重点工作的意见》	①守住保障国家粮食安全;②防止规模性返贫两条底线
2022	《高举中国特色社会主义伟大旗帜 为全面建设社会主义现代化国家而团结奋斗》	①全面推进乡村振兴;②加快建设农业强国
2023	《中共中央 国务院关于做好2023年全面推进乡村振兴重点工作的意见》	①守底线;②促振兴;③强保障
2024	《中共中央关于进一步全面深化改革、推进中国式现代化的决定》	①多措并举保障粮食和重要农产品稳定供给;②持续用力巩固拓展脱贫攻坚成果;③全力推进高水平农业科技自立自强
2024	《中共中央 国务院关于学习运用"千村示范、万村整治"工程经验有力有效推进乡村全面振兴的意见》	①确保国家粮食安全;②确保不发生规模性返贫;③提升乡村产业发展水平;④提升乡村治理水平;⑤加强党对"三农"工作的全面领导

续表

年份	文件名	主要内容
2024	《"大地流彩—全国乡村文化振兴在行动"工作方案》	①广泛宣传党的创新理论，全面加强乡村文化保护传承；②推动农耕文明优秀遗产与现代文明要素有机结合；③促进乡村文化资源活化应用和乡村文化产业创新发展

资料来源：中华人民共和国农业农村部官网，www.moa.gov.cn；中国政府网，www.gov.cn；共产党员网，www.12371.cn。

二 乡村振兴的提出背景

党和政府一直坚持以基本国情为基础，根据贫困实际和时代特征，有组织、有计划、有针对性地逐步开展大规模的反贫困工作，采取各项举措，不断建设乡村、改革乡村、治理乡村。伴随着国民经济的快速发展，社会、文化等领域也随之发生了巨大的变化，农村产业结构得到优化，同时农村生活生产设施和公共服务也不断完善和提档，农民逐步向"生活富裕"目标迈进。但随着社会主要矛盾的转变，城乡区域发展失衡、城乡人口结构失衡问题逐渐突出，农业、农村和农民的发展仍存在一系列亟待解决的问题，这些问题制约着乡村的发展。党的十九大指出，"三农"问题依然是经济、社会全面发展中最明显的短板和薄弱环节，并影响着人民对美好生活的追求。在正确判断农村农业农民的发展现状的基础上，中国提出了乡村振兴这一重大战略决策，为缓解社会主要矛盾变化、促进农村农民共同富裕奠定了基础。

（一）巩固拓展脱贫攻坚成果的当务之急

在全党全社会的共同努力与奋斗下，中国的绝对贫困已经消除，进入相对贫困治理阶段，而在这一阶段农村存在着一定比例的人口因为各种原因而返贫的可能[①]。因此，巩固拓展脱贫攻坚成果是这一时期的关键任务，首先要彻底解决农村贫困问题，才能向共同富裕迈进。全面推进乡村振兴是巩固拓展脱贫攻坚成果的必然选择，通过在解决基本生存问题的基础上振兴乡村，有效化解相对贫困问题，从而防止农村规模性返贫。首先，自然灾害是导致贫困的主要诱因，受生态环境与自然资源的

---

① 张书慧、刘晓倩：《乡村振兴助力共同富裕：逻辑关系、道路羁绊与路径选择》，《当代经济管理》2023年第5期。

影响，部分农户难以改变"靠天吃饭"的现实困境。其次，农村部分已脱贫人口还未真正意义上形成"心理—行为"的自我发展内生动力，具有消极的"等、靠、要"心态且不具有主观能动性。然而，伴随国家的发展、人民的进步、生活的改善，人民在文化、社会等方面的需求不断变化与拓展，人的需求具有多维、复杂、发展性的特征。最后，贫困治理机制缺乏持续性，因为现阶段收入仍是部分地区衡量贫困的准则，由此产生数字脱贫与虚假脱贫等不良现象，加大了相对贫困的识别难度，难以构建长期有效的贫困治理机制。因此，实施乡村振兴战略，要以人的全面发展为主线，把增进人民福祉作为出发点和落脚点，巩固拓展脱贫成果，不断提高已脱贫人口的内生动力，挖掘其发展潜力，防止形成"贫困—脱贫—返贫"的恶性怪圈，从根本上减少返贫人口，促使脱贫人口彻底摆脱贫困走向富裕。

（二）建立宜居宜业美丽乡村的任务需要

中国以绿色发展为基础，坚定地走绿色发展之路，这一战略不仅能够为乡村发展创造有利的投资环境，还能促进乡村实现从单一生态优势到多元生态优势的转化，包括但不限于生态工业优势。推动生态发展是从全面小康到共同富裕的重要途径，也是实现人类社会可持续发展的重要途径，事关党的使命宗旨。在实现农业农村现代化的实践过程中，绿色可持续发展（如土地、产业、资金）对推动美丽乡村建设具有举足轻重的作用。但现阶段，中国仍存在乡村绿色发展相对受限、生态资源没有得到合理利用等问题。首先，农村耕地面积有限，农户不合理的土地利用方式与结构，致使土地质量较低，这一现状导致绿色农业生产方式未能真正形成，无法发挥出土地的生态价值，从而在一定程度上影响了实现乡村共同富裕的发展进程。其次，许多农村地区拥有较为丰富的生态环境资源，但农村的生态资源优势无法很好地转化为经济发展效益，无法充分发挥自然生态资源对于促进经济发展的积极作用，从而难以为乡村实现共同富裕创造良好条件。最后，受经济发展较为缓慢、生态意识薄弱等影响，农村群众普遍对于生态文明建设的关注程度不高，或倾向追求短期经济效益，忽视了社会、经济、生态环境的长期综合效益。因此，需要通过政策、资金和技术的有效配合，把农村绿水青山转变为生态资本和文化资本，进一步促进生态振兴以实现经济、生态、文化效益的良性循环，以及"百姓富、生态美"的有机融合，加快推动美丽乡村建设。

（三）化解城乡发展不平衡的必然选择

伴随社会历史的发展，中国城乡居民收入相对差距持续缩小，但并未从根本上改变农村发展长期落后于城市发展的现状。首先，在经济社会发展过程，城乡收入差距问题逐步凸显，由于农民收入渠道相比城市居民更为有限，加上农民自身增收能力较弱以及家庭禀赋的局限性，城乡人口收入差距逐步扩大。其次，在城乡关系中，长期存在的城乡二元结构现象显著阻碍了城乡要素的双向流通，这一障碍不仅限制了农村经济发展的活力，还导致乡村经济陷入难以有效发展的困境，从而进一步阻碍了农民农村实现共同富裕。最后，在社会权利方面，城乡居民存在一定程度的不公，由于户籍制度的制约，农村人口迁入城镇后难以获得与城镇人口同等的权利，在福利待遇方面也存在较大差异，这种差异逐步加剧了城乡二元现象。这种日益加剧的两极分化以及居民收入差距的扩大，导致低收入人口更容易再次陷入"贫困陷阱"，无疑增加了实现共同富裕的难度[1]。从现实来看，农村要与全国人民一道实现共同富裕，要重新塑造城乡之间原有的关系，走出一条城市与乡村融合发展之路，打破城乡间差距逐步扩大的状况。走融合发展之路，一方面，要处理好农村自身发展的短板问题，在现有基础上进一步打牢物质基础；另一方面，推动城市与农村要素双向流动，鼓励城市要素下沉乡村。因此，为化解城乡发展不平衡，乡村振兴战略应运而生。

（四）加快建设农业强国的迫切需要

农业的发展是国民经济发展中的首要任务。农业强国的建设，有助于更好地满足人民对食物和重要农产品的多样化需求以及人民对更高层次的精神文化需求。创新农业发展方式、加速农业发展进程，有助于推动中国由农业大国向农业强国迈进。首先，虽然经过长时间的不断努力，农产品在产量上频频创造新纪录，但受当前社会经济发展水平、技术革新速度、环境变化等因素影响，农业生产资源较为有限，同时农业产业结构也显得较为单一。其次，中国农业技术相对落后，部分地区的农业仍然主要聚焦低水平的种植和养殖，缺乏产业链的有效延伸，这无疑限

---

[1] 孙蕾：《共同富裕目标下乡村振兴的理论逻辑与实现路径——基于政治经济学的分析》，《经济问题探索》2022 年第 11 期。

制了农业的发展空间,使其只能走低端的农业发展道路,不利于共同富裕目标的实现。最后,农业生产经营缺乏创新,中国仍存在小农经济的经营模式,导致农业竞争力较弱,且农户存在安于现状的心理,对生产和管理方式的创新具有抵触情绪,影响农业生产经营各个环节实现经济效益最大化。因此,中国农业发展短板依然突出,进一步阻碍了农业强国的建成,而乡村振兴这一重大战略的提出,能够有效解决农业发展中的短板,满足加快农业强国建成的迫切需要。

(五)实现共同富裕目标的必然要求

实现农村共同富裕,除要实现农村的高质量发展外,还需要优化乡村生态环境,提高乡村的社会治理水平[1]。对标农村共同富裕目标,发现目前中国农村在人才、公共服务资源配置等方面仍然相对薄弱,相关基础配套设施不够完善,这就难以满足农民对美好生活的追求,在一定程度上制约着美丽乡村的建设步伐。首先,随着城镇化进程的不断加快,农村出现了大量的人口外流现象,特别是年轻劳动力的大量流失,这一现象导致农村空心化、老龄化和妇孺化等问题的加剧,进而削弱了农村社会总体发展内生动力,这种内生动力不足不仅不利于激发乡村社会活力,还对提升乡村治理水平构成了威胁。其次,大部分农村医疗卫生发展水平落后于城市、农村地区义务教育校舍设施亟待改建扩建、社会化养老保障基础设施建设不够完备等一系列问题与矛盾的存在阻碍着农村的发展,这种农村地区的基础设施与城市的非均等化现状,不仅加大了实现全体人民共同富裕的难度,也为乡村地区实现可持续发展带来了重重困难和挑战。最后,农村地区对精神富裕的重视程度不高,导致农村公共文化事业发展不充分、农民文化教育娱乐消费水平低等一系列问题与矛盾的存在,无法有效提高农民对集体活动的积极性和认同感,这些问题不仅制约了乡村精神文明的建设,也阻碍了精神的共同富裕的实现。因此,乡村振兴战略是高效实现共同富裕目标的必然要求。

三 乡村振兴的实施目标

民族要复兴,乡村必振兴。如今的乡村振兴并不是零基础上的乡村

---

[1] 高千、孙鹤汀:《乡村振兴视域下推进农村共同富裕:内在逻辑、现实困境与路径优化》,《宁夏社会科学》2022年第5期。

振兴，对于乡村振兴的规划早已拉开了序幕。但乡村振兴的实现是一个长期不断向前发展的历史过程，需要进行长远规划并不断动态调整才能达到预期目标，且不同的阶段与时期对乡村振兴有着不同的目标要求。而中国的乡村振兴路程经历了城市优先发展、城乡统筹发展与城乡融合发展三个阶段，这三个阶段体现在乡村价值定位、乡村振兴任务、乡村振兴特性与城乡关系的变化发展中，故而乡村振兴不仅有近期实施目标，也有远景目标[1]。因此，我们要立足时代特征，不断深入研究不同时期的实施目标，分步骤、分阶段地完成乡村振兴的预期目标，逐步实现全体人民共同富裕。

（一）乡村振兴取得重要进展，制度框架和政策体系基本形成

党的十八大以来，习近平总书记对于解决"三农"问题的新观点新论断是实施乡村振兴战略的重要依据。2012年，中国特色社会主义进入新时代，随着中国社会主要矛盾的变化，在脱贫攻坚战役的决胜阶段，鉴于当时经济社会发展总体水平不高，城乡、区域发展不平衡和农村发展不充分等问题的日益突出，"三农"工作成为全面建设社会主义现代化国家的重中之重。在此背景下，乡村振兴这一战略被正式提出，旨在助力脱贫攻坚战役，确保在2020年顺利取得第一个百年奋斗目标的胜利。

但由于农业发展滞后、农村基础薄弱、农民致富受限等问题的存在，难以真正意义上消除贫困，而进一步制约中国向前发展的步伐。因而，在与脱贫攻坚并行的这三年，任务重、时间紧，要有效推进乡村振兴取得重大进展，才能改善农村地区贫困状况，帮助中国打赢脱贫攻坚战，同时，也为后续乡村振兴工作打下扎实基础。可见，在时间上，乡村振兴与脱贫攻坚有着部分重合，但乡村振兴与脱贫攻坚也存在差异：脱贫攻坚侧重脱贫，是完成某一项具体目标的短期性战略；而乡村振兴侧重农村的全面发展，具有长远性，需要不断动态调整才能达到最终目标。因此，党中央审视局势规划，为如期全面建成小康社会并决胜脱贫攻坚战役，提出了2017—2020年乡村振兴的实施目标，即到2020年，乡村振兴取得重要进展，制度框架和政策体系基本形成，这一时期的进步不仅进一步提高了社

---

[1] 文宏：《建国以来乡村振兴路程回顾及未来展望——基于政策文本的内容分析》，《南通大学学报》（社会科学版）2019年第1期。

会经济的发展水平，还促使贫困人口的生存和温饱问题得到基本解决，他们的生产生活条件也得到显著改善，从而初步遏制生态恶化的势头。

因此，截至2020年全面建成小康社会的关键节点，中国通过实施乡村振兴，有力地助推了脱贫攻坚战的深入开展。同时，以贫困地区实现全部脱贫、全面建成小康社会为主要标志，为基本实现农业农村现代化打好基础，这一时期的关键在于：首先，构建乡村振兴的制度框架。立足当时的现实困境，中国通过创新和完善乡村振兴的相关制度与政策，构建与之配套的制度框架，并基本形成合理且科学有效的政策体系，以弥补和填充乡村建设中较为空白的地方，进而为全面脱贫与实现农业农村现代化创造条件。其次，实现全面脱贫。当时广大贫困地区的主要任务依旧是脱贫，摆脱贫困是实现乡村振兴的先决条件，基于乡村振兴的总体布局与具体要求，通过重塑城乡关系构建更加公平、合理的体制机制与政策体系。这一系列举措旨在推动城乡融合发展，从而激发农村地区的内在潜力。最后，缩小城乡收入差距。通过有效促进产业融合、加快完善乡村基础设施建设、增强乡村基层组织发展水平、加强党建引领工作等方式，进一步拓宽农民收入来源，并激发农村对人才的吸引力，以推动乡村振兴取得重要进展。

（二）乡村振兴取得决定性进展，农业农村现代化基本实现

经过多方对"三农"工作作出的不断努力，绝对贫困已全面消除，乡村振兴有了重大进展，这一成果标志着农业农村及广大农民群体均朝着好的方向发展。在当今世界百年未有之大变局加速演进的背景下，党中央愈加强调从脱贫攻坚到乡村振兴的有效衔接，这既意味着"三农"工作重心从任务型治理向发展型治理的转移，也意味着乡村振兴将在更大范围和更高层次上推动共同富裕。中国乡村振兴已进入新的历史阶段，在这一时期，基于前期取得的重大进展，乡村振兴的实施目标在于：2021—2035年乡村振兴取得决定性进展，农业农村现代化基本实现。实现共同富裕的先决条件是农业农村现代化，只有推动农业农村朝着现代化方向前进，才能扎实推进共同富裕。2024年中央一号文件就强调实施农民增收促进行动，不断拓宽农民增收致富渠道，目的是巩固农民持续增收势头，以此来促进共同富裕。乡村振兴始终贯穿现代化的全过程，而共同富裕是中国式现代化的重要特征，因此，乡村振兴和共同富裕是相互补充、有机统一的存在。一方面，共同富裕是实施乡村振

兴战略的目标指引、行动指南和衡量标准①；另一方面，乡村振兴的实施既要为共同富裕奠定扎实的基础，还要借助分配制度改革，以助力乡村振兴第二阶段目标的实现。这一时期乡村振兴目标的实施，关键是要在既定的制度框架内，按照乡村振兴五大要求，充分利用15年的时间，既要顾及全局，又要突出重点。在全局层面，要综合系统地解决城乡发展的不平衡、乡村发展不充分的问题，同时在局部层面，要紧抓重点，弥补农村短板，加快推进农业农村现代化步伐。具体而言，农业现代化的关键在于实现农业结构的根本性优化，农业问题属于中国政治发展的首要问题，因为一个真正强大的国家必须获得强大的农业②，只有实现农业现代化，才能确保农产品的稳定供给，进而维护物价平稳、人心安定，为经济大局的稳定与发展奠定基础。农村现代化的关键，一方面在于推动乡村文化高度与深度的双重飞跃，这样不仅有助于留住乡村本地人才，又能够丰富人民的精神生活；另一方面在于建立健全乡村治理体系，这是党执政为民的体现，这样不仅有助于保护当地生态环境，又能让当地人民切实体会到幸福感、获得感以及安全感。在乡村振兴取得重大进展的基础上，中国更要紧抓乡村振兴工作，将其作为全党以及全国人民的共同目标，推动全体人民共同行动、共同努力，朝着共同富裕迈出坚实的步伐。

（三）乡村全面振兴，农业强、农村美、农民富全面实现

为了使乡村振兴这一战略具有可预见性，并最终实现总体目标，必须扎实推进共同富裕。中国分阶段、分步骤推进相关工作，在2020年底，彻底解决了绝对贫困问题，推动乡村振兴取得了重要进展。经过15年全党全社会的共同努力，到2035年，乡村振兴必将取得决定性进展，届时，中国将基本实现农村现代化，这标志着共同富裕步入新阶段。2036—2050年，乡村振兴将进入决胜时期，到2050年这一时间节点，中国不仅将实现乡村全面振兴，同时对农业、农村、农民三大领域将制定具体的目标规划，即全面实现农业强、农村美、农民富，这将使农村在真正意义上焕发美丽、文明与振兴的崭新面貌。值得注意的是，

---

① 叶敬忠、胡琴：《共同富裕目标下的乡村振兴：主要挑战与重点回应》，《农村经济》2022年第2期。

② 马玉荣：《如何实施乡村振兴战略——专访国务院发展研究中心农村经济研究部部长、研究员叶兴庆》，《中国经济报告》2017年第11期。

乡村振兴的最终目标与第二个百年奋斗目标是一致的，共同指向国家富强、民族复兴的宏伟目标。乡村的全面振兴，标志着中国已经完成了共同富裕的阶段性任务，这为21世纪下半叶进一步深化和巩固共同富裕夯实了基础。共同富裕最繁重、最重点的任务在农村，并且共同富裕离不开农民的富裕和欠发达地区的富裕。在乡村振兴的决胜时期，乡村振兴的主要任务关键在于攻克农村长期以来遗留的重点、难点问题，以最终实现乡村振兴的总目标。首先，农业作为立国之本、强国之基，是国家兴衰和社会稳定的基础。在人类的历史发展进程中，农业支撑起了人类繁衍生息的重任，成为保障人民生存和发展的重要基石。在高质量背景下，使农业强起来的任务重大而艰巨，实现农业强国已成为乡村振兴战略的重要目标。因此，需融合科技与农业，通过充分挖掘粮食生产潜力，积极探索和开辟优化农业结构的新途径，以争取早日将中国由农业大国建设成为农业强国。其次，农村是立国之源、强国之地。建设美丽乡村是建设美丽中国的前提和基础，也是党执政为民尤其是对广大农民终极关怀的体现。传统乡愁文化作为中华优秀传统文化的组成部分，以传统乡愁文化推动新时代乡村文化振兴，在加强乡村思想道德建设和公共文化建设等方面发挥着重要作用[1]。因此，在乡村振兴过程中，以乡愁为纽带，鼓励与引导全社会成员参与和支持乡村文化建设，弘扬与传承乡村传统文化，使农村由内而外产生浓厚的文化氛围，同时，加强农村环境治理，将农村生活环境由脏乱差转变为文明美，这一系列措施旨在为实现全体人民共同富裕提供坚实基础。最后，农民是立国之根、强国之力。农民作为最基本的经济单元和决策单元，其不仅是农业生产的实践者，也是社会财富的制造者。国家的富裕关键在于农民富裕。而农民富裕的目标要求我们在保证农民生活富裕的同时，更加注重农民精神层次上的提升和精神需要的满足。这意味着要关注农民的文化教育、心理健康以及休闲娱乐等多方面需求，促进他们的全面发展，让每一位农民都能在物质与精神双重富足中，感受到作为国家建设者的尊严与价值。因此，在乡村振兴的决胜时期，应充分利用接下来的20年，加速推进农业的全面振兴、农村的繁荣兴盛以及农民的富裕之路，力求在这一时期逐步缩小城乡差距，以完成共同富裕这一宏伟目标。

---

[1] 陈慧敏：《以传统乡愁文化推动新时代乡村文化振兴的逻辑理路》，《西北民族大学学报》（哲学社会科学版）2024年第3期。

四 乡村振兴的重点任务

基于中国特色社会主义新时代背景,党中央审视局势,通过科学论断,正式提出乡村振兴这一重大战略。乡村振兴是指通过统筹部署并协同推进乡村各领域共同发展,让乡村逐步变得繁荣昌盛①。在人民追求美好生活的新时代,乡村振兴内涵十分丰富,既涉及经济、生态、文化的振兴,也包括乡村治理的有效性与人民生活的富足性,可见,乡村振兴不单单是某一领域、某一方面的振兴,而是全方位、综合性的全面振兴。围绕乡村振兴的总体要求,应深刻把握共同富裕的深刻内涵,通过紧抓重点,以补齐农村短板。具体而言,实施乡村振兴战略,中国具有以下七项重点任务。

(一)加快农业现代化步伐

农业与农村作为中国的重要组成部分,二者的发展对于国家的发展具有重要影响。习近平总书记指出,没有农业农村现代化,社会主义现代化就是不全面的②。为加快农业现代化步伐,具有以下几项重要任务:一是巩固提高农业综合生产能力。粮食安全是保障国家安全的重要基础,耕地是粮食生产的前提保障,通过保障耕地面积和质量、完善粮食安全保障机制、改善农业发展方式,夯实国家粮食安全的基础,同时,融合农业与科技,通过科技创新,有效提高农业机械化水平与综合生产能力,使农产品供给有保障,从而为经济社会发展贡献力量。二是加快农业转型升级。依据各地区农业资源禀赋和特色产业,应优化农业生产力布局,在产量上,农业不断创新高,但增产不足以推动中国由农业大国向农业强国转变,需将重心转移到提高农业产品质量上,通过完善农业供给体系,将农业资金向重点区域倾斜,推动农业转型升级,以加快实现农业现代化。三是加快构建新型农业经营体系。构建现代农业经营体系,不仅对于推进农业现代化建设具有重要意义,更是持续推进农业发展的关键环节。同时,科学合理的新型农业经营体系,不仅有助于提高农业生产效率,也有利于提高农民生活水平。四是加强科技的投入力度。农业农村现代化的实现离不开科技进步与创新,加强农业科技创新是建设农业强国的必然之举。通过聚焦国家创新发展重大战略安排,完善体制机

---

① 魏后凯:《实施乡村振兴战略的科学基础和重点任务》,《团结》2018年第1期。
② 习近平:《加快建设农业强国 推进农业农村现代化》,《新长征》2023年第7期。

制，并夯实制度基础，能够为农业有效发展创造有利条件。同时，与优秀企业和高校合作，创新农业、农产品等相关核心技术，建立先行试点，并探索农业科技发展有效路径，有助于引领其他地区共同实现农业现代化。五是健全农业支持保护制度。基于绿色发展理念，增强环境保护与绿色生产方式的支持力度，通过政策引导和技术创新，推动农业向更加环保、可持续的方向转型，让生态价值在农业发展中得到充分的体现和发挥，进而转化为实际的经济效益，从而全面提升农业的竞争力。同时，完善农业保险体系，确保广大农民在面对自然灾害、市场波动等不确定因素时，能够得到及时、有效的风险保障和经济补偿。六是实现产业融合发展。中国难以提升农业发展的现代化与充分性水平的关键原因在于未能形成一套完整的产业体系、生产体系和经营体系[1]。基于顶层设计，应致力通过调整农业经济结构，为农业经营主体营造良好的市场环境，同时提供更加具有针对性的优惠政策，旨在激发农民的积极性。在此基础上，不断扩大产业融合边界，从而促进多业态融合。这一系列举措不仅为农民就业提供了岗位，还有效提高了农民的工资性收入。同时，加快构建集生产、加工、销售和经营于一体的产业体系，以此增强农业农村经济发展新动能，让农民能够获得更多的农产品增值所带来的经济收益。

（二）发展壮大乡村产业

产业发展不仅是满足所有人达到共同富裕的经济基础，还是实现人们物质富裕与精神富裕的必要条件。而产业兴旺作为乡村振兴的重要基石，是解决农村所有问题的先决条件[2]。产业兴旺有助于带动乡村经济的繁荣昌盛，离开了产业的支撑，或者产业萧条，乡村振兴就无从谈起。发展壮大乡村产业，推动乡村产业振兴，要从以下几个方面入手：一是大力发展新型产业。基于基本国情与时代特征，应紧抓机遇，立足乡村特色优势资源，积极培育以乡村旅游产业为代表的新型产业，努力将乡村特色资源优势转化为发展优势。同时，应不断延伸产业链，全面挖掘并发挥乡村的多元价值。二是建立完善的利益联结机制。在推动乡村发展过程中，农户利益应该被放在重要位置，通过利用并调动全党和全社

---

[1] 陈锡文：《乡村振兴开启农业农村现代化新路径》，《中国乡村发现》2018年第1期。
[2] 孙继国、孙尧：《共同富裕目标下金融科技是否促进了乡村产业振兴》，《财经论丛》2022年第11期。

会的力量与资源，充分挖掘和激发农民发展潜力，提高其积极性与主动性。同时，积极引导农业企业与小农户合作，为农民创造良好的就业环境，确保农民能够享有更多的产业增值所带来的经济收益，从而带动农户增收致富。三是创建农村创新创业平台。以市场化为方向指引，致力政府与社会组织合作，引导现代生产要素向乡村集聚，并加大涉农要素支持。在此基础上，完善创新创业服务体系，建立创新创业激励机制，旨在为培育壮大创新创业人才提供良好的环境。这一系列举措能够吸引更多的返乡创新创业群体，从而搞活农村经济。四是健全特色农产品品牌。增强品牌意识，依据当地特有的农产品与优势资源，应打造各地区独有的特色品牌，同时，加强品牌宣传推介，通过多方合作，做好"一县一特""一村一品"评选工作，这一系列做法旨在增强外界对特色农产品品牌的认知度。五是建立健全信息平台。为促进农村地区的电子商务发展，应着重加强信息基础设施建设。依据市场需求，应构建农村电子商务平台，与企业等相关机构合作，共同打造适合农村电子商务发展的产销供应服务体系，同时增加对供给链的投资与管理。此外，通过整合各方资源，为农户提供及时全面的信息服务，这些服务旨在帮助小农户维持正常农业经营，及时对市场信息作出反馈。

（三）建设生态宜居的美丽乡村

建设生态宜居的美丽乡村有助于推动人民追求更加丰富且美好的生活，在生态文明建设与实现美丽中国宏伟蓝图的道路上，建设美丽乡村发挥着举足轻重的作用[①]。美丽乡村不仅是指生态美，同时也包括生活美与生产美，三者相辅相成，有机统一。在生态文明观的理念下，应致力改善人居环境，促进人与自然和谐共处，从而确保人民能够深切体会到幸福感。为此，要从以下几个方面入手：一是扩大绿色生态空间。坚持分类施策、整体推进的原则，根据乡村地域分布规律与生态功能的明确定位，精准把握乡村生态环境的突出问题，分区、分片推进乡村生态人居环境整体保护、系统修复与科学治理。同时，努力构建以政府为主导、企业为主体、社会组织和公众共同参与的环境治理体系，确保顺

---

① 闫仲宇、张建军、曾磊：《乡村振兴战略视域下的美丽乡村建设对策创新研究》，《浙江工商职业技术学院学报》2022年第4期。

利恢复乡村生态系统平衡,从而实现总体格局的优化以及综合功能的提升。二是推进农业绿色发展。坚持农业绿色可持续发展的目标导向,依据绿色发展理念,在保护好乡村生态环境的前提下,积极探索"生态+农业"等产业形式。同时,不断探寻农业绿色生产结构和方式,实现资源的有效整合,充分挖掘并发挥出生态产品的内在价值。这样不仅能够增强乡村自然资本禀赋,还能够使绿水青山蕴含的生态价值有效转化为经济价值,进而使生态优势转化为经济发展优势。三是持续改善农村人居环境。人居环境的好坏直接关系到乡村的可持续发展,好的乡村环境有助于推动乡村经济和社会的进步,为乡村可持续发展夯实基础[1]。在改善农村人居环境的过程中,要重点关注农村垃圾治理、污水排放处理以及公共厕所改造,深入推进农村生态环境综合治理。此外,加强后期管理与维修工作,从而全面提升农村人居环境质量,维护生态系统平衡。四是推动乡村生态保护与修复工作。环境的修复与保护对建设美丽乡村尤为重要,因此在推进农村环境改善的过程中,要以生态角度为出发点与落脚点,应用先进的理念、制度与技术,强化村庄整治与保护。这一举措旨在切实改善农村的生产条件与生活环境,维持生态系统平衡,并进一步增强生态产品供给能力。五是推动区域差异化发展。在尊重地区差异的基础上,要对农村特有的景观资源、历史资源、文化资源等进行充分挖掘,让这些资源成为乡村发展的新引擎。同时,必须科学评判当地资源禀赋与生态环境的承载力,确保发展路径既符合可持续发展原则,又能最大化地发挥资源效益。在此基础上,积极探索不同专业合作社的模式,以这些合作社为载体,有效整合农村资源,以推动乡村产业发展。

(四)繁荣发展乡村文化

文化振兴作为乡村振兴的"根"与"魂",是乡村振兴的"固本之道""铸魂工程""应有之义"[2]。现阶段,人民精神文化生活取得显著进步,但在部分相对落后的乡村地区,仍存在知识理念匮乏、信息接受闭塞、低俗文化泛滥、文化产业滞后等现象。如果乡村文化日渐衰落,在

---

[1] 杜岩、李世泰、秦伟山等:《基于乡村振兴战略的乡村人居环境质量评价与优化研究》,《中国农业资源与区划》2021年第1期。

[2] 宋小霞、王婷婷:《文化振兴是乡村振兴的"根"与"魂"——乡村文化振兴的重要性分析及现状和对策研究》,《山东社会科学》2019年第4期。

农村社会不文明的现象就会不断滋生，那么，一时的产业兴旺也只能维持短暂的美好生活，难以推动乡村持续性的发展。近几年来，乡村经济社会得到有效发展，人民生活得到有效提升，但农村的精神文明和文化建设却相对落后，还未能满足人们不断增长的精神需求。推动乡村文化振兴、塑造浓厚的文化氛围，要从以下几个方面入手：一是培育农村农民思想道德建设。思想是行动的基础，要提升农民的文化意识，使其形成科学、文明、健康的生活与生产方式，并且逐步推进农村精神文明建设，使农民社会文明水平得到持续提升。在这一过程中，社会主义核心价值观作为明确的目标导向，为农村地区、农民构筑起精神文明的高地。因此，要充分利用社会主义核心价值观这一深入浅出、易于传播的优秀理论资源，通过强化其在国民教育、精神文明建设以及文化建设中的价值引领作用，为乡村社会的全面进步注入不竭的精神动力。二是传承和发扬中华优秀传统文化。每个地区都拥有各自独特的优秀文化，应立足不同时代特征，在传承和发扬的过程中，采取科学审慎的态度，既要深入挖掘本地区文化的精髓，"取其精华，去其糟粕"，保留那些具有时代价值和普遍意义的文化元素；也要秉持开放包容的心态，积极汲取外来文化中的优秀成分，通过跨文化交流与学习，实现文化的交融互鉴。在此基础上，不断创新与完善传统文化的表现形式和传播方式，为乡村文化注入时代特色。三是丰富乡村文化生活。为了打造精神生活共同富裕的广阔平台，应致力完善公共文化服务体系。这就意味着要加强基层公共文化设施网络的建设，推动城乡公共文化服务一体化发展。为此，应采取一系列措施，如建立图书馆、艺术馆、博物馆等公共文化基础设施，特别是重点构建农村公共文化服务体系。通过这些措施，不断满足人民群众多方位、多样化、多层次的精神文化需求，以此持续推动农民精神生活的共同富裕。四是完善精神文化产品和服务。一方面，应借助精神文化产品生产结构性改革，不断提高中国文化产品与服务的品质，同时通过一些惠民政策鼓励企业发展相关文化产品，以充分调动企业投资乡村文化市场的积极性；另一方面，要坚持守正与创新相统一，努力创作群众喜闻乐见的文艺作品与民俗文化活动，如"剪纸""猜灯谜"等，以吸引农民积极主动地参与到文化产业建设中，从而达到物质与精神的双重满足。

（五）健全现代乡村治理体系

近年来，在城镇化不断推动的过程中，空心村、老龄化、房屋闲置率高等现象的逐步凸显，给中国乡村治理体系创新带来了多方面的挑战。乡村如果能够得到有效治理，国家治理就向前迈进了一大步。建立现代乡村社会治理体系，要从以下几个方面入手：一是加强党的领导。加强农村基层党组织的建设是治理乡村的关键举措，这需要国家、政府与基层党组织三者的共同发力，维持乡村秩序，并且突出政治功能。同时，充分发挥基层党员的示范作用，努力提升党组织内部的组织力，将党建工作融入乡村治理的全过程，以营造优良的乡村治理环境。二是推动自治、法治与德治的统一。为了顺利走上乡村善治道路，要完善自治、法治、德治相结合的乡村治理体系，这也是实现乡村振兴的必由之路[①]。将自治、法治、德治三者有机地结合在一起，并推动三者相互衔接、相互补充，有助于中国乡村形成一个完整的乡村治理体系，从而科学有序地推进乡村治理。三是巩固基层政权。为了更好地服务人民群众，应科学合理设置基层政权机构。在此基础上，全面推进并完善基层民主治理和依法治理，从而构建更加合理有效的新型基层治理体系。同时，应注重提高农村基层干部的服务水平，通过规范农村基层干部的管理行为，来夯实乡村治理基础。四是构建正面激励机制。为了增强村级组织尽职履责和服务农民的能力，不仅要加大对村干部的培训与培养力度，提升其综合素质和业务水平，还要全面落实关爱政策，更为重要的是，需要为基层干部建立一套科学、合理、有效的正面激励机制，通过设立奖励制度、表彰先进典型、提供晋升机会等多种方式，充分激发基层干部的工作热情和积极性，确保基层干部敢于担当，从而更好地为民服务。五是统筹城乡治理。在乡村振兴的进程中，要重视利用市场机制来对城乡资源进行优化配置。具体而言，要把先进的信息技术有效应用到实际工作中，并在农村地区建立网络服务点，以完善农村便民服务体系，同时，强化并创新城乡社区治理，以"统一承办、集中管理"为目标导向，通过明确行政审批职责，改善公共服务体系，进而在城乡逐步建立并推广一站式公共服务平台。

---

① 高强：《乡村善治的基本特征、实现路径与政策支撑》，《环境保护》2019年第2期。

（六）保障和改善农村民生

谋求民生发展历来都是党和国家高度重视的事业，民生关系着社会公平、社会稳定、经济发展，是乡村振兴战略关注的重点内容。虽然随着国家的发展，民生问题得到了有效缓解，但由于社会主要矛盾的变化，人民的需求呈现多元化的趋势，特别是在农村地区，民生发展的趋异性现象逐渐凸显，为了更好地满足人民美好生活的需要，增进农村福祉，要从以下几个方面展开建设。一是完善农村基础设施。为了更有效地促进农村发展，应将资源（资金、人才）与技术不断向农村倾斜，并且持续在农村地区完善基础设施（如交通、物流、网络）的建设工作。这一举措旨在补齐农村基础设施的薄弱环节，打破城乡间的壁垒，最终形成城乡基础设施一体化建设。二是提高农民就业质量。因为不同地区农村经济的发展状况存在差异，农民自身的技能与当地的发展需求也不相吻合，所以要做到技能培训与市场和农民的条件相适应，重点培育具有地方特色的农业及文化产业，从而为农民提供就近就业的平台，同时，向农民传输市场的理念和需求，通过重点技能与教育培训，持续提高农民综合素质，使其能够更加高质量地就业。三是完善农村公共服务体系，在教育、卫生、社会保障等方面，要继续将重点放在农村地区，加大公共服务资源向农村投入的力度，包括对农村教育经费、农村基本医疗服务、农村社会保障的投入等，同时要逐步建立科学合理的基本公共服务体系，通过实现基本公共服务均等化缩小城乡差距，进而促进乡村可持续发展。四是夯实乡村信息化基础。由于不同地区之间的经济发展程度有所不同，各省、自治区、直辖市互联网的普及率也存在较大差异，产生了"数字鸿沟"这一不良现象。因此，在推动各个区域农村网络改造升级的过程中，要全面提高农村网络的供电能力和供电质量等，同时不断完善偏远地区的信息化建设，最终达到网络、信息、服务全覆盖的目的，让所有低收入人口均能享受到互联网所产生的经济效益。五是实现农民农村生活富裕。为推进农村高质量发展，中国应着力构建农民增收长效机制，并且实施一系列强农惠农富农政策。这些举措旨在逐步拓宽农民收入来源，不断提高农民收入和消费水平，进而促使农民生活质量和水平提高，以此不断缩小城乡收入差距。

（七）完善城乡融合发展政策体系

全面推进城乡融合发展，是破解城乡发展不平衡、农村发展不充分等问题的根本途径①。现如今，虽然农村各方面状况都有所提升，但农村整体发展状况相较于城市仍显滞后。面对这一境况，不能牺牲城市的发展来等待农村，而是要激发农村发展活力，增强自身能力，走城乡融合道路。促进城乡一体化，要先从政策体系切入，完善城乡融合发展政策体系，具体可从以下几个方面入手：一是深化城乡间管理体制改革。创建城乡户籍统一管理制度，以此破除并取代城乡二元制的户籍管理制度。在促进城乡之间人口流动的同时，要确保乡村居民转移到城市后实现真正的市民化，保证他们和城市居民享有同等的社会福利待遇，同时，重点改革乡村现有的土地制度，以此保障农村集体经济组织和承包农户的合法权益。二是建立健全人才支撑体系。为了夯实乡村的人才基础，需要完善人才激励和培训机制，鼓励城市人才向乡村下沉，并采取措施吸引当地人才留在本地。具体而言，通过引入"大学生村官"、乡村振兴专员等人才进入村"两委"，为乡村建设注入新鲜血液。同时，建立城乡人才合作交流的机制，以提升大学生回村工作的吸引力，进而解决乡村较城市发展人才不足的问题。三是建立乡村振兴用地保障机制。对农村土地用地要加强管理，要通过盘活现有土地资源，让空余、闲置的土地能够发挥出其应有的作用，同时，依据乡村振兴目标要求，规划好各类土地的用途。在此过程中，相关部门应密切协作，确保土地规划的科学性、合理性和可操作性，并做好后续的监督、管理和维护工作，以保障乡村振兴战略的顺利实施和落地。四是完善多元投入保障体系。旨在通过全面优化各关键领域的投入保障制度，显著提升政府与社会组织在乡村振兴中的投资力度与效率。在此基础上，加速构建一个由财政投入主导、社会组织积极参与的多元化、全方位投入保障体系，这一体系将涵盖基础设施建设、产业发展、公共服务提升等多个方面，为城乡融合提供坚实有力的资金保障和支持。五是增强金融支持农业发展的力度。具体而言，通过积极培育多元化的乡村金融服务主体，不断优化和完善乡村金融体系，同时大力拓展"三农"金融服务的广度和深度，从而显著提升金融与农业产业的融合度与协同性。这一系列举措旨在构建一个高效、便捷、全面的农业资金服务平台，从根本上解决农业发展过程中的资金瓶颈问题，为农村各类经济主体提供强有力的金融支持。

---

① 王耀晨、张桂文：《中国城乡融合发展进程评价》，《统计与决策》2022年第24期。

第二节 共同富裕目标下全面乡村振兴的历史逻辑

从中国共产党百年的探索来看，乡村振兴与共同富裕息息相关，在不同历史时期和发展阶段，中国共产党始终聚焦共同富裕这一主线，将推进乡村发展与共同富裕相联系。农业农村富裕是全体人民共同富裕的必然选择，要使全体人民实现共同富裕，就必须从根本上解决农业农村的发展问题。习近平总书记将全面推进乡村振兴视作解决现阶段社会主要矛盾的重大战略安排，从产业、人才、文化、生态、组织等方面入手，着力解决"三农"方面的突出问题，以此推进农业农村现代化建设，从而促进共同富裕。因此，在接下来的历程中，在党的二十大精神的指引下，须从多领域、多方位入手，全面推进乡村振兴，扎实推动共同富裕，为达成中华民族伟大复兴这一目标而不断努力奋斗。脱贫攻坚战的胜利，标志着中国如期全面建成了小康社会，这一历史性成就为推进共同富裕创造了有利条件，而乡村振兴战略的有效实施也有助于推动城乡一体化，从而助推共同富裕这一伟大目标的实现。可以说，乡村振兴一经提出就与实现共同富裕之间存在着密切的关系，我们要从两者的历史逻辑关系切入进行分析。基于此，本节通过洞察共同富裕目标下全面乡村振兴的历史连续性，把握历史方位，明确历史使命，以深刻理解与认识两者的历史逻辑关系，旨在化解不平衡不充分问题，实现中国的最终愿景。

一 共同富裕目标下全面乡村振兴的历史连续性

历史连续性是指某件事物是前后相继、不断发展的。纵观中国共同富裕目标下乡村发展过程，发现只有先带领全体人民摆脱贫困，才能加快建设社会主义新农村，有效推进乡村振兴，从而逐步达成共同富裕目标。在打赢脱贫攻坚战和全面建成小康社会的历史阶段，乡村振兴与共同富裕已俨然成为中国后续发展的重大战略和政策体系，乡村振兴与共同富裕在内容的构成、目标的规划与逻辑的推进中呈现高度重合的状态，表明乡村振兴与共同富裕是有机统一的战略体系。基于此，下文将按照内容、时间、目标视角梳理共同富裕目标下全面乡村振兴的历史连续性。

（一）内容的连续性

摆脱贫困是全面推进乡村振兴的先决条件，如果没有消除绝对贫困问题，乡村振兴便是纸上谈兵。基于全面建成小康社会、实现中华民族伟大复兴中国梦的战略高度，习近平总书记在党的十八大上，将脱贫攻坚放在国家治理的重要位置，提出一系列新思想新观念。同时，重新部署与开展扶贫开发工作，如开展文化扶贫、生态扶贫、产业扶贫、人才扶贫等，旨在 2020 年如期实现全面脱贫[①]。现如今，在脱贫攻坚战取得全面胜利的同时中国的减贫工作也产生显著成效，为世界的减贫作出了巨大贡献，显著改善了农村地区的整体面貌，弥补了"三农"工作长期存在的历史缺陷[②]。

乡村振兴战略是在脱贫攻坚的基础上推进的，如产业兴旺对应产业扶贫、生态振兴对应生态扶贫，内容具有一致性，但乡村振兴相较于脱贫攻坚，视野更加深远，涉及的层面更加广泛。可以说，贫困地区摆脱贫困不仅是脱贫攻坚的关键任务，也是加快推进乡村振兴的必经之路。由脱贫攻坚向乡村振兴的转变，并不意味着工作的简单对接和衔接，而是要以巩固拓展脱贫攻坚的成果为前提条件，推动乡村经济向前发展，逐渐缩小城乡之间的差距（如收入、基础设施），并在此过程中，持续推进全体人民实现共同富裕。因此，在乡村振兴推进的过程中，要将精准识别贫困人口作为一项重要政策，基于农业农村现代化的高度，以"三农"为核心内容，助推经济、政治、社会、文化、生态共同振兴，这一政策不仅能够巩固脱贫成果，还能够适应"三农"工作的新要求。长期以来所存在的发展不平衡不充分问题，导致在农村扎实推进共同富裕成为最艰巨最繁重的任务，而脱贫攻坚与乡村振兴的有效衔接对于缩小城乡发展差距、补齐农村发展短板、促进共同富裕有着重大意义。实施乡村振兴战略，不断推动城乡经济社会均衡发展，最终实现共同富裕是中国当前社会领域发展的重点[③]。因此，实现共同富裕，全面乡村振兴是

---

① 陈明星：《脱贫攻坚与乡村振兴有效衔接的基本逻辑与实现路径》，《贵州社会科学》2020 年第 5 期。

② 孟祥琳、徐永新：《从脱贫攻坚到乡村振兴：内在逻辑、困境与实践路径》，《河南理工大学学报》（社会科学版）2023 年第 2 期。

③ 李林：《乡村振兴与共同富裕：理论逻辑、现实挑战与实现路径》，《河北大学学报》（哲学社会科学版）2024 年第 2 期。

必然选择。两者在内容上具有历史连续性，这主要体现在以下几个方面：一是产业兴旺是产业振兴的具象化形态，产业兴旺有助于推动农村经济发展，有效提高农民收入水平。只有产业兴旺了，中国才能向实现共同富裕迈进坚实的一步。二是乡村生态环境是农民持续发展的重要保障，其健康与平衡直接关系到农业生产力的稳定提升，同时生态宜居与共同富裕提倡的"人与自然和谐统一"的宗旨相契合，都强调了在经济社会发展过程中，必须尊重自然规律。三是乡风文明在新农村建设中发挥着重要作用，也是实现人民精神富裕的重要举措，因此在乡村营造良好的文化氛围不仅有助于提高农民的综合素养，还能够帮助农民树立正确的思想观念，从而在精神层面丰富人民的生活，为农民精神生活的富裕奠定基础。四是治理有效作为乡村振兴的政治保证，能够为共同富裕提供强有力的制度保障。构建融政府、社会组织、农民群体等多元主体为一体的乡村治理体系，使三者能够协同治理，有助于保障村民的合法权益，从而为农村富裕提供制度保障。五是生活富裕作为乡村振兴的重要体现，其核心价值与内涵和共同富裕之间高度重合，并且生活富裕不仅能够鼓舞人民群众的自信心，更能够促使人民发挥其主观能动性，从而肩负起实现共同富裕的责任。可见，农村农民富裕是实现共同富裕的关键内容，只有通过乡村振兴，才能有效达成农村农民富裕。因此，在追求共同富裕的宏伟目标下，要全面推进乡村振兴。一方面，要以共同富裕为引领，通过健全和创新体制机制，深入探索农民农村实现共同富裕的有效路径，全面激发乡村生产活力和农民积极性，进而增强农民可持续增收的能力。在这一过程中，应致力逐步化解城乡间、区域间以及不同群体间的差距，切实解决广大农民群众生活中具有紧迫性、重要性的难点问题，确保农民群众在追求富裕的进程中，能够感到真正意义上的幸福满足，从而有效破除中国长期以来的发展不平衡不充分问题①。另一方面，共同富裕作为乡村振兴实施效果的评估依据，乡村产业发展和乡村治理成效的好坏直接关系到共同富裕的实施效果。因此，要将共同富裕目标作为出发点与落脚点，有针对性、有组织地采取更加有效、更加合理的政策措施来推动农业农村现代化发展，从而满足人民日益增长的多元化追求，以早日实现预期目标。

---

① 蒲实：《共同富裕目标下乡村振兴的战略逻辑与路径选择》，《行政管理改革》2022年第10期。

（二）时间的连续性

站在历史的高度，审视乡村振兴促进共同富裕的历史进程。党的十八大以来，中国的扶贫事业就已经进入正轨，2015年11月，《中共中央国务院关于打赢脱贫攻坚战的决定》指出坚决打赢脱贫攻坚战。自此，脱贫攻坚成为解决"三农"问题的热点话题，引起社会各界的广泛关注。脱贫攻坚主攻"三农"工作中的贫困问题，其治理重点区域主要是脱贫难度大、程度深的区域，如特困连片区、偏远地区等。因为这些地区脱贫难度较大，脱贫攻坚任务较为艰巨，需要整合资源与力量，通过开发式和造血式扶贫共同协作，助推贫困群众脱离贫困，以实现自我发展。2017年10月，党的十九大明确提出另一个重要战略安排，即乡村振兴，这一规划的关键目标是化解"三农"问题，并且将开展"三农"工作放在首要位置。2018年，中国明确提出乡村振兴战略的第一个五年规划，将巩固脱贫成果视作实施乡村振兴的前提。这一战略规划，不仅将解决"三农"问题放在核心位置，而且进一步提出要持续推动区域协调发展，将协调发展战略与经济社会发展有机结合起来，通过两者相互补充、共同协作，助推脱贫攻坚战、全面建成小康社会。在2020年底，中国已经如期完成了对农村贫困人口设定的"两不愁三保障"以及全面建成小康社会的目标要求，并有效增强了农民的收入水平，使农民的生活质量和水平得到了显著的提升。在脱贫攻坚全面胜利的背景下，乡村发展也逐步进入一个新的历史阶段，共同富裕已经成为人民追求美好生活的最终愿景。

站在中国共产党成立一百年的历史阶段，我们迎来了脱贫攻坚的伟大胜利。在2020年党中央明确指出实现脱贫攻坚和乡村振兴的有效衔接是"三农"工作中的重中之重，这对于实现"两个一百年"奋斗目标至关重要[①]。可见，当下需要思考的重要问题是探索如何在巩固拓展脱贫攻坚成果的同时，在共同富裕目标下持续推进乡村振兴。习近平总书记在广西进行考察时强调了乡村振兴的重要性，并且指出在这一过程中绝不能够存在懈怠现象，要更有深度、更有广度地全面推进乡村振兴。踏上迈向第二个百年奋斗目标的新征程，实现共同富裕是中国式现代化

---

① 麦迪娜·吐逊江、杨瑶：《"目标—行动—反馈"框架下Z县脱贫攻坚到乡村振兴的衔接路径——基于产业发展的视角》，《新疆大学学报》（哲学社会科学版）2024年第4期。

的基本特征①。2024年中央一号文件强调，要确保不发生规模性返贫，切实维护和巩固脱贫攻坚战的伟大成就。有效衔接好脱贫攻坚与乡村振兴是满足人民群众对美好生活的向往、促进已脱贫地区可持续且稳定发展的首要任务，只有这样，才能促使脱贫地区进一步迈向共同富裕，最终实现全体人民共同富裕。党的二十届三中全会指出，从总的情况看，城乡差距仍是导致区域差距、贫富差距的重要因素，强调进入新发展阶段，要继续把缩小城乡差距作为扎实推进共同富裕的首要任务。②因此，中国要从城乡差距入手，全面推进乡村振兴。在打赢脱贫攻坚战的基础上，从农业、农村、农民角度入手，持续推动乡村发展，促进农民增收、农村富强、农业富美，才能进一步实践探索全体人民共同富裕，因此乡村振兴成为实现共同富裕的阶段性目标。基于系统理念，从时间线索对乡村振兴驱动共同富裕的路径进行探讨，发现这种驱动作用具有明显的阶段性特征，即初级是乡村振兴推动共同富裕前进，中级是共同富裕反馈于乡村振兴，高级是乡村振兴与共同富裕良性互动③。可见，乡村振兴与共同富裕两者相互依存、高度耦合，呈现螺旋式上升的良性互动关系。因此，要基于社会主义的本质要求，分阶段、分步骤全面推进乡村振兴，并且持续推动农村改革与农村发展，从而不断促进农民农村富裕，这是实现共同富裕的关键内容。乡村振兴的"三步走"战略可以说是实现共同富裕与"两个一百年"奋斗目标在"三农"问题上的生动实践，共同富裕目标的提出为乡村振兴发展提供了行动指南，指明了发展方向。

（三）目标的连续性

脱贫攻坚与乡村振兴分别对应党的"两个一百年"奋斗目标，可见，二者在目标上呈现前后连续性。从20世纪80年代中期起，国家就在全国范围内开展扶贫开发工作，并在全国范围内提出了"美丽乡村建设"和"社会主义新农村建设"的战略布局。2012年，党中央更是把脱贫攻坚摆在首要位置，将其视作全面建成小康社会这一目标的重要任务，

---

① 汪三贵、马兰、孙俊娜：《从绝对贫困到共同富裕：历史协同、现实基础与未来启示》，《贵州社会科学》2024年第2期。

② 荆文娜：《保障和改善民生：人民至上，从"心"出发》，《中国改革报》2024年9月22日。

③ 田祥宇：《乡村振兴驱动共同富裕：逻辑、特征与政策保障》，《山西财经大学学报》2023年第1期。

脱贫攻坚战役成为中国有史以来规模最大、影响最大、惠及最广的一次扶贫战役。2020年脱贫攻坚战的胜利标志着中国顺利达成了第一个百年奋斗目标，即全面建成小康社会。但是，全面建成小康社会并不等于完全化解了迈向共同富裕的现实困境，更不代表着这一目标的实现，在新发展阶段，持续推动乡村振兴，扎实推进共同富裕，具有一定的紧迫性和必要性。目前，我们正处于全面建设社会主义现代化国家的初始阶段，还需要不断努力和奋斗，持续缩小城乡间、区域间以及不同群体间的收入与消费水平差距，在更高的标准和水平上推动社会主义现代化建设，最终筑造具有中国特色的共同富裕道路，以实现第二个百年奋斗目标。但"三农"问题的存在，进一步加深了农村发展不充分和城乡发展不平衡的矛盾，成为制约共同富裕实现的重点、难点问题。现阶段，在党中央和国家全面推进乡村振兴的实践过程中，共同富裕既是评判标准又是价值取向。党的二十大报告指出，在全面建设社会主义现代化国家的过程中，要高度重视"三农"问题，针对农业，要发展新型农业经营主体和社会化服务，同时发展农业适度规模经营；针对农村，要坚持农业农村优先发展，坚持城乡融合发展；针对农民，要拓宽农民增收致富渠道，同时保障进城落户农民合法土地权益。这一系列举措为第二个百年奋斗目标，即到新中国成立一百年时建成富强民主文明和谐的社会主义现代化国家奠定了坚实的物质基础。在新征程上，共同富裕与第二个百年奋斗目标密切相关，两者在核心理念上有着异曲同工之妙，均深刻体现了对农村发展的高度依赖。可以看出，要想如期实现第二个百年奋斗目标、扎实推进共同富裕，最重要的就是从根本上改变几千年农村贫困落后的境况。乡村被视作共同富裕的最大难点，在推进第二个百年奋斗目标的实现过程中，要在接续脱贫攻坚成果的基础上全面推进乡村振兴，重新谋划和设计"三农"工作，并且将解决中国农业、农村、农民最突出的问题作为首要任务，旨在加快推进共同富裕的步伐。乡村振兴的实施，既要基于全局高度又要紧抓局部问题，并且乡村振兴不是单一领域的振兴，因此，需要采取一系列措施，从多个方面对乡村振兴进行改革，以突出乡村振兴的全面性。但是，在乡村振兴的实践过程中，中国始终要秉持用科学理念来指导相关工作，对整个过程进行全面统筹规划，同时遵循各地区之间发展有先后、彼此有差异的特征，持续开展重要任务，而不能将适合发达地区的模式一股脑套用于欠发达地区，更不能要求各区域一条水平线地前进。因此,在共同富裕目标下全面推进乡村振兴,要因地制宜,遵循客观规律,以最大限度满足人民对美好生活的追求,从而为第二个百年奋斗目标巩固基础。在 2020 年之前,乡村振兴被视为实现第一个百年奋斗目标、消除绝对贫困的催化剂;在 2020 年之后,乡村振兴被视为实现第二个百年奋斗目标、化解相对贫困的主力军。党的二十大报告强调,我们要顺势而为,全面向第二个百年奋斗目标迈进,开启社会主义现代化国家建设的新征程。总的来说,在国家现代化发展战略中,乡村振兴和共同富裕是中国社会发展的两大重要目标。乡村振兴旨在提高农村地区的经济水平和生活质量,共同富裕则是要缩小城乡差距和减小社会贫富分化,实现全民共同富裕,这两者之间存在密切联系和协同发展关系[①]。

二 共同富裕目标下全面乡村振兴的历史方位

历史方位指的是乡村振兴这一战略在中国历史发展进程中的前进方向、所处位置和发展状态[②]。乡村振兴是一项重要的发展战略,它是在新的历史阶段,与脱贫攻坚相衔接,予以推动共同富裕,并且已成为农民农村实现共同富裕的必然选择。在共同富裕目标的指引下全面乡村振兴历史方位的逻辑演进,体现了对所处历史阶段的科学判断,而在每个历史阶段,中国的战略目标呈现不同的特征和表现,并标注着不同的历史形态。只有明确各阶段的历史方位和人民需求,并在此基础上,科学安排、谋划战略布局和方针政策,才能完成时代赋予的历史使命,这既是对已有发展历程的总结,也是对未来发展的展望。基于此,下文将从国家、民族和人民多维度认识和准确把握共同富裕目标下全面乡村振兴的历史方位。

(一)国家维度:从全面建成小康社会到全面建成社会主义现代化强国

"小康"与"现代化"贯穿中华民族伟大复兴的全过程,是中国战略发展目标的重要体现,两者衔接紧密、一以贯之。中华人民共和国成立以来,中国共产党始终把实现社会主义现代化作为努力奋斗的目标。在

---

① 彭斌:《乡村振兴与共同富裕的协同发展》,《山西财经大学学报》2024 年第 S1 期。
② 黄承伟:《推进乡村振兴的理论前沿问题》,《行政管理改革》2021 年第 8 期。

社会主义革命和建设的过程中,"现代化"一词就已经被提及,党中央指出要想推动中华民族伟大复兴,在这一时期,就要将中国建设成一个具有现代农业、现代工业、现代国防和现代科学技术的社会主义强国①。但贫困问题未得到根本性解决,小康社会就无法建成,社会主义现代化就难以实现。梳理历史进程可以发现,在改革开放时期,党中央已经清楚地强调小康社会对于建设现代化国家的重要性,只有先全面建成小康社会,中国才能逐步向社会主义现代化强国迈进。但建设小康社会的前提是消除贫困,因此,基于当时中国农村贫困地区的现实境况,以消除贫困为目标,党中央进行了一系列的扶贫工作。2010年,中国取得了历史性的飞跃,全国人民均基本解决了温饱问题,基本建成了小康社会。然而,温饱问题的解决并不意味着贫困的消除,偏远山区仍有很多人处于贫困旋涡中,还有小部分的群众生活水平和质量未得到有效改善,这一问题严重阻碍了全面建成小康社会的进程②。党的十八大以来,为全面消除贫困,党中央将脱贫攻坚摆在重要位置。2015年,中国提出打赢脱贫攻坚战的决定,全力推进全面建成小康社会进程。在党中央的领导下,农民的生产生活由贫穷逐步走向温饱,再由温饱逐步迈向小康,使农民的整体物质生活水平有了明显的提高。迈入新发展阶段的中国特色社会主义新时代,中国的行动纲领产生一系列重大调整,形成了新的历史方位,但此阶段乡村不平衡不充分的发展短板凸显。基于这一阶段中国农村的发展现状,中国提出了乡村振兴以及区域协调发展两大重要战略,目的是在解决农村贫困的过程中,助力脱贫攻坚,为其创造更为有利的制度和政策优势,从而激发农村经济活力。这两大战略的提出,不仅有助于加快推进农业农村现代化,还能够为全面建成小康社会提供重要保障。脱贫攻坚和乡村振兴的共同推进,在客观层面显著解决了现实的落差问题,到2020年底,随着绝对贫困问题的解决,中国全面建成了小康社会,这标志着中国正逐步朝着全面建设社会主义现代化国家的目标前进。面对新的历史阶段,基于新的现实困境,如何衔接好"两个一百年"奋斗目标是这一阶段的重点任务,也是我们必须正视的现实问题。在第

---

① 颜晓峰:《深刻认识中国特色社会主义新时代的历史新方位》,《思想理论教育导刊》2022年第10期。

② 陆倩倩、戴向芸:《"全面实施乡村振兴战略"的三重逻辑》,《辽宁农业职业技术学院学报》2022年第1期。

一个百年奋斗目标的基础上,要乘胜追击,再接再厉,以更加深度、更加广度的手段,努力推进全面建设社会主义现代化国家的进程。但是,现阶段,农村、农业和农民中仍存在薄弱环节,甚至个别地区存在亟待填补的空白,这严重阻碍了农业农村的现代化步伐,因而,在全面建设社会主义现代化国家的实践进程中,要通过乡村振兴充分发挥农村、农业、农民不可替代的作用,加快农业升级或转型,显著改变农村落后的风貌、提高农民的综合素养,进而为中国特色社会主义现代化提供有力的保证。共同富裕是脱贫攻坚、全面小康、乡村振兴的最终目标。只有持续不断地向共同富裕目标前进,才能有效巩固脱贫攻坚和全面小康的成果,进而实现乡村振兴,走出具有中国特色的社会主义现代化道路。综上,国家维度共同富裕目标下全面乡村振兴的历史方位是从全面建成小康社会到全面建成社会主义现代化强国的历史跨越。

(二)民族维度:从实现民族独立到实现中华民族伟大复兴

纵观百年历程,中国历经了从必然的衰败到不可逆转的复兴的辉煌转变,从实现民族独立、人民解放到为实现中华民族伟大复兴而奋斗这一过程可以说是一部近现代中国的历史[1]。从古至今,农业一直在中国发展过程中起着不可替代的作用,"三农"问题直接关系到如何实现民族独立并向中华民族伟大复兴过渡的重大课题。近代以来,受制于西方资本主义体系的主宰,中国开始滑向半殖民地半封建社会的深渊,沦落为积贫积弱的国家。中国共产党自成立伊始,就担负着伟大的责任与使命,即实现中华民族的自立自强。经过28年的斗争,中国人民终于摆脱了被列强欺凌、被霸权主义危害的历史时期,中国人民站起来了!然而,单凭民族独立,中国仍难以屹立于世界民族之林。中国共产党清楚地认识到一个贫穷落后的国家不可能拥有真正的民族独立和尊严,于是开始探索具有中国特色的反贫困道路,民族复兴开始从独立向富强转换。在社会主义建设的道路上,基于社会主义的本质要求,中国共产党将为中国人民谋幸福、为中华民族谋复兴作为初心使命,采取各式各样的政策措施,动员广大人民群众整合资源推翻私有制,从而加快建立社会主义制度,这些举措旨在消除贫困、逐步朝着共同富裕方向迈进。经过不

---

[1] 双传学:《唯物辩证法视域下新发展阶段的历史方位探析》,《中国特色社会主义研究》2021年第4期。

断努力，推动中国的经济社会发展取得了巨大的成就，贫困问题有所缓解，奠定了走向富强的基础，但是离民族复兴所期盼的富强目标还有距离①。党的十一届三中全会以来，中国持续不断地调动广大人民群众对改革开放的积极性，将改革开放与民族振兴有机融合起来，不断开展扶贫工作以消除贫困，并提出共同富裕，推动实现民族振兴，进一步向民族复兴迈进。进入新时代，习近平总书记站在中华民族伟大复兴的中国梦的战略高度，把决胜全面小康与决战脱贫攻坚摆到治国理政的重要位置，指出其是助推实现中华民族伟大复兴的重要环节，在更深层次的新时代背景下，共同富裕也被视作助推实现中华民族伟大复兴的关键内容。在2020年底，长期以来，困扰中华民族的绝对贫困问题得到了有效解决，这为新时代持续推进中华民族伟大复兴提供了更为坚实的物质基础以及更加坚定的精神活力。在目前的形势下，"三农"问题仍是实现中华民族伟大复兴过程中的重点、难点任务，中国依旧需要依靠农村这一中坚力量振兴乡村。只有全面推进乡村振兴，才能有效解决"三农"问题，让农村与祖国建设齐头并进，实现中华民族伟大复兴。乡村振兴作为实现中华民族伟大复兴的重要体现与必然选择，蕴含在中华民族伟大复兴这一目标中。而共同富裕作为中华民族伟大复兴的本质特征，在实现中华民族伟大复兴的进程中，发挥着重要作用，只有通过全面推进乡村振兴达成共同富裕，才能使中华民族伟大复兴目标的实现得到真正体现。由此表明，乡村振兴与共同富裕均致力实现中华民族伟大复兴，乡村振兴不仅是民族复兴的必经之路，更是推进共同富裕深入实施的关键环节，而在此过程中，农民富裕起着尤为重要的作用。综上，民族维度共同富裕目标下全面乡村振兴的历史方位是从实现民族独立到实现民族复兴的历史跨越。

（三）人民维度：从满足基本生存到追求全方位美好生活需要

社会利益的核心主体是人民，实现人民利益最大化是中国特色社会主义建设的根本目的②。纵观百年发展历程，党中央始终坚持初心与使命，一直将人民放在首要位置，通过不断的努力奋斗为人民创造良好条件，在不同的历史时期，人民的需要也发生着改变，呈现不同的目标、

---

① 谢迪斌：《中国共产党民族复兴话语的百年建构与演进》，《求索》2021年第3期。
② 黄金辉、王驰：《理解新时代中国特色社会主义历史方位的三个基本维度》，《理论视野》2019年第12期。

标准和内涵①。在社会主义初级阶段，人民温饱问题还没有基本满足的时期，中国社会主要矛盾是人民日益增长的物质文化需要同落后的社会生产之间的矛盾。通过党中央带领人民持续与贫困奋斗，21世纪，随着农村经济体制改革的深入以及对农民赋权政策的落实，农民收入得到提高，农村贫困状况也有所改善，大多数低收入群体的温饱问题得到了缓解。中国特色社会主义进入新时代，为巩固温饱成果，逐步满足人民的基本需要，党中央在"十三五"时期制定了实现"两不愁三保障"的脱贫攻坚目标，但转向新的历史阶段，中国社会主要矛盾也发生了转化。如今人民的需要不仅仅是满足基本的生存需求，而是已经发展为日益增长的美好生活需要，更加注重人的全面发展。但追求全方位美好生活的前提在于消除绝对贫困，保障人民的基本需求。因此，党中央围绕"美好生活需要"这一愿景，动员全党全国全社会力量推动脱贫攻坚取得胜利。与此同时，为化解社会主义的主要矛盾，满足人民各方位美好生活，提出了乡村振兴五大目标要求。由于仅仅推动农村经济建设并不能涵盖农村的全面发展，乡村振兴从经济、政治、社会、法治和生态文明等多个领域切入，满足人民多方位的追求，在增加农村人口的物质财富和提高农村的富裕程度的同时，通过文化熏染，促使农民逐步追求高质量的精神生活富裕。党中央始终将人民放在首要位置，以人民为中心，尊重人民的主体地位，激发人民群众的积极性、主动性与创造性，让每个人都具有追求美好生活的权利，实现人的全面发展，扎实推进共同富裕。少数人的富裕并不能代表共同富裕，不落下每一个人的富裕才叫共同富裕。在推进共同富裕的实践进程中，要将农村地区作为重点区域，不能忽视农村地区的作用，同时始终秉持为人民服务的理念，提升农村经济发展水平，为满足人民对美好生活的追求夯实基础，这些举措不仅能够从本质上缩小城乡差距，还能够推动人民群众在物质与精神生活上达到双重富裕。因此，在全面推进乡村振兴的过程中，要以共同富裕为目标指引，以人民为中心，从多领域切入满足人民美好生活需要。综上，人民维度共同富裕目标下全面乡村振兴的历史方位是从满足基本生存到追求全方位美好生活需要的历史跨越，其衡量标准是人民的需要水平及其满足程度。

---

① 段若男、杨乃坤：《脱贫攻坚与乡村振兴有效衔接：内在逻辑与实现路径》，《农村经济与科技》2022年第22期。

三　共同富裕目标下全面乡村振兴的历史使命

历史使命是指肩负重大的任务和责任。准确把握历史使命，就能保证中国不断沿着正确的方向前进，不断取得新的成就。乡村振兴主攻"三农"发展不充分问题，共同富裕主攻消除两极分化与失衡问题。但绝对贫困的解决与农业农村现代化的实现对在公平的基础上防止两极分化具有举足轻重的作用，农业农村现代化的推进有助于巩固脱贫成果，消除城乡差距。可见，在共同富裕目标下，全面推进乡村振兴不仅要注重维护社会公平公正，依据城乡差异，制定合适的发展模式，还要巩固和拓展脱贫攻坚成果。乡村振兴战略的全面推进不仅是实现农业农村现代化，城乡、区域一体化发展的重要抓手，也是增进农民福祉、实现人的全面发展的必然选择。

（一）实现农业农村现代化

在中国农业农村现代化的全过程中，脱贫攻坚与乡村振兴有机统一、相辅相成，脱贫攻坚是乡村振兴的基础，乡村振兴是脱贫攻坚的升级[①]。农业农村现代化的实现有利于缩小城乡区域发展差距，这是解决发展不平衡不充分问题的关键举措。通过梳理农业农村的历史发展脉络，可以发现，实现农业农村现代化是共同富裕目标下全面乡村振兴的历史使命，而消除农村贫困问题是实现农业农村现代化的先决条件。脱贫攻坚的提出，主要是通过实施产业扶贫、文化扶贫、生态扶贫、人才扶贫等贫困治理举措，有效解决农村贫困人口的基本生存问题，进而推动农村贫困人口全面脱贫。通过8年的不断努力，我们已经如期完成脱贫攻坚这一历史任务，农村面貌已经焕然一新，农业产业发展取得了质的提升，农民收入也在逐步上升，这一系列成就为进一步推动农业农村现代化夯实基础。实现农业农村现代化是乡村振兴战略规划中的重要任务目标，是中国式现代化在农村地区的具体体现，旨在化解城乡差距问题[②]。农业基础薄弱、农村发展不充分以及农村脱贫人口仍面临返贫风险等一系列问题，制约着农业农村现代化向前发展的步伐。乡村振兴的任务主要在于逐步解决"三农"问题，促进城乡平衡和乡村充分发展。可以说，乡村

[①] 谢乾丰、朱艳琳、冯讲琴：《脱贫攻坚与乡村振兴有效衔接问题研究——以江西省吉安市为研究对象》，《特区经济》2022年第8期。

[②] 王星：《共同富裕视域下全面推进乡村振兴：若干关系和基本原则》，《重庆社会科学》2023年第3期。

振兴是在脱贫攻坚基础上的战略和政策延续，是处理好"三农"工作的重要战略安排。就乡村内部而言，要把全面推进乡村振兴放在共同富裕的全局来把握，只有高效率推进农业农村现代化，在充裕的物质前提下才能促进共同富裕。农业农村现代化是扎实推动共同富裕的关键举措[①]。首先，农村作为共同富裕的重要基础，其现代化不仅是实现社会主义现代化的前提条件，同时也是新农村建设的重要目标。为了这一目标，要努力推进农村综合性改革，化解农村诸多难题，如乡村治理、人才引进、基础设施建设等，通过这一系列努力，推动农村在思想、制度、物质、行动等方面达到和谐统一、协同并进的发展模式。其次，农业是共同富裕的重要支柱，以现代的技术武装农业，有助于推动农业现代化，解决现代农业"三大体系"的发展难题，从而提高农业经济效益，推动农业从传统农业向现代农业转变。最后，农民是促进共同富裕的主要群体，农民的现代化反映为，农民要在发展的过程中，逐步摆脱传统观念和要素的桎梏，在新观念和新思维的影响下，培育出现代的思想与生产、生活技能，同时发展壮大新型农村集体经济，解决运行管理、集体产权和发展动力等难题，以此促进农民增产增收，进而实现从传统农民向现代化农民的转变。

（二）实现城乡融合发展

在全面建设社会主义现代化国家的过程中，中国必须高度重视城乡的融合发展问题，城市与乡村作为一个有机整体，二者的关系深刻影响着经济社会发展[②]。城乡融合发展反映出均衡、全面、共享三个层面的基本内涵，是满足人民美好生活需要的重要实现路径[③]。通过梳理不同历史时期的城乡关系，不难发现，实现城乡融合发展是共同富裕目标下全面乡村振兴的历史使命。基于精准扶贫、精准脱贫的理念，中国颁布了一系列脱贫攻坚的政策文件，通过开展经济、政治、文化、社会、生态文明的扶贫工作，坚决打赢脱贫攻坚战，进而促进城乡的多方位融合、城

---

① 周文、唐教成：《乡村振兴与共同富裕：问题与实践路径》，《浙江工商大学学报》2022年第6期。

② 文丰安：《新时代城乡共同富裕融合发展论——基于对党的二十大精神的学习与研究》，《重庆大学学报》（社会科学版）2022年第6期。

③ 张明皓、叶敬忠：《城乡融合发展推动共同富裕的内在机理与实现路径》，《农村经济》2022年第11期。

乡的共同繁荣。在这一时期，新型城镇化战略的不断推进，为涌向城市的农村低收入群体提供了重要保障，保证了在城镇中工作或生活一段时间的农村低收入群体具有优先享有基本公共服务的权利。与此同时，也有效协助了有能力和有条件在城镇中稳定生活和就业的农村低收入群体有秩序地实现市民化，这一战略的目的是打赢脱贫攻坚战，推动城乡融合发展，从而为达到共同富裕目标打下坚实的基础。低收入人口的减少，对促进城乡融合发展具有举足轻重的作用，但现阶段与实现共同富裕还有一段距离。共同富裕要在量变的过程中逐步达成质变的状态。由于区域间地理位置、经济水平等不同，造成不同区域间资源禀赋存在明显差异，使各区域在发展过程中存在先后顺序，这就表明了共同富裕并不等于同步富裕，群体间仍会存在差异化。因此，在全面推进乡村振兴的过程中，要关注城乡发展的差异化表现，走好城乡融合发展道路。基于农村发展不充分的问题，要激发农村生产活力，让农村追赶城市，而不是限制城市发展来等待农村发展，或是完全依赖城市充分发展后的辐射作用来带动农村。城乡融合发展更强调城市与乡村的平等性，通过考虑乡村产业、生态、文化等资源，推动城乡间资源要素的双向流动，从而实现要素的良性互动[1]。改变经济发展中长期存在的"重工轻农、重城轻乡"的不平衡现象是全面乡村振兴的关键内容，这与城乡融合发展不谋而合，通过完善城乡融合发展体制机制，推动农业农村优先发展[2]。共同富裕是破除城乡二元结构的主要举措，在推进共同富裕的进程中，注意各部门要分工协作，多措并举，推进城乡要素的双向流动，尤其鼓励城市要素（如人才、资金、技术）逐步向乡村流动，这有利于消除城市与农村之间的要素障碍，促进城市与农村的一体化发展，并且为农村的可持续富裕奠定坚实的基础，从而彻底破除阻碍城乡要素双向流动的体制障碍，助推城市和乡村的共同富裕。现阶段，实现乡村的共同富裕仍是重点内容，但我们不应只注重乡村，而是要建立起一种以城带乡、以工促农的新型工农城乡关系。因此，在扎实推动共同富裕的进程中，要把农村和城镇作为一个有机统一整体，推进城乡融合发展，这就要求我

---

[1] 李光耀、孙乾翔、徐颖等：《乡村振兴背景下的城乡融合发展研究——以徐州市为例》，《商丘师范学院学报》2023年第3期。

[2] 武汉大学乡村振兴研究课题组：《脱贫攻坚与乡村振兴战略的有效衔接——来自贵州省的调研》，《中国人口科学》2021年第2期。

们促进资源要素在城乡之间的双向流通，打破城乡要素市场壁垒，同时推进城乡基础设施和公共服务均等化，从而为实现共同富裕提供基础支撑。

（三）实现区域协调发展

我们国家长期以来把促进区域协调发展作为指导方针，指导地区经济发展。区域间的差距不仅是阻碍国家稳定发展的重要因素，也是消除贫困问题的重点难题。通过梳理历史脉络可以发现，促进区域协调发展是共同富裕目标下全面乡村振兴的历史使命。党的十八大以来，党中央立足国内外新发展趋势，提出了一系列区域协调发展战略与措施，助力脱贫攻坚。2024年，党的二十届三中全会强调，要完善覆盖农村人口的常态化防止返贫致贫机制，同时建立欠发达地区分层分类帮扶制度，从而健全脱贫攻坚国家投入形成资产的长效管理机制。聚焦如何减贫这一重大命题，并且在贫困地区实施促进区域发展的系列措施，这样有助于为低收入人口脱贫创造综合性的发展平台，进一步为消除区域性贫困及实现精准扶贫打下坚实的基础。由此可见，为了促进区域协调发展，必须把脱贫攻坚摆在更加突出的位置。这就要求我们从缩小区域、城乡差距切入，将连片特殊困难地区视作重点扶贫对象，着力补齐农村低收入人口这个薄弱环节，消除区域性整体贫困。这一系列举措将有助于激发区域发展活力，为实现共同富裕创造有利条件。在全党全社会全体人民的不懈努力和奋斗下，中国区域协调发展已经取得了一系列的重要成果，如解决了区域性贫困问题及逐步缩小了地区间发展的差距。但是由于市场化程度和经济发展水平高低不同，中国仍然存在明显的南北差异，经济增长速度表现出"南快北慢""东强西弱"的发展格局，且中西部一些偏远、经济落后的农村地区与东部农村地区发展依旧存在一定程度上的差距。除此之外，在脱贫攻坚结束之后，仍有部分刚脱贫地区发展基础还较为薄弱、发展能力还未得到有效提升。因此，实施乡村振兴战略既是推动已脱贫地区巩固脱贫成果和提升自身发展能力的根本途径，也是化解现阶段中国社会主要矛盾的关键举措。与脱贫攻坚相比，乡村振兴的工作对象与范围较为宽广，但区域发展不平衡问题依旧存在。尤其是在当前农村经济发展不平衡的背景下，东部地区早已经开始实施乡村振兴战略，而西部地区刚刚实现脱贫，因此，以乡村振兴为突破口探索一条区域协调发展的道路，旨在破解"区域发展失衡"，进而推进全域共同富裕,已俨然成为乡村振兴的首要难题①。面对这一境况,在完成脱贫攻坚的基础上,党中央紧紧围绕乡村振兴与共同富裕的目标任务,基于新发展理念,把握客观现实,充分利用并发挥各地区的资源优势,强化区域间的优势互补,不断调整优化区域发展方针和政策。这一系列举措旨在推动经济落后地区农村人口收入实现持续增长,逐步缩小农村居民收入的区域差异,推动经济高质量发展,从而惠及更多的人民群众。在此实践过程中,党中央逐步探索出适合区域间共同富裕的新发展模式,有效促进了东、中、西部地区相辅相成,优势互补、协同发展。

(四)实现人的全面发展

人的全面发展是指人在自然、政治、经济、社会、文化等方面全方位的发展②。人的发展的主体首先是具体的人,这也是作为人的尊严的权利主体。基于以人民为中心的发展思想,通过梳理不同历史阶段有关人的发展理论与措施,不难发现,实现人的全面发展是共同富裕目标下全面乡村振兴的历史使命。实现人的全面发展的前提是使人民主体摆脱贫困。一方面,要保障人的基本需求,即生存权。脱贫攻坚中的"不愁吃、不愁穿"等政策,主要针对的是基本生存条件。中国扶贫工作的开展均要以确保人的基本生存为出发点,不能只追求指标数字,而忽视掉人类的生命和健康。另一方面,要保障人的平等机会,即平等权。城乡基本公共服务均等化是扶贫工作开展的重要路径,脱贫攻坚中提出的一系列政策措施(如产业扶贫、转移就业),不仅为低收入人口的发展提供了倾斜性的物质条件,缓解了城乡矛盾,同时也给予农民公平的国民待遇,以实现人的全面发展。因此,在发展理念上,中国共产党始终秉持着人民全面发展的思想理念是新中国能如期消灭绝对贫困最重要的原因③。在新的历史条件下,随着人民群众最基本需求的解决,生活质量和水平的不断提高,推动人民向更高层次的需要转化,越来越追求全面发展。农民作为乡村振兴的核心主体,全面推进乡村振兴的关键在于满足农民对

---

① 洪耿聪、刘翔:《巩固脱贫攻坚成果推进乡村振兴战略研究》,《农业经济》2022年第12期。

② 高守强:《论扶贫攻坚战略向脱贫攻坚战略转变的重大意义》,《蚌埠学院学报》2021年第4期。

③ 王习明:《坚持人的全面发展:新中国如期消灭绝对贫困的密码》,《湖湘论坛》2022年第4期。

全面发展的需求①。在乡村振兴助推共同富裕实现的过程中，中国在各个层面始终围绕农村人民群众，如在推动乡村振兴、实现人民精神富裕的过程中，将人民作为核心主体，注重人民对文化的追求。因此，在未来全面推动乡村振兴的进程中，中国要强化对农民发展的重视，逐步满足农民的物质和精神需要，从而为农民提供物质基础和精神支持。可见，实现人的全面发展是新时代社会主义新农村的价值取向。共同富裕的主体是全体人民。乡村振兴的有效实施有助于改善农村人口的全面发展，但无法涵盖所有群体。故而在扎实推动共同富裕的过程中，应将全体人民纳入其中。此外，习近平总书记还指出："人，本质上就是文化的人，而不是'物化'的人；是能动的、全面的人，而不是僵化的、'单向度'的人。"②这表明要实现人的全面发展，不仅要关注人民的物质富裕，还要实现人的精神富裕。现阶段，从脱贫攻坚的全面胜利到乡村振兴的全面推进再到共同富裕的扎实推进，全体人民群众更加接近全面发展目标，也越来越有方向、有动力、有能力、有信心实现中华民族伟大复兴的中国梦。总的来说，中国共产党坚持人的全面发展为从脱贫攻坚向乡村振兴、共同富裕的转变提供了根本发展方向③。

---

① 张晶、王一桐：《基于人的全面发展视野下乡村振兴战略》，《经济研究导刊》2022 年第 30 期。
② 习近平：《之江新语》，浙江人民出版社 2007 年版，第 150 页。
③ 丁玲、吴娜：《从脱贫攻坚迈向共同富裕的三重维度论析——基于对马克思主义反贫困理论的考察》，《老区建设》2021 年第 22 期。

第三章 共同富裕目标下全面乡村振兴的制度体系与制度逻辑

2020年，中国取得了人类历史上最大规模脱贫攻坚战的胜利，彻底解决了绝对贫困问题。绝对贫困的消除标志着"三农"的工作重心发生了历史性的转变，由扶贫开发转向乡村振兴。党的二十大报告指出，在新时代、新征程上，巩固脱贫攻坚成果、加快推进乡村振兴是关系到国家发展全局的重要战略问题。并且，党的二十大将全体人民共同富裕作为中国式现代化五大特征和本质要求之一，列入中国发展总体目标，明确了实现共同富裕在全面建设社会主义现代化国家进程中的重要地位，这一决策体现了中国共产党的初心和宗旨。近代以来，实现全体人民共同富裕已成为中华民族两大历史任务之首，这是社会主义的本质要求，也是中国式现代化的重要特征，中国共产党百年奋斗史就是党领导全体人民走向共同富裕的奋斗史。通过对党的十八大以来中共中央和国务院发布的重大决策、文件进行系统分析，能够发现"制度"一词在中国政府工作报告中频繁出现。制度是人类社会行为的一种规范系统，是上层建筑中不可或缺的一部分，中国政府对制度的重视充分体现其在顶层设计中的制度意识。当前，在致力推动高质量发展的关键时期，深化对乡村振兴制度体系与制度逻辑的研究对实现共同富裕有重要意义。基于此，本章将研究内容划分为制度体系和制度逻辑两个主要方面，依托乡村振兴战略的制度框架，基于制度视角回溯和梳理乡村振兴的制度逻辑轨迹，深入探究中国乡村经济社会制度变迁的逻辑链条。

第一节 乡村振兴的制度体系

党的十九大，以习近平同志为核心的党中央就"三农"问题作出了关键决策，决定推进实施乡村振兴战略，该发展战略对全面建成小康社会、全面建设社会主义现代化国家以及解决"三农"问题具有深远的意义。乡村振兴战略以农业为中心，以产业兴旺、生态宜居、乡风文明、治理有效、生活富裕为基本原则，强调建立健全城乡融合发展体制机制和政策体系，以推进农业农村现代化，进而实现城乡发展的均衡与协调。2019年9月，中共中央印发了《中国共产党农村工作条例》，指出要把"三农"工作放在重中之重，坚持"多予、少取、放活"，推进城乡一体化发展，打赢脱贫攻坚战并做好农村减贫工作，进一步走向全体人民共同富裕之路。在党的十九届四中全会上，中共中央提出要坚持和完善城乡统筹的民生保障体系，并针对贫困问题制定了一系列具体的解决方案，为实施乡村振兴战略提供了制度保障。乡村振兴既是推动中国全面建成小康社会的重要道路，也是全面建成社会主义现代化强国和实现中华民族伟大复兴的中国梦的必由之路。相关政策制度的实施能够确保乡村振兴战略的科学、有序、有效执行，将中国特色社会主义制度优势转化为乡村治理的效能，从而可持续地解决人民日益增长的美好生活需要和不平衡不充分的发展之间的矛盾。基于此，本节从七个方面阐述中国乡村振兴制度体系，以期为乡村全面振兴提供坚实的制度保障，进而实现乡村的长期繁荣和稳定发展。

在新发展阶段，乡村振兴战略不仅是中国全面建成小康社会之后农村工作的重点内容，也是实现农业农村现代化的重要部署。近年来，包括《中共中央 国务院关于实施乡村振兴战略的意见》《乡村振兴战略规划（2018—2022年）》《中国共产党农村工作条例》《中华人民共和国乡村振兴促进法》在内的一系列制度文件相继发布，搭建起乡村振兴战略的"四梁八柱"。其中，《中共中央 国务院关于实施乡村振兴战略的意见》为中国农村的发展设定了明确目标，提出到2035年，乡村振兴取得决定性进展，农业农村现代化基本实现。而《中华人民共和国乡村振兴促进法》因具有基础性、全面性、统领性、时代性等特点，在"四梁八柱"政策体系中起到了"顶梁柱"作用。基于此，结合乡村振兴促进法的相关内容，对乡村振兴的制度体系进行梳理整合，可从以下七个方面构建乡村振兴制度体系框架，如图3-1所示。

第三章 共同富裕目标下全面乡村振兴的制度体系与制度逻辑

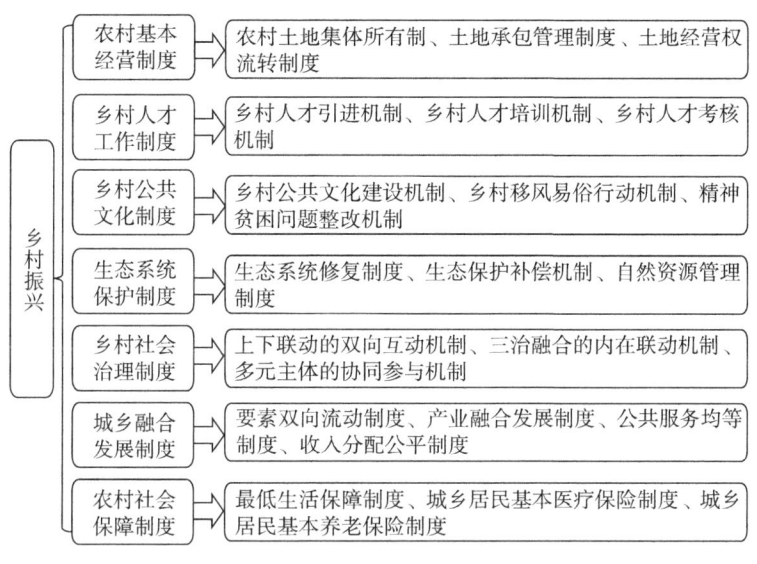

```
               ┌─ 农村基本   ─→ 农村土地集体所有制、土地承包管理制度、土地经营权
               │   经营制度      流转制度
               │
               ├─ 乡村人才   ─→ 乡村人才引进机制、乡村人才培训机制、乡村人才考核
               │   工作制度      机制
               │
               ├─ 乡村公共   ─→ 乡村公共文化建设机制、乡村移风易俗行动机制、精神
               │   文化制度      贫困问题整改机制
   乡村         │
   振兴 ───────┼─ 生态系统   ─→ 生态系统修复制度、生态保护补偿机制、自然资源管理
               │   保护制度      制度
               │
               ├─ 乡村社会   ─→ 上下联动的双向互动机制、三治融合的内在联动机制、
               │   治理制度      多元主体的协同参与机制
               │
               ├─ 城乡融合   ─→ 要素双向流动制度、产业融合发展制度、公共服务均等
               │   发展制度      制度、收入分配公平制度
               │
               └─ 农村社会   ─→ 最低生活保障制度、城乡居民基本医疗保险制度、城乡
                   保障制度      居民基本养老保险制度
```

图 3-1　乡村振兴制度体系框架

农村基本经营制度是以土地集体所有制为核心,以家庭承包经营为主要形式的制度体系。改革开放以来,为顺应时代发展和变化的需要,农村基本经营制度在农民的持续探索与实践中逐步确立、发展、完善。这既是实施乡村振兴战略的制度依据,也是中国共产党在农村工作的基石,因此要不断完善农村基本经营制度,进一步推进乡村振兴战略。基于此,《中共中央关于坚持和完善中国特色社会主义制度 推进国家治理体系和治理能力现代化若干重大问题的决定》从十三个方面系统总结和深刻阐述了国家制度和国家治理体系的显著优势,为中国深化乡村振兴战略提出了指导性的建议。

乡村人才工作制度是以人才资源为核心,通过制定教育培训、环境服务、资金政策、激励保障等一系列措施,构建的一套科学的研究、引进、培育与使用人才的支撑体系。乡村人才工作制度的构建,不仅涉及人才和教育领域,更与整个社会的进步和发展息息相关。党的十八大报告指出,要为党和人民事业发展开辟一条道路,其中,广纳天下英才是保证党和人民事业发展的根本之举。因此,要加快构建人才优先发展战略布局,打造一支规模庞大、素质优良的人才队伍,推动中国由人才大国走向人才强国。乡村人才振兴在新的历史条件下,以小农经济为基础,对社会生产力进行再一次解放,从而推动中国的传统村落走向现代化。然而在社会转型的关键时期,庞大的农民群体却拥有较低的平均收入这一问题成为中国实现现代化的最大障碍。因此,要实现全面建成社会主义现代化强国的伟大战略目标,需要超越经济视角,从全局和未来的角度出发,立足"以人民为中心,促进全体人民共同富裕"的政治高度,深刻理解乡村人才工作制度的重要意义,从而全力推动乡村振兴战略的实施。

乡村公共文化制度是指在保障农民文化生活权利的基础上,精准识别农民不同层次的文化需求,并满足农民在文化领域物质和精神上的需求,以获得精神愉悦感和文化认同感,这是落脚于农民文化自信、合力推动乡村文化振兴的制度和措施。乡村振兴是一项涉及政治、经济、文化、社会、生态等多方面的综合性战略布局,乡村公共文化制度既是乡村振兴的重要制度保障,也是乡村振兴的精神动力来源,因此,乡村公共文化制度体系的构建对乡村文化振兴具有重要意义。乡村公共文化制度是乡村文化治理的进一步深化,旨在为农村社会和农村居民提供高质量的文化服务,提升农村文化产品市场供给和消费的丰富度,它不仅有利于通过优质的文化内容提高农民的获得感,也有利于满足农民多样化、多层次、多方面的文化需求,激励农民为创造美好生活而不懈奋斗,从而对推动乡村全面振兴起到积极作用。

生态系统保护制度是以维持生态系统平衡、保障生态安全为目的,对重点生态功能区、生态环境敏感区和脆弱区等区域进行严格生态环境保护的一种制度体系。生态系统保护制度既可以推动乡村振兴战略实施,又可以有效解决乡村经济社会发展与生态环境保护之间的矛盾,还有利于激发农业农村发展的新动能,满足农民的美好生活需要。因此,完善生态系统保护制具有重要意义,它具备宏观和微观的多重价值:首先,乡村生态振兴为乡村产业振兴提供了强有力的生态支撑,促进农业绿色化和农产品产业链的延伸、优化与提升。其次,乡村生态振兴能够创造新的机遇和平台,优化农村的产业结构,培育新产业和新业态,创造新载体和新模式,进而激发城市企业家、大学毕业生及其他各类人才在乡村创业与就业的积极性。最后,乡村生态振兴在乡村文化建设中,把生态价值观、生态文化等观念融入其中,能够提高农民环保意识和生态意识,推动发展方式与生活方式绿色化,最终实现人与自然和谐发展。因此,实现乡村生态振兴,需要政府部门在资金、人力、技术、制度等方面对生态系统保护制度进行全面规划并给予支持，同时树立绿色发展理念。

乡村社会治理制度是指行动主体在对社会事务进行管理和规范的过程中所采用的正式和非正式的制度总和，社会治理是确保国家和社会正常运行的关键机制，对推动其和谐进步起着至关重要的作用。而乡村振兴战略作为中国政府为推进农业农村现代化实施的战略，必须通过社会治理等制度化的治理手段有效执行相关政策措施，以确保在推进实施乡村振兴战略的过程中，能够维持社会秩序稳定，从而为乡村振兴提供有力的支撑。目前，中国全面建成小康社会的目标已经实现，正在向着全面建成社会主义现代化强国的第二个百年奋斗目标迈进，在此阶段，迫切需要解决提升农村基层组织的现代化管理水平和加速农村基层社会治理体系构建的问题。于是，党的十九大报告以"治理"为核心，为"三农"体系的构建提供了全新的视角。《中共中央 国务院关于实施乡村振兴战略的意见》明确指出要加大乡村社会治理改革力度，提出到2020年前乡村经济社会发展应粗具规模，并且建立起与之相适应的制度体系和政策[1]。乡村社会治理制度对构建社会主义新农村具有重大意义，要在2035年之前实现乡村振兴，就需要构建一套科学、合理的农村社会治理制度。因此，如何健全农村社会治理制度并强化农村基层政权，是当前中国农村经济发展中亟待解决的问题。

城乡融合发展制度强调城乡经济要以分工代替割裂，实现城乡产业交互性发展和全社会福利均等化，让广大人民群众共享社会发展成果，进而实现社会主义共同富裕。城乡融合发展制度与乡村振兴战略是相互支持、相互促进的，建设城乡融合发展体系是实施乡村振兴战略的必由之路，乡村振兴也是实现城乡融合发展的最基本途径。党的十九大报告提出，要实施乡村振兴战略，需要对城乡融合发展的体制机制和政策体系进行调整和完善，推进农业农村现代化。2017年12月，中央农村工作会议指出，要重塑城乡关系，走出一条中国特色的乡村振兴之路，走出一条新的发展之路。城乡融合发展制度不仅为乡村振兴战略提供了良好的发展条件，而且为其指明了发展的方向和路径，同时注入了发展活力。

农村社会保障制度是指国家根据法律规定，采用立法和强制方式，对国民收入进行重新分配，对由于缺少家庭劳动力、交通不便、教育等

---

[1] 尹广文：《新时代乡村振兴战略背景下乡村社会治理体系建构研究》，《兰州学刊》2019年第5期。

因素而生活有困难的农民群众给予最低限度的生活保障，以保证劳动力的再生产、社会的稳定和经济的有序发展。健全的社会保障制度既是推进乡村振兴战略发展与实施的动力，也是实施乡村振兴战略中的重点工作，它不仅能够推进国家治理现代化，更能够有助于中国建成社会主义现代化强国。党的十九大报告明确指出，乡村振兴战略应按照"治理有效"的原则，进一步完善农村社会保障制度，加强农村的基层工作，乡村振兴需要建立一个科学、高效的乡村治理制度，推进农村社会保障制度建设在其中发挥重要作用。

一 农村基本经营制度体系

农村基本经营制度是中国共产党制定农村政策的基石，也是实施乡村振兴战略的制度基础[①]。农村基本经营制度的发展状况与农民群众的利益有着直接的联系，并且它关系到农村能否巩固现有发展成果并取得更优异的成绩。党的十八大以来，习近平总书记始终坚持把解决"三农"问题作为全党工作的重中之重，不断推进"三农"工作在理论上、实践上和制度上的创新发展，中国的农业农村工作在此基础上取得了历史性成就。而巩固和完善农村基本经营制度是解决"三农"问题的根本方法，这与农业均衡发展、农村稳定建设和农民幸福生活密切相关。2024年，《中共中央关于进一步全面深化改革　推进中国式现代化的决定》提出："巩固和完善农村基本经营制度。"这对在坚持农村基本经营制度的前提下，顺应农业农村现代化需要，不断完善并赋予经营体制新的内涵和长久制度活力，提出了明确要求。只有对农村基本经营制度进行巩固和完善，并逐渐构建起现代农业的产业、生产和经营体系，发展现代农业、推动乡村产业振兴，才能为乡村治理打造足够坚实的物质基础，最终实现乡村治理体系和治理能力现代化。

（一）农村土地集体所有制

习近平总书记对土地集体所有制问题给予了高度关注，在"三农"工作报告中明确提出要坚持农民的集体土地所有权。中国实行以土地集体所有制为主的土地政策，在该制度下，农村土地是农民所共有的，而

[①] 严小龙、严驰洋：《乡村振兴战略下土地确权的实践形式和优化路径研究》，《马克思主义与现实》2022年第6期。

农村基本经营制度是农村土地集体所有制的实现形式之一，集体所有权是承包权的基础。因此，要实行农村基本经营制度，就必须坚持土地集体所有，不能以任何方式弱化农村土地的所有权。事实证明，无论是在理论上还是在实践中，坚持集体土地所有权既是中国政府做好"三农"工作的基础，也是其最大优势。农村土地集体所有制要求建立一个完善的制度体系，该组织结构包括理事会、监事会两个部分。其中，理事会委员由全体委员或会员大会选举产生，理事会是产权权利行使的执行机构，代表的是集体成员，它是一种独立的法人组织；而监事会充分发挥其对集体所有权权能的制约功能，保证理事会对集体所有权权能的行使是正当的和合理的，并且其所行使的权利不会对会员的利益造成损害[①]。总的来说，切实履行理事会和监事会的职能作用对维护社会稳定有重要意义。此外，农户是集体土地所有权的主体，要在健全"三权分置"运行机制的同时，切实保障农户对承包土地的流转、监督、收回等各项权利，使其充分发挥自身的优势和效益。

（二）土地承包管理制度

2019年出台的《中共中央 国务院关于保持土地承包关系稳定并长久不变的意见》为乡村振兴向纵深推进奠定了坚实基础。文件指出要长期坚持家庭承包经营，确保农村集体能够有效行使土地产权，并且确保农村集体成员享有土地承包权，而中国实行家庭承包经营，农民可以和集体签订土地长期承包契约，并且农民的相关权益能够得到法律的保护。同时，这一文件进一步肯定了党的十九大提出的"农村土地承包经营权延续30年"的决定，有利于维持中国农业生产长期的稳定性，从而为农地经营权流转提供了重要的制度依据。《农业农村部办公厅关于做好2020年农业农村政策与改革相关重点工作的通知》指出，要谨慎、稳妥地进行二次承包期满后续约30年试点工作，在此基础上完善土地承包经营权，并根据实际情况对承包合同进行有效的管理，进一步完善承包合同的相关政策。土地承包管理制度是经过经验积累和实践检验后形成的，并基于此转化为切实可行和针对性强的策略，这也是农村改革多年来取得成功的关键经验。当前，随着农业生产现代化程度的提高，单位耕地

---

① 张晓山：《发展壮大农村新型集体经济刍议》，载《中国农村经济形势分析与预测（2017~2018）》，社会科学文献出版社2018年版。

生产性资本投入得到大幅提高，有效保障了土地承包经营长期稳定性，有利于实现农业生产技术持续升级，以满足农村建设需求。并且，在具体实施时，要积极探索更加灵活的土地承包管理机制，做到"增人不增地，减人不减地"。这在一定程度上有利于土地的规模经营，但是弊端也十分明显，即抑制了年轻人返乡创业的热情与动力。在中国农村发展的新阶段，随着城乡差距日益缩小，城乡一体化的步伐也在加快，人口的双向流动将变得越来越频繁，如何才能在保证土地承包制长期稳定的前提下适应人口双向流动的新特点，还有待在实践中进一步探索[①]。因此，在今后的政策执行中，一方面，应充分尊重农民群众的意愿，将选择权留给农民群众，使农民群众能够在法律、政策的约束下，通过民主协商，自主调整多种利益关系；另一方面，要结合实际，因地制宜，实行分类指导，避免在政策的执行中出现"一刀切"的做法。

（三）土地经营权流转制度

无论是在"三权分置"改革中，还是在农村土地的流转中，长期稳定的土地承包经营权都十分重要。当农民的土地承包经营权完成确权、登记、颁证等手续后，农民可以在合法合规的条件下选择是否流转、以何种方式流转、向谁流转。农村土地"三权分置"是农村土地制度改革的重要尝试，对农民的生产和管理有重大意义：首先，在坚持集体产权的前提下，着重强调农户的土地承包经营权，能够确保其长期稳定地从事农业生产；其次，对农地经营权的流转给予充分的空间，使农地经营权能够实现规模经营，更好地发挥了农地的作用；最后，"三权分置"在制度层次上对经营者的合法权利进行保护，从而有效地防止了企业之间的利益冲突。因此，农村土地经营权流转是农村经济发展的必然选择，要持续推进土地所有权、土地承包权、经营管理权的改革，实现农地经营权的市场化和农地经营权的流转。随着农业生产力的发展，农业生产将朝着规模化方向发展，进而推动机械设备的普及和推广。但目前小规模农业已无法满足市场需求，因此，应当循序渐进地扩大农村土地改革的试点，健全土地经营和流转的相关措施，从而推动农村土地制度的改革，解决农民最关注的问题，并以此作为改革措施的依据。与此同时，

---

① 王立胜、张弛：《不断完善农村基本经营制度：乡村振兴战略的制度基础》，《理论学刊》2020年第2期。

宅基地问题也成为当前农村改革中的一个重大难题，应着重解决"房地一体"的集体建设用地和宅基地使用权的确权问题，这也是当前许多农户重点关注的问题。今后，中国应在农村工作中，基于对宅基地所有权、资格权和使用权"三权分置"制度的研究，进一步完善对农民住房财产权利的保障，并以农民拥有自己的宅基地使用权和集体土地的所有权为基础，讨论如何对宅基地和农户房屋的使用权进行适度放活，对农村土地资源进行高效利用，从而激活农村发展的深层动力[①]。

二 乡村人才工作制度体系

打造一支具有高度稳定性和协调性的乡村治理人才队伍是实施乡村振兴战略的根本，只有把这支队伍建设好，才能把乡村基层治理好。乡村人才工作队伍具有的现实功能非常关键：一方面，乡村人才工作队伍能够挖掘人力资本、造就乡土人才，其最重要的功能就是在众多人力资源中挖掘出与乡村社会发展目标相一致的人力资源，通过合理运用这些人力资源，使合适的乡村人才成为当地的人才资本，进而打造出一支好用、留得住的乡村人才工作队伍；另一方面，乡村人才工作队伍能够寻求乡村振兴战略实施的人力要素支撑，它可以对不同类别的人力要素进行合理分配，使其在乡村振兴的实践过程中发挥出最大的效用，进而动员整个社会的力量，为乡村振兴作出贡献。推进乡村振兴进程需要大量的本土人才进行实践，而解决这个问题的关键就是对人才的培养，农村人才队伍可以为农村人才的培育提供内在环境和外在支撑。然而，由于中国农村治理人才的培养是一项长期且艰巨的工作，目前仍处于摸索阶段，需要不断改进以适应乡村振兴的需要。因此，构建乡村治理人才队伍建设的长效机制是当前面临的一项紧急关键任务，这一机制能够让乡村治理综合型人才推动乡村治理有效进行，并且让乡村治理专业型人才助力乡村"产业兴旺、乡风文明、生态宜居"。

（一）乡村人才引进机制

乡村人才引进机制是指以每个地区的具体情况为依据，有针对性地制定乡村治理人才引进政策的机制。尽管在同一个市县，也要针对各乡

---

① 蒋永穆：《基于社会主要矛盾变化的乡村振兴战略：内涵及路径》，《社会科学辑刊》2018年第2期。

镇在乡村治理人才队伍建设上的差异，根据当地的实际需要，因地制宜引进各种类型的乡村治理人才，使乡村治理人才能够高效地推进乡村振兴。乡村振兴需要一支数量充足、结构稳定的高素质人才队伍。因此，乡村治理人才队伍建设需要健全人才引进的长效机制，保证优秀的人才源源不断地涌入，从而长久地促进乡村产业的发展、社会的稳定和生态环境的优化。完善乡村人才引进机制应当从以下几个方面重点实施：首先，各地区、各乡镇应针对当地经济和社会发展的薄弱环节，明确需要重点引进的综合性人才，适当放宽招录乡镇公务员的条件。例如，国家可以根据各地区实际，对选调生招考条件进行柔性限制，并根据不同地区现有乡镇公务员队伍的专业结构及性别结构等情况，基于国家政策灵活制定适合地方特点的招考政策，扩大对乡镇事业单位、基层党组织人才和村"两委"干部的选聘，也可以根据现实需要，与高校进行合作，并从中招募适合乡镇事业单位和基层党组织的实习生，加强乡村治理复合型人才的储备。其次，树立正确的工作观念，把思想作风和群众满意程度看作衡量乡村治理复合型人才的重要指标，建设一支优秀的乡村治理人才后备军。再次，应加大对乡村治理专业型人才的引进力度。各地、各乡镇应当针对当地经济和社会发展的薄弱环节，明确优先引进的乡村治理专业型人才。例如，在工业化程度较低的地区，要注重引入专业的农业生产经营人员；在农村留守问题突出的地区，应积极引进具备社工执业证书的专业人员，为农村社工队伍的培训提供服务。最后，要加强本土乡村治理专业型人才的引进，通过对当地人才的调查，了解当地人才的数量、类型、专业、行业等基础信息，筛选出有技术、有能力、有经验的人才，补充到乡村治理的专业人才队伍中。比如，在乡村治理的专业人才中，有一些"土专家"的存在不容忽视，因此在引进人才时，不仅要引进高学历、高职称的人才，还要在当地发掘有潜质的人才，使其能够为家乡发展作出贡献。

（二）乡村人才培训机制

乡村人才培训机制是指聚焦乡村振兴战略的发展方向，立足乡村的实际需要，针对不同领域、岗位和素质的乡村治理人才，"对症下药"地进行培训。健全乡村人才培训机制，应当从两个方面发力：一方面，精选乡村治理综合型人才的培训内容，加强各类乡镇干部的业务技能教育。乡村治理综合型人才是与群众密切联系的群体，他们肩负乡村产业、经济、社会、文化等各方面的管理责任，所以在培养这一类人才时，要做到全面化、综合化，既要重视思想政治和组织管理方面的培养，也要在培养的内容中加入经营管理、社会工作、法律等专业技能的内容。例如：要为各级乡镇干部提供政策解读方面的培训，使其对乡村振兴的各项政策有更为深刻的理解；提高其整合各种社会资源的能力，有助于实现乡村产业兴旺；加强对乡镇领导干部管理能力的培养，以确保其能够在复杂的乡村社会环境中高效地解决各种问题。另一方面，加强对乡村治理专业型人才的培训。首先，应强化农村治理专业人员的实践教学内容，帮助农村经营管理、社会工作、法律等相关专业的毕业学生把实际案例引入课程教学，例如，可以采用"情景演练"等方法，帮助其更好地把理论和实践有机地结合起来；其次，要注意根据各地乡村振兴工作的进度，提出有差异的、有时效性的培训内容，每个乡村的具体情况各有不同，所以对不同类型的乡村治理专业型人才的要求也不一样，应根据各个乡村的具体需求设计出有针对性的培训内容；再次，还应创新对乡村治理人员进行培训的方式，构建乡村振兴的实践平台，以乡村振兴的20字方针为基础，将培训细分为产业、经济、文化、生态、治理五个培训模块，基于这五个模块对提高乡村治理综合型人才的管理能力展开专题培训；最后，可以采用多渠道的培训方法，将高校、企业等社会组织中的科研力量、网络平台等资源充分利用起来，并采用"线上＋线下""理论＋实践""基地＋课堂"相结合的培训方式，设立农村经营管理培训基地、法律课堂、社会工作培训基地等培训场地，对乡村治理专业型人才进行培训。

（三）乡村人才考核机制

乡村人才考核机制是指将乡村的经济、产业、文化、环境等方面作为发展的核心，构建与乡村振兴战略相匹配的考核标准，对乡村治理人才的思想、素质、能力等方面进行考核。因为乡村治理人才是乡村振兴战略的主要执行者，所以对乡村治理人才的考核就是对乡村的产业、经济、文化、生态等方面的建设成果进行验收：一方面，要以产业振兴、经济振兴、文化振兴和生态振兴为评估指标，对每一项指标进行赋分，把乡镇工作分为五项，按工作难度赋分、打分，重点工作实行加分制，基层党建工作实行减分制，在日常工作表现、工作能力及考核结果的基础上，建立灵活的进入和退出机制，从而提高基层治理综合型人才的综合素质；另一方面，以专业理论素养、服务次数、服务时长、群众满意度等标准对各类乡村治理人才进行衡量，例如以经营效益、管理水平等为标准对农村经营管理人才进行评价，以定期的工作量、服务效果、群众认可度为标准对农村社会工作人才和农村法律人才进行评价。另外，在乡村治理中，需要对综合性人才的工作进行公共舆论监督，为此，应引进专门的社会机构对乡村基层治理的人才进行专业评估和监督。过去乡村人才的工作考核是由政府主导的，存在一定的主观色彩，而公众作为乡村治理的受益者与参与者，应当参与到对乡村人才治理工作队伍的监督工作中。因此要尽快改变目前只有一个考核主体的状况，可以通过引入第三方机构，形成自我、社会和专业三合一的综合性评价方式，以确保考核监督的客观性，同时强化对乡村治理人才队伍建设工作的约束。

三 乡村公共文化制度体系

近年来，在一系列"乡村文化振兴"项目的推动下，中国乡村公共文化服务体系的建设已初见成效。乡村振兴是一个复杂的系统综合工程，在这个过程中，文化振兴是乡村振兴的重要目标和任务之一，是乡村振兴战略成功实施的精神力量，也是农村社会发展的必然要求。在新时代背景下，要实现乡村振兴，需要弘扬乡村优秀传统文化，提升乡村文化自信，中华优秀传统文化是乡村振兴的重要精神资源和力量之一，它能够为乡村振兴提供丰富的文化滋养、智慧支持和道德引领。谈及乡风文明，这一理论命题源远流长，最早在2005年党的十六届五中全会，就将"乡风文明"这一概念纳入了社会主义新农村建设的精神层面。随着党的十九大召开，开始将"乡风文明"置于乡村振兴视角下考量，党的十九大报告中首次明确提出"实施乡村振兴战略"的重要理论命题，"乡风文明"这个词没有经过任何修改，又重新被纳入乡村振兴战略的总体要求中，既表明了"乡风文明"是中国特色社会主义理论体系日益丰富和发展的必然产物，也证明了这一理论命题在乡村振兴中的重要性和必要性，并且在未来仍需要改进和发展。因此，必须加强乡村公共文化制度体系的建设，这主要体现在对乡村公共文化建设机制、乡村移风易俗行动机制以及精神贫困问题整改机制的健全与完善。

（一）乡村公共文化建设机制

乡村公共文化建设的好坏，可以最真实地反映出农民群众的精神世界、人格特征和文明开化程度。从社会治理的视角出发，乡村公共文化建设就是党和国家为满足农民的精神文化需要，对乡村公共文化事业进行引导、管理与提升的一种社会治理活动。加强乡村公共文化建设，既有利于促进乡村公共文化的繁荣，又有利于乡村文化的普及。乡风文明建设的内涵就是对乡村公共事务的治理，乡村公共事务建设是乡村社会建设的一个重要载体。因此，在新农村建设过程中，加强乡村公共文化建设是非常必要的。从乡村振兴的视角出发，强化乡村公共文化建设是当前乡村社会发展中的一个重大课题，要以"四有"为目标，不断完善乡村公共文化服务体系：一是有标准，体现在应当以公共文化服务保障法为基础，按照现行的国家基本公共文化服务指导标准，对乡村公共文化服务体系的主体责任、设施建设与管理、公共文化产品与服务提供、财政投入、技术支持、监督评价等方面进行具体规定；二是有网络，体现在要加大对乡村公共文化服务的投入力度，着力搭建乡村公共文化服务体系网络，并且在对乡村公共文化服务设施进行合理规划的同时，也要加强基层公共文化服务网点设施建设，实现乡、村两级公共文化服务的覆盖，此外要对乡村公共文化服务设施的功能进行完善，做到设备齐全，并由专门的人员对其进行管理，同时为其提供充足的资金保证，旨在为农民群众提供内容丰富、形式多样的乡村公共文化服务；三是有丰富的内涵，体现在应在乡村推行"文化惠民工程"，广泛开展群众文化活动，基于此，组织乡村公共文化组织、专业文艺团体和文艺工作者与乡村振兴的实践相结合，创作出一批优秀的文艺作品，为农民群众提供优质的文化服务，同时还要具有鲜明的地方特色；四是有人才，体现在应加强乡村公共文化服务体系的建设，保障农民的文化参与权利和创造权利，使创造性成果得以充分展示，因此，必须加强对乡村公共文化服务人才的培养，使他们在社会中发挥更大的作用，同时可以积极鼓励、引导、支持以文化类企业与社会组织、社会工作专业人才、志愿者为代表的全社会各界人士参与到乡村公共文化建设中，开创乡村公共文化的繁荣新局面。

（二）乡村移风易俗行动机制

移风易俗是一种自然的、历史性的变化过程，良风美俗对于乡村社会的安定、人与人之间的和谐，都有一种内在的、无形的力量，支持着社会的道德和法律的运行,但良风美俗的形成并不是一朝一夕的事情,其中若有劣风恶俗的出现,则会对乡风文明发展与乡村文化振兴产生极大的负面影响,因此,提出"移风易俗"行动具有历史必要性和现实必要性。移风易俗是指通过教育、文化、法律等手段,引导人们改变不良的风俗习惯,培养良好的社会风气,解决人们与不同文化之间的关系问题。2024年中央一号文件提出,要持续推进农村移风易俗,坚持疏堵结合、标本兼治,创新移风易俗抓手载体,发挥村民自治作用,强化村规民约激励约束功能。党中央之所以如此重视移风易俗行动,是因为其对乡村全面振兴具有深远的意义。在个体层面上,移风易俗将人们思想观念中的陈腐的东西从现实生活中清除出去,进而有助于形成一种适应现代社会发展要求的新型生活模式;在社会层面上,移风易俗有助于打破旧有风俗的现实基础,推动新的风俗习惯生成。而风俗的变化主要是由自然环境、社会物质生活条件、政治环境、文化条件和生活方式等多方面原因造成的,风俗变化的过程中会带有时代痕迹,并且残留一些封建腐朽的成分,因此要对农民进行正确的引导,使其意识到不良习惯的社会危害,并促进良好的风俗习惯深入人心。乡村风俗改革的目标,就是要把乡村风俗中那些不健康的、丑陋的东西一扫而光,形成健康的社会风尚,故需要进行乡村风俗改革。首先,要抓住农村社会发展的机遇,因地制宜、因时制宜;其次,传统习俗自身具有相对独立性,必须在农村经济不断发展的同时,防范农村恶俗的复燃;最后,要结合乡村教育宣传工作,开展文明创建活动以丰富农民的文化生活,各级党委、政府要在乡村开展"辨风正俗"的活动和精神文明建设活动,鼓励农村群众积极参与,同时需抑制陈规陋习,改变陈腐的婚姻、丧葬、人情习俗,提高农民群众的文化生活水平,抵制封建迷信活动,并且应在尊重民俗的基础上,进一步加强科技宣传工作,向农民群众普及民间艺术和法治知识。

(三)精神贫困问题整改机制

随着中国的绝对贫困问题得到解决,乡村精神贫困已成为制约乡村经济社会发展的重要因素。乡村精神贫困是指乡村的低收入群体因精神需求得不到充分满足而产生的一种心理困境,其主要表现为意志力、智力的贫困以及生活方式不健康。随着中国乡村的物质性绝对贫困基本消除,精神贫困对乡村发展的制约问题日益突出,精神脱贫成为实现乡村振兴目标的关键。乡村精神贫困是一种内在的贫穷现象,习近平总书记曾针对这一现象发表评论："贫穷并不可怕，怕的是智力不足、头脑空空，怕的是知识匮乏、精神委顿。"①因此，要将消除乡村精神贫困作为乡村振兴视野下乡风文明建设的重要内容，重点消除农民心中的贫困根源因素。从根本上说，消除乡村精神贫困是中国乡村经济社会发展的一种必然选择，在现实生活中，要想摆脱精神贫困的困境，需要依靠外在的援助从根源上解决问题，以增强农民的主观能动性。因此，破解乡村"精神贫困"难题，可以采取多种措施来丰富乡村居民的精神文化生活，提升他们的生活质量和幸福感。首先，通过"文化提升"工程，对乡村的祠堂、戏台、古旧街巷等传统的公共文化空间进行修缮与改造，在此基础上，发展有自身特色的乡村文化旅游、康养等具有现代特色的文化产业，最终达到既有经济价值，又能改善乡村人居环境的目的。其次，通过远程教育、网络平台和数字媒体等现代手段，可以将城市的教育资源和文化产品直接传递到乡村，使偏远乡村不再是"文化孤岛"，这不仅能够提高农民的文化素养和技能水平，还能提升乡村文化的多样性和包容性，让农民真正融入现代文明社会。最后，在乡村建设中，要根据乡村的实际需要构建一种与乡村和城市相映衬的新文化价值观念，从而形成乡村的价值空间。在此基础上，以德治与民主法治相结合的方式，构建一种嵌入式的农村社会治理体系，对农户不良行为进行规范与矫正，最终重建农村道德空间。

四　生态系统保护制度体系

进入工业文明时代以来，人类面临的最大挑战之一便是生态环境问题，中国也不例外。改革开放以来，随着城镇化的不断推进，中国城乡之间的经济、社会发展按下了加速键，然而，人们在享受物质富裕的同时，也对生态环境造成了一定程度的破坏，城镇资源与环境承载力降低、城乡之间利益关系不平衡、乡村生态环境薄弱环节凸显等现实问题迫切需要解决。当前，在中国共产党的领导下，中国正在逐步塑造和强化生态文明理念，并制定了相应的政策与法律法规。党的十八大以来，以习近平同志为核心的党中央高度重视城乡一体化，开展了一系列基础性、

---

① 中共中央文献研究室编：《习近平关于社会主义经济建设论述摘编》，中央文献出版社2017年版，第242页。

开拓性、长效性的工作，使城乡生态环境的面貌发生了显著性的变化。中国在短短数年间，通过全面协调城乡生态文明建设，有效地控制了城市和农村的环境污染问题，加强了对生态系统的保护，生活环境更加宜居。对农村来说，良好的生态环境是其最大的优势和最宝贵的财富，要想全面推动农村生态振兴，就必须树立"绿水青山就是金山银山"的观念，坚持绿色生态的原则。同时，加速农村生产方式和生活方式的转变，将山水林田湖草沙相结合，形成整洁优美的居住环境和绿色健康的生态体系，最终实现人与自然和谐共处①。此外，党的二十届三中全会审议通过了《中共中央关于进一步全面深化改革 推进中国式现代化的决定》，其中对新时代新征程深化生态文明体制改革作出重大部署，提出深化生态文明体制改革，完善生态文明制度体系，协同推进降碳、减污、扩绿、增长的重任，积极应对气候变化。建立健全生态系统保护制度，不仅能够使农村地区的生产、生活环境持续改善，还能提高自然生态系统的功能和稳定性，增强生态产品的供给能力。

（一）生态系统修复制度

生态修复是指对自然生态系统进行修复，在必要时采取一些人为的手段，使其恢复到最初的水平。生态修复包括自然生态修复、社会生态修复和经济生态修复等多个层面，它将区域发展与社会经济联系起来，并对生态、社会和经济发展需求等多个方面进行权衡。在生态系统修复体系中，有三个方面的治理对策：一是生态保护红线制度，该制度既是保护生物多样性、自然资源与维护国家生态安全的战略基石，也是制定、实施国土空间规划和主体功能区制度的基础，并且对国土空间开发、生态空间利用管理、生态修复等起到重要的支持作用。为健全生态保护红线制度，应遵照生态功能定位的要求，在禁止开发区域内对其进行强制性保护，划定林地、森林、湿地和生物多样性保护红线，严禁改变生态用地用途，从而形成"点上开发，面上保护"的空间格局。二是自然保护区生态修复。中国拥有 18% 的自然保护区土地，达到了联合国规定的目标。为规范自然保护区的管理工作，保证其在生物多样性保护与生态系统服务中的作用达到最大化，中国于 2019 年提出了建立以国家公园为

---

① 渠涛、邵波编著：《生态振兴：建设新时代的美丽乡村》，中原农民出版社、红旗出版社 2019 年版。

主的自然保护区。国家公园以保护全国乃至世界范围内的重要生态系统为目的，总面积超过2200万公顷，占国土面积的2.3%，是国家生态安全屏障的重要节点。然而，目前中国还有10%左右的自然保护区生态环境极其脆弱，迫切需要针对自然保护区的生态环境修复问题，研究出一套切实可行的解决方案。三是国土空间生态环境的维护和修复。国土空间生态修复是对人地关系不断进行优化的过程，以全面推进乡村生态振兴为基础，对乡村进行多维度、多尺度、多层次的全域、全要素的修复。基于此，"十四五"规划和2035年远景目标均明确指出，要坚持"绿水青山就是金山银山"理念，尊重自然、顺应自然、保护自然、健全综合协调机制，促进生态文明建设，构建生态文明制度，推动经济和社会向绿色方向发展。

（二）生态保护补偿机制

生态保护补偿是将生态保护成本、发展机会成本和生态服务价值等因素结合起来进行考量，采用行政、市场等手段，让生态保护的受益者以物质或非物质的形式对生态保护者及其成本支出和相关损失进行补偿的行为。2021年，中共中央办公厅、国务院办公厅印发的《关于深化生态保护补偿制度改革的意见》是"十四五"规划的开局之策，在新发展阶段为中国未来的生态保护补偿机制作出了系统安排，并指明了改革的方向。之所以如此重视生态补偿机制，是因为它可以明晰保护主体与利益主体之间的权利和义务，对保护主体进行合理的补偿，将生态保护的经济外部性内化为己有，推动区域间的均衡发展，并且将碳达峰与碳中和相结合，推动经济社会整体向绿色转型发展，实现人与自然和谐共生。实施生态补偿是对习近平新时代中国特色社会主义思想和"绿水青山就是金山银山"发展理念的映射，它为维护国家生态安全和保护可持续发展的生态环境奠定了坚实的理论和实践基础。此外，在中国如期全面打赢脱贫攻坚战与乡村振兴取得实质性进展、全面建成小康社会的交汇点上，习近平总书记在决战决胜脱贫攻坚座谈会上提出，要针对主要矛盾的变化，推动减贫战略和工作体系平稳转型，统筹纳入乡村振兴战略。[①]在消除绝对贫困之后，主要矛盾的转变要求中国政府必须转变工作方法，以促进全面脱贫和乡村振兴的有机衔接，可以通过生态补偿的方式，持

---

① 习近平：《在决战决胜脱贫攻坚座谈会上的讲话》，人民出版社2020年版，第12页。

续加强全面脱贫与乡村振兴之间的有效衔接。由于生态补偿具有长期性与综合性的特征，它不仅与构建解决相对贫困长效机制的要求相一致，也与乡村振兴战略面向"三农"问题的目标导向相一致。中共中央持续推进绿色减贫行动，加大生态补偿性转移，实现了生态环境保护与推进共同富裕双赢[1]。基于此，在新的起点上，应把生态补偿和乡村振兴战略紧密结合，从而有效解决相对贫困的问题，促进"三农"工作的跨越式发展。

（三）自然资源多重效益

发展生态旅游、生态农业和农村生态产业链，要充分利用林地、草地、湿地等资源，并鼓励集体经济组织灵活利用现有的生产性服务业土地，对各类社会主体进行激励，使其参与到生态保护修复工作中。但并不是所有社会主体都应参与生态保护修复工作，而是应让具备一定规模的经营主体，在符合土地管理和土地利用法律法规的前提下，在集中连片生态修复区，按照合法的程序，办理建设用地审批手续。与此同时，还要坚持节约集约用地的原则，发展第三产业，要持续推进集体林权制度的改革，实行森林经营计划，扩大商品林的所有权，大力发展多种规模经营方式，鼓励林权流转。因此，中国政府应规范乡村自然生态资源管理。首先，要实现自然资源总量与强度双控，根据习近平总书记的要求，建立健全自然资源的产权和利用管理制度，对自然生态空间（如河流、林地、草原、滩涂、矿区）进行详细的产权登记，摸清"家底"，明确产权归属和权利义务，做到合理利用和合理保护。其次，要实行"三类控制"，确保水资源的有效利用，乡村用水主要包括生活、生产、消防及绿化用水，主要包含地表和地下两种水源，其总量能够影响乡村的产业结构和技术布局，是极其重要的生活资源和战略性资源，因此应当提高水资源利用水平，实行有偿利用，改进和完善生态环境监督制度。再次，应坚持土地资源集约利用，坚持"生态红线—永久基本农田—城镇发展边界"三条红线，严把农用地准入门槛，禁止对高消耗、低产出、低效益的土地进行开发利用。最后，要合理开采和使用矿产资源，在保证土壤不被污染、生态不被破坏的前提下，对采矿、采煤、采石、挖沙等有关作业进行规范，建立以市场为导向的地质找矿新机制，尽量降低

---

[1] 汪三贵、马兰、孙俊娜：《从绝对贫困到共同富裕：历史协同、现实基础与未来启示》，《贵州社会科学》2024年第2期。

重要矿产资源储量减少的速度,增加坑口发电的比例,扩大新型清洁能源的开发与利用,牢牢守护好国内能源资源供应的安全底线,坚持为国民经济服务。

五 乡村社会治理制度体系

当前,中国处于新时代发展的重要阶段,实行"三治融合"是建立健全农村社会治理制度、确保农村社会治理有方、实现以人为本的和谐发展的有效途径。其中,合理性问题是构建乡村社会治理体系的首要任务,在此基础上还要充分发挥村民自治的能动性,建立以自治为中心、以法治为框架、以德治为后盾的"三治融合"基本制度。然而,"三治融合"并不是三种模式的简单叠加,三种模式在各自发展过程中表现为相互依赖的关系,德治和法治是自治的重要保障,三者之间相互交织、紧密相连。因此,要从现实出发,避免三种体制间出现分歧,最终导致机制间的障碍。总的来说,乡村治理是一个国家治理的基础,乡村治理的现代化是农业现代化的体现,中国乡村治理的成功离不开"上下联动"的双向互动机制、"三治融合"的内在联动机制和多元主体协同参与机制。在中国共产党的坚强领导下,乡村治理工作取得了巨大进展,制度体系日趋健全,"三治融合"工作的效果逐渐显现,乡村振兴工作有条不紊地进行并取得了举世瞩目的成绩,使乡村治理驶向了现代化的快车道。

(一)上下联动的双向互动机制

2014年,习近平总书记在中央全面深化改革委员会第七次会议上指出,要鼓励地方、基层和群众解放思想、大胆探索,鼓励不同地区开展差异化试点,促进顶层设计与基层实践的良性互动与有机融合。在新时代推进乡村振兴战略的进程中,顶层设计对乡村治理体系的建设起到了有力的推动作用,乡村治理的创新持续为国家乡村治理政策法规的更新提供动力,二者之间形成了双向促进、上下联动的互动关系。一方面,乡村振兴战略是面向农村基层,以推进农村现代化为目标,以农村基层发展为导向,并具有指导意义的战略。这一战略规划是以中国农村发展的现状为基础,综合判断乡村发展状况,协调各方并系统化设计,从而提出的整体布局。另一方面,中国在改革开放进程中重要的技术突破与进步,都离不开人民群众的努力,在中国共产党的领导下摸索前进,不仅为实践提供了指引,而且促使人民在理论上对政策有更深刻的理解,最终将基层的实践经验上升为理论认识,将基层的实践理论化,在此基础上进行创新,转化为具体的制度政策①,令基层实践对顶层设计做出响应。

(二)三治融合的内在联动机制

法治、德治和自治是社会治理的三大支柱,它们各自扮演着不同的角色,相互补充,共同构成了一个和谐、稳定、有序的社会体系。法治是指国家通过法律来规范社会行为,保障公民权利,维护社会秩序,法治具有强制性,它要求所有公民都必须遵守法律,违反法律会受到相应的惩罚;德治强调道德规范和伦理教育在社会治理中的作用,它通过培养公民的道德意识和自我约束能力,引导人们自觉遵守社会规范,实现自我管理,这是非强制性的,依赖个人的内在修养和社会的道德风尚;自治是指公民通过自我组织、自我管理、自我服务的方式参与社会治理。自治强调公民的主体性和参与性,鼓励公民在遵守法律的前提下,通过民主协商和集体决策解决社区事务。这三种治理方式相辅相成:法治为社会提供了基本的行为规范和秩序保障;德治通过提升公民的道德水平,减少对法律的依赖,促进社会和谐;自治则赋予公民更多的参与权和决策权,增强了社会的活力和创新能力。在实际的社会治理中,法治、德治和自治需要相互配合,共同发挥作用,以实现社会的长期稳定和发展。在乡村治理方面要形成三治融合的内在联动机制应当注意以下方面:首先,从促进乡村治理主体多元化入手,根据乡村主体的类型与职能,积极发展各种组织,如农村合作经济组织、农村政治组织等,并对其进行建设与改进,使其更好地发挥作用。并且,应依照相关法规对各类组织进行责任划分,使其在发展的同时与农村管理的要求相适应,共同成长、共同进步。其次,推动乡村社会治理规则的制度化与规范化,建立健全乡村治理的相关规则体系,基于法律与道德的双重视角,立足内部与外部的制度制衡体系,制定高效且成本低廉的发展制度。同时,在制定规则时,以乡规民约为基础,在农村管理的进程中,根据当前的发展状况,选取合适的乡规民约,使其具有合理性,并且结合现实情况,防止内容过于形式化和空洞化。再次,加强政府的专业化管理,在乡村治

---

① 王成利:《顶层设计与基层探索的良性互动——新中国成立70年来农地产权制度变迁研究》,《经济问题》2019年第11期。

理的实践过程中,各种不同的治理工具对乡村治理的有效性有不同的作用,因此在运用乡村治理工具时,应与当代社会发展紧密联系,加强对乡村治理工具的专业运用。最后,注重探索农村社会治理的有效实施单元,乡村治理有效单元是乡村治理成果的具体体现,一个有效的乡村治理单元包含着一个运行良好的系统,在这个系统中,自治、德治、法治高度融合、相互影响,具有较高的黏性,这使它成为集体活动过程中的重要衡量标准。此外,在部分地区,可采用"一村一单元"的有效单元系统,在中国共产党的领导下,实现从基层到区域的协同治理,从而构建以党建为引领的乡村社会治理和有效的治理实现单元。总之,现代乡村治理体系是农村在发展进程中对农村治理主体、治理规则、治理工具、治理单元等方面进行的全面调整,能够加强基层治理的制度化、体系化、规范化,并将基层实践作用于顶层设计。

(三)多元主体的协同参与机制

在中国的乡村法治建设过程中,中国共产党作为乡村社会管理的先锋,提出了一系列关于农村发展的规划和策略,为农村法治建设作出了巨大的贡献,中国共产党在农村社会治理中的主导地位得到了国家立法部门、各级党委和政府的充分认可。在中国农村社会管理体制中,有村党支部委员会和村民委员会两大权利主体。村民委员会必须在党组织的领导下才能运作,村民委员会形成的选举过程,也是在党组织的领导下进行的,党组织通过民主选举的方式,选出村民自治的领导者或者代表,从而形成村民自治的主体。因此,无论在法律上还是在实践中,中国共产党都对农村实行绝对领导,村民自治旨在为村民提供一个表达意愿的平台,并且借助此平台,村民可以主动地参与到对乡村事务的决策中,积极地发表自己的观点,从而使乡村事务得到更好的解决。同时,村民自治还能打破原有的权力运行机制,村民通过协商讨论作出有关决策,这是群众行使个人权利、表达个人意愿的重要途径,也是对村干部权力的一种制约。这一机制使村务管理更加公开,增强了村民的权利意识,进而对村干部起到监督作用,提高村干部的责任意识,促使其更为重视民主权利。在村民自治过程中,通过对村民间矛盾的化解和纠纷、利益的协调,促进了村民关系的和谐发展,这体现了村民自治的科学化、合理化的发展趋势。因此,在社会组织协同参与机制的运行中,要把社会治理体系中各种资源有机地结合起来,突破乡村治理中的局限,从社会发展视角出发，结合乡村发展实际，实现多元主体参与下的社会协同治理，进而提升农村社会治理的效率和价值。

六 城乡融合发展制度体系

党的十八大以来，以习近平同志为核心的党中央，以"不忘初心、牢记使命"为立足点，高举中国特色社会主义伟大旗帜，从新时代的发展背景出发，站在全局性和战略性的高度，重新调整了城乡关系，提出了符合新时代发展规律的城乡融合发展战略，中国在城乡统筹建设方面进行了积极探索并取得成效。当前，农民向城市转移的步伐越来越快、规模不断扩大，无论是户籍人口还是常住人口，其城市化率都在提高。同时，中国鼓励城市人才向农村流动，为乡村振兴注入了新的活力。例如，"三权分置"政策的颁布，对提高耕地利用效益起到了重要作用，并在城乡之间推动了基本公用事业和基础设施的建设。城乡义务教育经费的范围已经扩大，使更广泛的人群受益，并初步制定了城乡居民基本养老、基本医疗、大病等保障制度，农村基础公共设施的建设水平全面提升。结合中国当前的实际情况，党的十九大报告明确提出了建立和完善城乡一体化发展的新方向与思路，这为中国实施乡村振兴战略和重塑新型城乡关系提供了重要的理论依据，并为推进新农村建设开辟了一条可行的路径。

（一）要素双向流动制度

城乡融合发展的核心是要素的流动，而要素的双向流动使城乡融合发展具有了新的活力与生机。当前，城乡二元结构已经成为制约中国城乡一体化发展的重要因素，而实现城乡要素双向流动是实现城乡一体化发展的前提条件。2018年中央一号文件明确提出，要促进城乡要素自由流动和平等交换，自由流动就是要素所有权人享有控制或不控制的选择权，并且可以选择向城镇或农村流动，基于平等交换，农户能够得到更多的发展机会，从而形成一种由市场决定的生产要素的配置方式。在城乡要素流动制度中，应最大限度地保障农民的合法权利，确保他们在要素流动中享有同等机会、获得同等收益。在城乡融合发展进程中，要素的双向流动机制主要包括人口、土地和资金管理机制，故健全要素双向流动制度应当从以下方面进行。首先，改革人口管理体制，实行城乡统一的户籍制度，把大批热爱乡村、乐于参与乡村建设的城镇居民吸引到农村，并使其承载的知识、信息、技术、资本等要素更好地流向乡村，以实现资源的优化配置。其次，实行土地经营体制改革，实现城乡土地产权的平等流转，这个过程要坚持对集体所有土地的保护，进一步健全集体土地产权制度，加快土地所有权、承包权、经营权"三权分置"的步伐，加强对集体土地的法治化管理，全面提升集体力量，并且对已被占用的土地、房屋进行有效利用，在充分尊重集体利益的前提下，政府通过合理分配土地资源，积极探索土地使用权的有偿退出机制，进而建立起一套完善的集体经营性建设用地交易制度。最后，改革农村资金管理机制，突破资金入市的体制限制，建立健全农村金融体系，以实现农村金融的多元化和普惠性，并且应充分利用有关政策性银行在融资上的优势，为城乡融合发展提供坚实的资金保障。

（二）产业融合发展制度

产业融合指的是一二三产业之间相互渗透、相互促进从而形成新产业的动态发展过程。城乡产业融合是一种特殊的产业融合形式，它既是农业与二三产业的融合，也是农村一二三产业的融合。城乡产业融合发展制度的内容主要包括农村集体产权、农业支持保障体系以及创新创业人才保障制度，农村集体产权是一种归属明确、权能完整、流转顺畅、保护严格的现代产权制度；农业支持保障体系是以支持和保障为基础，并与农业发展的潮流相联系，以实现农业可持续发展目标的一种保障体系；创新创业人才保障制度是指通过完善培育机制，创新培育内容，加强农民能力和素质的培训，培养一批热爱农业、懂技术、善经营的新型职业农民的一种保障制度。乡村产业振兴带动了农民增收，乡村产业振兴以产业发展为基础，引导资本、技术、劳动力等要素流向农业农村，形成现代农业产业体系和一二三产业融合发展体系，保持农业农村经济发展的活力[①]。若想实现乡村产业振兴，应当从以下几个方面促进产业融合发展制度的发展和完善。首先，通过对集体产权制度的改革，构建一套归属清晰、权能完整、流转顺畅、保护严格的集体产权制度，从而引导农村集体经济的发展，保护农户的合法权益，活化集体资产，推动乡村经济的健康发展。其次，加快农业补贴政策的制定与完善，并将补贴政策与农业的发展方向紧密联系起来，在此基础上，注重农业产业结

---

① 汪三贵、周园翔、刘明月：《乡村产业振兴与农民增收路径研究》，《贵州社会科学》2023年第4期。

构的调整、资源与环境的保护、农业科学技术的研发等方面,实现农业的可持续发展与兴旺。再次,加快粮食收购和价格制度改革,保障国家粮食安全,在此基础上,建立健全中国的农产品出口政策,促进农业持续健康发展。最后,建立健全人才保障体系,完善培训机制,对培训内容进行创新,对培训的能力和质量进行优化,培育一批爱农业、懂技术、会经营的新型专业农民,并建立起一套完善的示范培训体系,要扩大试点的范围、丰富培训内容、创新培训方法,也应健全评价、激励机制,促进科技成果惠及全体人民。

(三)公共服务均等制度

基本公共服务是所有社会成员都可以享受的生存与发展的权利,这一权利由政府提供并保障,基本公共服务均等化指的是要对城乡间的公共资源进行优化配置,让全体居民的生存与发展在起跑线与机会上都保持平等[1]。党的二十届三中全会上,以习近平同志为核心的党中央强调了公共服务均等化的重要性,并提出了一系列措施加强普惠性、基础性、兜底性民生建设,当前,在发展中保障和改善民生是中国式现代化的重大任务。必须坚持尽力而为、量力而行,完善基本公共服务制度体系。[2]在城乡融合发展的进程中,必须推动城乡基本公共服务均等化,实现两个空间基础条件的一体化[3],这对改善民生、实现乡村振兴战略目标,都有重大的现实意义。要实现基本公共服务均等化,就必须消除城乡、地区和群体间的差异性,而在这一目标中,最重要的就是缩小城乡间的差异。要实现基本公共服务均等化,在重点缩小城乡差异的基础上,应采取以下措施。一方面,从体制上进行变革,并在政策上进行调整,从而使城乡公共服务的二元格局得到改善,达到均衡发展的目的[4]。一是推进城乡义务教育、初等教育与高等职业教育相结合,扩大优质教育资源,逐步缩小地区间、城乡间的差异;二是推动城乡一体化的公共卫生服务体系,促进城乡医疗资源的合理分配;三是加快建立劳动就业制度,实

---

[1] 杨健燕、张宝锋等:《河南共享发展:现实与未来》,社会科学文献出版社2017年版。
[2] 《中共中央关于进一步全面深化改革 推进中国式现代化的决定》,人民出版社2024年版,第35页。
[3] 刘守英、熊雪锋:《我国乡村振兴战略的实施与制度供给》,《政治经济学评论》2018年第4期。
[4] 张骞予:《以城乡公共服务均等化促进新型城镇化》,《宏观经济管理》2013年第10期。

现城乡劳动力市场的统一。另一方面，进一步深化公共财政制度改革，增强财政和资源分配以推动城乡之间的基本公共服务均等化，并完善税收调节、社会保障和转移支付等调节机制，加大税收调节力度，完善公共资源出让收益的合理分配机制。

（四）收入分配公平制度

共享发展理念是指导中国经济社会发展的重要发展模式，该理念旨在让改革与经济发展的成果惠及全体人民，主要体现在收入分配方面，能够促进收入分配的公平性。在城乡融合发展中，收入分配制度主要包括以下内容：初次分配制度是指要建立一个以按劳分配为主、多种分配方式并存的城乡统一的劳动市场；再分配制度是政府综合运用转移支付、税收、社会保障和其他基本公共服务供给等公共政策途径，以公平为导向，对城乡居民收入进行调节。构建基础性的分配制度体系是促进农民农村实现共同富裕的重要路径，应当妥善处理按劳分配以及按生产要素分配的关系，并且要充分发挥税收和社保的功能作用，此外还需要完善第三次分配的制度框架[①]。要实现收入分配公平需实施以下措施。首先，必须完善初次分配制度，要建立健全农户和市场之间的利益联结机制，引导农户按照自己的意愿以土地经营权入股，通过保底分红、股份合作等方式提高农民经营的收入。其次，要进一步发挥市场化的作用，将资源转化为资产、资本转化为股份，使农户成为股东，确保农户的财产收益持续增加。再次，要对收入再分配制度进行完善。要完善对农户的补贴制度，探索建立"普惠型"农户补贴制度。在税收制度方面，推动农业发展、提高农民收入，对农业生产者实行增值税、所得税等方面的优惠。从社会保障层面看，要进一步健全城乡基本养老保险制度。最后，要确保制度系统的开放性。在今后的发展过程中，中国政府应采取一种开放的态度，逐步缩小贫富差距，实现财富分配的均衡化。

七 农村社会保障制度体系

社会保障制度是政府通过国民收入再分配的方法，向低收入人群、无收入者等无法维持基本生活的社会成员提供金钱或物质帮助的一种制

---

① 杜志雄：《共同富裕思想索源及农民农村实现共同富裕的路径研究》，《经济纵横》2022年第9期。

度，旨在维护社会的公正与稳定。在农村社会保障体系中，既要重视社会保障对农村人口的全面覆盖，又要重视对农村社会中的弱势群体的关注，唯有如此才能平衡区域之间的利益，为乡村振兴的实现提供一个稳定的环境。在国家深入推进乡村振兴战略实施的进程中，农村社会保障体系的健全和实施对于农村社会保障体系的可持续发展、人民群众享有美好生活和促进农业农村经济发展都有十分重要的作用。目前，农村社会保障制度主要分为三大类。第一类是新型农村社会养老保险制度。2018年，中国将农村社会养老服务能力纳入社会保障体系，并在此基础上，建立了一套面向社会、市场的新型农村养老保险制度。第二类是新型农村合作医疗制度。自 2013 年起，国家将"新农合"和城镇居民医保相结合，以农村的现代化建设为基础，稳步构建了覆盖城乡的医疗保险体系，以确保农村和城镇居民能够平等地获得医疗服务。第三类是农村社会救助制度，它包括"五保户"供养体系、农村低保体系、农村减贫体系等，在国家和地方政府的共同努力下，中国已经建立起了一个以"五保"为主要对象，以教育、住房、医疗、司法等专项救助和临时救助为主的新的社会救助体系。

（一）最低生活保障制度

最低生活保障是指国家为家庭人均收入低于当地生活最低标准的低收入人群提供的一种救助。实施最低生活保障制度使低收入家庭得到了政府的救助，该制度保证了低收入人群的生存权利，有利于维持社会稳定，因此中国的"惠民生、促发展"成为一项重要的社会保障目标。在脱贫攻坚阶段，最低生活保障制度属于"社会保障兜底一批"的重要举措，让很多生活困难的贫困户顺利地摘掉了贫困的帽子，为国家消除绝对贫困、打赢脱贫攻坚战作出了巨大贡献。近年来，在国家政策的指导下，中国对城市和农村的低保制度进行了积极的探索与调整，并取得了显著的效果。2021 年 6 月，民政部发布了《最低生活保障审核确认办法》，修改了过去对"城市低保""农村低保"等概念的解读，将"城市低保"和"农村低保"统一为"最低生活保障"，消除了"城市低保"和"农村低保"的区别，并在全国范围内提出了"城乡低保"统筹发展的要求。在国家"统筹城乡发展"战略深化和城乡融合深入发展的大背景下，降低城乡"低保"标准已经成为各级政府共同努力的目标。然而，城市与农村的固有差异与路径依赖致使城乡最低生活保障的一体化程度不完全相同，进而造成其所处的体制与运行环境均有不同程度的差异，这就决定了城乡最低生活保障一体化将经历一个漫长的过程。由于受经济基础、区位条件、民风民俗等因素的影响，中国大部分地区呈现显著的城乡二元结构，城乡社会经济发展水平也有较大差别。因此，在统筹城乡低保工作中，政府需发挥主导作用，号召群众积极配合，调动社会力量，形成全民共建的格局，逐步推进城乡低保制度的统筹实施，以此促进社会的公平正义，最终增强人民的幸福感和获得感。

（二）城乡居民基本医疗保险制度

医疗保险是指通过收入再分配，为患者提供最基本的医疗服务的一种经济制度，城乡居民基本医疗保险制度是指在一定行政区域内，通过政府组织引导，以城乡居民个人缴费与政府补助相结合的方式筹集资金，重点保障参保居民基本医疗需求的社会保险制度。中国的医保制度起步较晚，改革开放以前，医保制度主要由公费医疗与农村合作医疗共同承担，参保人数较少，报销比例较低；改革开放后，医保制度以城镇职工基本医疗保险、城镇居民基本医疗保险和新型农村合作医疗保险为主体，其覆盖面扩大，受益人数增多。2016年，国务院发布了《关于整合城乡居民基本医疗保险制度的意见》，其中明确了"将新型农合与城镇医保相结合""在国家层面开展试点"等一系列改革举措。此后，各省份相继开展了有关城乡居民医疗保险的试点工作，将新型农村合作医疗与城镇居民医疗保险相结合，建立城乡居民医疗保险，将职工医疗保险和居民医疗保险并轨，这是医保制度"三步走"的一个重要出发点，也是全面实现全民医疗保险体系建设的关键一步。在将新农合与城镇医保相结合的基础上，城乡居民医保实行了"六统一"，"六统一"的要求更加精确，并且其范围涵盖农村和城市的其他居民。国家医疗保障局的数据显示，中国城乡居民医疗保险试点工作开展至2017年，参保人数出现爆发式增长，并呈现"小高峰"的态势，到2023年底，基本医疗保险的覆盖率已基本维持在95%以上，基本医疗保险参保人数达到133389万人，其中城乡居民基本医疗保险参保96294万人，从整体上看，城乡居民医疗保险制度建设取得了一定成效。并且，城乡居民基本医疗保险采取的是财政补助和个人缴费相结合的定额筹资模式，这在一定程度上缓解了城乡居民医疗保险的支付压力，有效防止了因疾病导致的家庭返贫。当前，在城乡居民医保系统经过统一后，已覆盖了绝大部分医疗保险，基本达到了"应保尽保",并且在实际操作过程中,对住院和重大疾病的补偿能够达到60%以上。

(三)城乡居民基本养老保险制度

城乡居民基本养老保险制度是遵循全覆盖、保基本、有弹性和可持续的原则,以增强公平性、适应流动性和保障可持续性为主要内容的一种新型社会养老保险制度,城乡居民基本养老保险制度的主要受益对象是年满16周岁(不包括在校学生)、非国家机关和事业单位工作人员及不属于城保覆盖范围的城乡居民。中国目前的城乡居民基本养老保险制度存在个人缴费、集体补贴和国家补贴三种不同的基金来源,其运作模式的核心由资格确认、筹资和支付三个部分组成,其流程是由符合城乡居保参保条件的群体,按照自愿参保、自愿选择缴费档次的原则,由地方财政根据个人所选择的参保档次,适当地进行补助。其中:个人缴费,由地方人民政府对参保人的缴费进行补贴,集体补助,包括其他社会经济组织、公益慈善组织、个人对参保人的缴费资助等,都要记录在个人账户中,并且个人账户中的存款金额要根据国家的规定来计算。之后,把城市和农村的养老金放入社会保障基金的财政专户,分别进行核算和使用,需按照规定,向符合条件的个人缴纳由基本养老金和个人账户养老金两部分构成的城乡居保金。此外,城乡居民基本养老保险制度能够因地制宜发展,在中西部地区,基本养老金一般是由中央财政全额补助的,而在东部地区,一般是由中央财政和地方财政共同补助的。若是长期缴费者,地方财政可根据实际情况,适当提高基础退休金标准,而个人账户养老金是根据城市保险公司的个人账户养老金计算系数,由养老保险个人账户的余额除以退休年龄确定的计发月数计算得到的。

第二节 共同富裕目标下全面乡村振兴的制度逻辑

在新时代,党中央作出了重要战略部署,以推进国家治理现代化,巩固和拓展脱贫攻坚成果,实现乡村振兴战略,最终实现共同富裕。全面深化改革的总目标就是使社会的治理结构达到现代化,并将这个问题贯穿经济和社会的各个方面及深化改革的全过程。而要达到这一目标,关键是建立起一套完善的制度体系。乡村振兴、共同富裕与国家治理现代化存在明显的时间耦合关系，在中国巩固拓展脱贫攻坚成果、实施乡村振兴与推动共同富裕的过程中，需要按照国家治理现代化的总体要求，建立与之相适应的制度体系。制度逻辑是连接政策目标与实施效果的桥梁，它涉及政策的设计、执行、监督和反馈等多个环节。全面乡村振兴的制度逻辑，就是要构建一个全方位、多层次、宽领域的制度体系，这个体系要能够激发农村内部活力，优化资源配置，提升农业竞争力，同时保障农民权益，促进农民增收，实现农村社会和谐稳定。基于此，本节以共同富裕目标下乡村振兴制度体系的逻辑顺序为基础，从制度环境、制度结构和制度保障三个方面出发，对其进行系统阐述，以期为夯实脱贫攻坚成果、促进乡村振兴、实现共同富裕奠定坚实的基础。

一 共同富裕目标下全面乡村振兴的制度环境

党的二十大报告明确指出要巩固拓展脱贫攻坚成果，提升低收入群体的内生发展动力，推动乡村产业、人才、文化、生态、组织振兴，而巩固拓展脱贫攻坚成果同乡村振兴战略有效衔接，是推进共同富裕进程中的重要步骤。中国共产党自诞生以来就把反贫困作为不懈奋斗的使命目标，始终坚持团结带领人民群众摆脱贫困，实施乡村振兴战略，扎实推进共同富裕，这离不开中国在政治制度、经济政策、思想建设及生态观念等方面的环境建设。结合这四个方面系统研究共同富裕目标下全面乡村振兴的制度环境，不仅可以让更多、更好的发展成果公平地造福全体人民，还可以让人民群众生活水平实现更高质量的发展，并稳步向实现共同富裕的伟大目标迈进。

（一）政治环境

政治环境是指特定政治主体在从事政治生活时所面临的各种现象和条件的总和，它可以被划分为政治体制内环境（政治资源、模式、局势）和政治体制外环境（自然、社会、国际环境等）两个相对的部分。中国的政治环境是在中国共产党的领导下，坚持和完善中国特色社会主义制度，推进国家治理体系和治理能力现代化的过程。中国的政治制度包括人民代表大会制度、中国共产党领导的多党合作和政治协商制度、民族区域自治制度以及基层群众自治制度等。在中国的制度体系中，中国共产党是总揽全局、协调各方的核心领导力量，它表现出了强大的凝聚力，提出了"推进国家治理体系和治理能力的现代化"这一目标,并在每一个领域都作出了精准化、系统性的制度安排,使国家治理面临的各种具体社会问题与矛盾能够得到及时的解决,进一步推动国家治理能力优化提升。

正是中国共产党的强大领导,才使中国脱贫事业获得了空前的成功,其卓越能力主要表现在为扶贫工作提供强有力的政治和组织保障,中国政府把扶贫工作纳入国家"五位一体"总体布局和"四个全面"战略布局,加强了对扶贫工作的统筹协调和有力推动。并且,中国政府强化"中央统筹,省级负责,县级抓落实"的工作机制,全面推进脱贫攻坚工作,将党的建设与脱贫工作结合起来,通过党建扶贫机制来激发基层党组织的治理能力,使其更好地发挥作用,从而有效地解决在政策实施中遇到的难题。自乡村振兴战略提出以来,党和国家始终强调坚持和加强农村基层党组织对农村工作的全面领导,建立以基层党组织为领导的村级组织体系,充分地发挥党领导的乡村治理主体优势。首先,加强党的领导确保了乡村治理行动始终服从于党的路线、方针、政策以及决策部署,为巩固党的执政基础、推动乡村振兴战略的实施提供了有力的政治保证。其次,在利益交织、复杂多变的乡村治理中,中国共产党凭借其强大的组织动员能力切实把握乡村治理现代化的主线任务,保证乡村治理行动始终坚持以人民为中心的价值立场。最后,加强党的领导有利于加强村党组织负责人"一肩挑",有利于全面统筹村庄党务、村务和经济工作,将各类乡村治理主体有序地组织动员起来,形成多元主体协同治理的工作合力。在中国共产党的坚强领导下,中国不仅在政治上保持了稳定,还在经济、社会、文化等多个领域取得了显著成就,形成了有利于国家长治久安和人民幸福生活的良好政治环境,构成了中国在新时代实现共同富裕的基本保障。

(二)经济环境

经济环境是指组成经济发展的社会经济条件和国家的经济政策,是影响消费者购买力和消费方式的重要因素,其中包含收入的变化、消费方式的变化、生产力的发展等。由于生产力决定社会发展,中国目前还处于并将长期处于社会主义初级阶段,社会财富还不够充实,还需要进一步加快发展社会主义生产力,为实现共同富裕筑牢坚实的经济基础。为了更好地满足人民群众对美好生活的需求,中国充分利用其在持续提升社会主义生产力方面的优势，为各领域、各区域实现共同富裕提供了动力源泉。

中国在实现第一个百年奋斗目标的过程中，走出了一条以经济建设为中心，解放和发展生产力的道路，为其他发展中国家进行农业转型升级、消除饥饿与贫困问题提供了可借鉴的经验。习近平总书记在党的十九大报告中指出，必须始终坚持以发展为首要任务，以经济建设为中心，解放和发展社会生产力。中国一直以来都将发展放在首位，不断深化改革以激发经济增长的动力和发展的活力，促进经济增长模式和农业结构调整以支持低收入人群，充分调动社会上各种经济主体的创造性和积极性。乡村振兴的核心在于人民的富裕，发展生产力也是人民富裕的关键所在，因此，把物质资料的生产与再生产作为乡村振兴战略的逻辑出发点也是马克思主义政治经济学基本原理的根本要求，故脱离了生产与再生产就不能正确地实施乡村振兴战略。乡村振兴标志着中国特色社会主义进入了新时代，主要体现在社会主要矛盾发生了变化，农村社会经济发生了深刻变化，此变化的决定性因素就是农村生产方式的变化。在实现"两个一百年"奋斗目标的进程中，"三农"问题一直是最大难题，"三农"问题作为发展"瓶颈"，是解决人民日益增长的美好生活需要和不平衡不充分的发展之间的矛盾，以及实现共同富裕的突破点。因此，将物质资料的生产和再生产作为逻辑起点，以农业生产方式和生活方式转变为逻辑路径，以共同富裕为逻辑目标，有助于构建和完善乡村全面振兴战略的逻辑框架。

（三）思想环境

思想环境指的是客观存在并反映在人的意识中，经过思维活动而产生的结果或形成的观点及观念体系，这是经过长期发展而形成的，其主要内容包括价值观念、行为方式、宗教信仰和风俗习惯等。为了营造良好的思想环境，中国高度重视基层治理和发展，并且基层治理的每一项任务行动都以推动国家资源有效惠及全体农民为目标，以党和国家带领基层群众团结奋进为底色，稳固党的执政基础和群众基础，彰显人民本位的价值优势，始终坚持一切为了人民、一切依靠人民的思想观念。

党的十八大以后，党中央以农村人口全部摆脱贫困作为全面建成小康社会的衡量标准，将农民群众的生活情况与国家发展前途命运紧密关联起来，号召全国上下开展了轰轰烈烈的脱贫攻坚战。此后，在党的十九大提出乡村振兴战略之时，脱贫攻坚战已经进行了两年，每年脱贫人数保持在1000万以上，并且精准扶贫力度持续加大。2020年，中国脱贫攻坚战取得了全面胜利，解决了长达千年的农村贫困问题，兑现了党和国家对亿万农民群众的庄严承诺，为乡村振兴奠定了扎实的物质基础和群众基础。并且，党中央强调以"治理有效"作为乡村治理的发展目标，通过乡村振兴、社会治理不断向乡村基层下沉，有效解决了长期积聚的乡村治理问题，让改革发展的成果惠及全体人民。当前中国农村与城市的人居环境有明显差距，存在基础设施落后、民生领域欠账较大、生态环境被破坏、农村居民生活质量低等问题。因此，"十四五"时期开始实施乡村建设行动，乡村建设行动是党和国家帮助农民创造美好生活的举措，通过城乡融合治理，加强城乡社区一体规划和基础设施建设力度，优先建设乡村道路、仓储物流等有利于生产生活的基础设施建设。乡村建设行动有利于农村实现共同富裕，共同富裕坚持以人为本，以实现人的自由全面发展为终极目标，共同富裕放弃了以往对物质、资源、资本的过分强调，并将它们作为经济发展的决定因素的一贯做法，转向了对人的需要和人的全面发展的关注，其内容既包含人的获得感、幸福感、安全感的实现，也包含人的自主性、创造性、价值塑造以及自我实现程度的稳步提升，它们共同构成共同富裕的表征。总体来说，从人民的视角出发，共同富裕并不是少数人的事情，确保全体人民都能体验到成就感、幸福感和安全感才是推动共同富裕和实施乡村振兴战略的初心与归宿。

（四）生态环境

生态环境是一种与人类社会和经济可持续发展密切相关的复杂生态体系。人们为了自身的生存与发展，在利用与改造自然的过程中，对自然环境造成破坏与污染，从而产生了对人类生存构成威胁的消极影响。中国非常重视营造良好的生态环境，始终坚持可持续发展理念，可持续发展理念是科学发展的基础，该理念与中国实际相结合，对中国特色的社会主义生态文明建设体系进行了进一步的充实与发展，为马克思主义生态理念增添了新的生机，并且与社会主义现代化的绿色可持续发展理念相契合。

生态扶贫有利于中国的生态环境建设，其通过建设重点生态工程，实施生态补偿机制，并结合当地的资源特点，发展与其相适应的生态产业，从而较大程度地提高了低收入人群的收入。以生态工程为主体的生态扶贫方式不仅可以为低收入的农民带来更高的工资收入和更好的福利待遇，而且可以提高区域的生态功能，降低农民的卫生医疗费用，保证欠发达区域的经济社会可持续发展。作为一种地域综合体，乡村与生态环境有着密切的联系，良好的生态环境，不仅是实现"三农"目标的关键，也是实现"三农"目标的根本保证，并且在改善生态环境的过程中，还可以有效激发乡村振兴的潜能，为乡村的产业、人才、文化等提供一个良好的发展空间。基于此，在人与自然演化的过程中，应当持续深化对乡村振兴和共同富裕的认知与实践，提升乡村生态治理能力，巩固社会主义生态文明的底色，挖掘乡村生态自身的经济价值，这是推进乡村振兴的必然选择，也是评价乡村振兴成效的重要标准。同时，人与自然的关系是中国政府在新的历史条件下应当优先重视的问题，生态环境问题属于重大政治、经济、社会和民生问题，它不仅与党的性质、宗旨紧密相连，还与经济社会的可持续发展及民生福祉密切相关，因此正确对待人与自然的关系是促进人类走向共同繁荣的必由之路，良好的生态环境能够转化为促进经济社会发展的强大动力，满足人民的美好生活需要，人与自然和谐共生的现代化社会能够为实现共同富裕提供坚实的物质基础。

二 共同富裕目标下全面乡村振兴的制度结构

自中华人民共和国成立以来，经过长期的探索和不断的改革，中国已经逐步建立和完善了社会主义制度，国家治理取得了历史性成就。党的十八大以来，以习近平同志为核心的党中央站在新的历史起点上，通过深化改革和完善中国特色的社会主义制度，推进国家治理体系和治理能力的现代化，获得了举世瞩目的理论和实践成就。基于此，新时代的国家制度建设在中国的现代化进程中被置于更为突出的地位，"制度"成为国家治理的关键词。有学者基于社会行动理论，提出了"现实—价值"目标互动分析视角，该视角关注的是具体社会行为及行为的意义，即行动者在行动目标系统中，对其所实施的社会行为所达到的实际效果及其背后所包含的价值取向的看法。"现实—价值"目标互动分析视角强调对行为主体的行为进行宏观的价值叙述，"现实—价值"分析主要包括"现实诉求"和"价值诉求"①，分为两个向度的目的是揭示出在特定的社会行为表面下，行动者行为目的的差异性。乡村振兴和共同富裕目标自提出以来，便是相互关联、相互促进的关系。共同富裕是社会主义的本质要求，是人民群众的共同期盼，而要实现共同富裕，乡村振兴是必经之路。基于此，立足"现实—价值"目标互动分析视角，对共同富裕目标下全面乡村振兴的基本逻辑和内在机制进行分析，有助于为新时代中国巩固脱贫攻坚成果、推动国家治理能力现代化提供有益的政策建议。

（一）现实视角下的制度结构

现实视角是指行动者所采取的理性行动在现实层面取得的实际效果，衡量行动实践是否能够有效解决现实问题②。自乡村振兴战略实施以来，中国农村人居环境持续优化，水、电、路、气、信、邮等基础设施不断完善，车的数量以及农村自来水普及率不断攀升，与此同时，中国在探索共同富裕的过程中，打破了市场经济与社会主义制度的长期对立，建立了社会主义市场经济体制，提出了"先富带动后富"的社会经济发展方针。并且中国致力解决发展过程中的现实问题，构建有为政府、建立有效市场、完善有序社会，充分发挥了政府在重大战略中的领导作用，以市场机制为引导发展经济，增强了人民群众的获得感和幸福感。

1. 构建有为政府

"有为政府"具有责任、协作、服务和共享的特点，为了塑造"有为政府"中国政府采取了一系列行动：一方面，积极推动城乡低保体系的改革，缩小城乡低保水平的差距，促进城乡、地区间的统筹衔接；另一方面，加强城乡居民的教育、医疗、住房保障等方面的社会救助，从收入、教育、就业、社会参与、权益保障等多个角度出发，对救助对象的范围和评估标准进行了界定，并对救助的内容、原则和具体的实施方式进行了细化和改进，以财政拨款为主，对社会救助主体进行引导和鼓励，促进慈善事业和社会救助之间的有效衔接，并对社会救助的实施方案进行优化，对人员信息的采集和监测机制进行改进，进一步完善进入和退出机制，最终达到对救助对象进行动态管理的目的。

---

① 严俊：《艺术乡建与文化自觉：关于目的、过程与影响的社会学思考》，《艺术工作》2021年第6期。

② 段雪辉、李小红、赵欣彤：《"现实—价值"目标互动视角下的合作社养老行动分析》，《山西农业大学学报》（社会科学版）2022年第3期。

要实施乡村振兴战略，离不开有为政府的支持和引导。首先，应高度重视基层党组织对农村发展的引导作用，进一步加强党的全面领导，完善五级书记抓乡村振兴的工作机制，把党的集中统一领导与乡村振兴战略、政策等有机结合起来。其次，应从制度设计、规划引导、政策扶持、法律保护四个层面，进一步强化市场监督管理、维护市场秩序、促进市场公平竞争、防止市场失灵，从而为建立健全农村市场体系提供坚实的制度支撑和稳定的政策环境。再次，应进一步推动农村全面改革，加强农村各项改革的系统性、整体性和协同性，探索行之有效的改革途径，并将农村改革的成功经验进行总结和推广。最后，要创新"三农"工作体制和机制，加强政策之间的协调性，强化对人才、土地、财税、金融等各个方面的政策支持，重点关注农村产权交易和农村人才队伍的建设，加快建立支持农村市场的配套服务体系和风险防范体系，探讨在整体上促进"三农"工作发展的具体政策和实施方案。

2. 建立有效市场

市场机制对中国经济的发展具有至关重要的作用，市场机制使贸易障碍逐步被打破、贸易环节日益畅通、交易费用不断下降。基于此，中国政府提出了构建"有效市场"，有效市场是指既可以利用价值规律来调整农村资源配置，以实现乡村振兴的最大效能，在政府的宏观调控下，建立对农民有充分激励的利益分配和收益分享机制，促进全体人民实现共同富裕。这既有助于激活乡村地区的生产要素，也有助于农民跨越市场门槛并融入市场，实现从"自然人"到"市场人"的转变。2015年，习近平总书记在扶贫与发展高级论坛上指出，要增强市场机制的益贫性，推动经济和社会的全面发展，并采取一系列更加具有针对性的重要发展措施。于是，在精准扶贫过程中，建立有效市场可以推动市场机制更有效地发挥作用，使生产力和生产资料得到更为合理的配置，从而最大限度地激发生产力的潜能。同时，要发挥重点企业在脱贫攻坚过程中的重要作用，鼓励、支持和引导企业与普通农户之间建立起一种多元化的利益联结机制，从而形成一个更加包容的"益贫市场"，为实现乡村振兴奠定坚实的基础，这也是新发展格局中不可或缺的一部分[1]。

---

[1] 涂圣伟:《脱贫攻坚与乡村振兴有机衔接：目标导向、重点领域与关键举措》，《中国农村经济》2020年第8期。

在新时代背景下，中国应根据社会主义市场经济的基本规律和原则，提升建设效率。首先，要坚决鼓励、支持和引导农村的个体经济，加快新型农业经营主体的培育，细化和量化政策扶持措施，使农村市场更加丰富、繁荣，并全面提高农村消费水平，促进城乡生产与消费的有机结合，促进农村经济的多元化。其次，要加速建立全面开放的要素市场，使市场能够对土地、劳动力、资本等生产要素进行有效的开发和利用，提高要素的配置效率。最后，要以有效市场为导向，通过投资拉动、技术驱动、产业带动等方式，激活并充分利用农村特色资源，令其与成熟的商品市场体系和完善的要素市场体系相结合。

3. 完善有序社会

完善有序社会是指一个社会系统在结构、功能、管理等方面达到较高水平的协调与和谐，社会秩序良好，公民权利得到充分保障，社会矛盾和冲突得到有效化解，社会成员能够有序参与社会治理，共同推动社会进步和发展。社会扶贫为完善有序社会提供了极大助力，对打赢脱贫攻坚战、全面建成小康社会都有着特殊意义。脱贫攻坚不仅是国家的一项任务，也是整个社会的一项责任，应以脱贫攻坚为中心，统筹经济社会发展，加强社会扶贫制度建设，推进社会扶贫工作创新，发挥社会扶贫促经济社会发展的功能，全面释放社会扶贫的潜力，这将为新形势下扶贫工作指引前进方向并提供强劲动力。乡村振兴战略是一项对完善有序社会意义深远的实践活动，它旨在为人民大众谋求利益和福祉，对强化农村集体经济、丰富农村治理资源、促进农村社会和谐发展都能产生正面效应。乡村振兴战略能够对完善有序社会产生积极影响：首先，乡村振兴战略是一种内生的制度安排，在农村治理中，要使农民对工业发展、生态建设、文化建设和基础设施建设有较高的认同感，进而才能在根本上解决农村社会管理中存在的价值认同的共识问题。其次，乡村振兴涉及全体人民的共同富裕、整个农村的善治以及整个农村的文明，要扩大乡村社会治理的效果，就必须增加多元主体的参与，通过加强基层党组织建设，选拔优秀的村"两委"干部，实施"大学生村官"制度，派出"乡村振兴工作队"，吸收社会力量，以此加强乡村社会治理力量。最后，农村社会管理是一种以农民为主体的社会管理活动，在农村社会治理中，要通过产业发展、生态建设、文化建设和基础设施建设，使人民群众能够享受到乡村振兴的成果，有利于有序社会的构建。

当前，中国发展已进入新的历史阶段，人民的美好生活需要日益增长，对精神文化生活和物质生活都提出了更高的要求。精神富有反映了个体在精神生活层面的全面提升与满足，精神上的富有体现了全社会共同认可的社会主义核心价值观，涵养着全体人民的理想信念以及民族和国家的精神追求。全体人民精神富有是社会与国家的重要稳定器，能够进一步激发全社会向上向善的正能量，推动全社会文明程度不断提高，促进全体人民群众团结一心，携手共建有序社会。

（二）价值视角下的制度结构

价值视角是指人们在评价事物、行为或决策时所持有的价值观和标准。在价值视角下研究中国的制度结构，能够观察到中国政府始终坚持"发展依靠人民，发展为了人民"的思想与"为中国人民谋幸福，为中华民族谋复兴"的初心使命，在党和政府对乡村振兴战略所提出的五大发展要求中，都强调了以人为中心的发展理念。从政治全局来看，要实现乡村振兴和全体人民的共同富裕，必须体现以人民为中心的价值导向，把人民放在第一位，把群众的利益转化为共同富裕的动力①。在实施乡村振兴战略和推进共同富裕的过程中，中国取得的成绩体现了中国共产党人民至上的执政理念，有助于推进国家治理体系及能力现代化，并在发展中保障民生。

1. 深化人民利益至上执政理念

"以人民满意为中心"是政府工作成效的评价标准之一，也是根本价值标准。因此，人民是乡村振兴的出发点，乡村振兴要坚持以群众为标准。习近平总书记曾说："走得再远、走到再光辉的未来，也不能忘记走过的过去。"②党采取在农村建立人民政权、实行土地集体所有制、兴修农田水利、普及义务教育等措施，目的就是让人民过上更好的生活。进入新时代，党中央在脱贫攻坚的顶层设计、资金筹集、领导体制、监督验收等环节加大了工作的力度，将重点放在了壮大农村产业、改善农村环境、提升农村基层治理能力等方面，推动农村地区可持续发展，力争不让任何一个人在脱贫的道路上掉队。

---

① 唐任伍、史晓雯：《新时代共同富裕的价值取向、价值追求和价值实现》，《新疆师范大学学报》（哲学社会科学版）2023年第4期。

② 中共中央宣传部编：《习近平总书记系列重要讲话读本（2016年版）》，学习出版社、人民出版社2016年版，第30页。

人民是乡村振兴的出发点，让农民在更大范围内过上更好的生活是乡村振兴的目标，在乡村振兴战略的实施过程中，中央给贫困地区设定了 5 年的过渡时期，在这 5 年里，将继续坚持"四不摘"的方针，把巩固脱贫成果与乡村振兴有机地结合在一起，这充分显示了中国共产党对历史、对人民的高度责任感和使命感。乡村振兴是服务人民群众的手段和途径，从根本上让老百姓得实惠，而共同富裕是全人类共同追求的理想目标，在各个历史阶段，中国政府都对共同富裕十分重视，并进行了深入的理论探讨与实践探索。例如，分配制度是一种与人民利益密切相关的制度，它与实现共同富裕目标有直接的联系，即要实现共同富裕，就必须有以按劳分配为核心的中国特色社会主义的分配制度作为支撑。首先，要在人民至上的价值观指导下，对第一次分配制度进行改进，将效率和公平结合，发挥按劳分配的优点，增加劳动报酬，同时，发挥市场的作用，健全市场对生产要素（如劳动、资本、土地、知识、技术、管理和数据）的贡献，并根据其贡献程度确定工资。其次，要在以人民为中心的价值观指导下，进一步改进收入再分配，充分发挥政府在收入分配中的作用，改善收入分配的不均衡状况，提供基础公共服务以实现收入的均衡发展，从而提高收入的公平性。最后，要在人民至上价值观的指引下，基于道德原则"灵性力量"的影响，自愿通过募捐、捐助、补助等慈善活动，实现积极、主动、和谐的互助型的再分配。

2. 推进国家治理体系及治理能力现代化

党的十八大以来，以习近平同志为核心的党中央高度重视扶贫工作，对贫困地区、贫困群众的生产生活给予了深切的关注，把精准扶贫工作列入"五位一体"总体布局和"四个全面"战略布局，并将其放在全国治理的重要位置。乡村振兴是一个全面的治理实践过程，它促进了制度的建构与实施，而现代化的国家治理离不开一套完备的治理体系，能否按照现代化的治理目标与标准建立一套完善的治理体系，是评价国家治理能力的重要内容。在实施乡村振兴战略的过程中，国家应针对农村的发展需求，持续地完善具有可行性和操作性的保障制度，例如，在农村产业发展过程中，要规范下乡工商资本、农民和合作社等参与主体的行为准则；在农村生态治理过程中，要完善现有的生态保护法律、法规；在农村治理体系中，要进行治理制度、组织等方面的创新。此外，系统实施流程的畅通无阻是系统目标得以实现的保障,目前,在国家治理中存在很多制度执行方面的困难,由于政治生态、地方或部门利益、政治文化、治理主体内部结构等多种因素的影响,会出现"政策执行阻塞",使政策的实施不顺畅,甚至停滞,最终造成政策目标无法顺利实现。而乡村振兴战略作为当前党和国家正在积极推动的一项重要战略,为集中解决制度执行的障碍提供了条件和可能。

一个国家要实现现代化,不可能将其传统性和现代性彻底地分离,因此立足自身的优秀传统文化,并发挥特点和优势,走扬长避短的现代化道路,最终才能取得成功。某些发展中国家走"西方现代化"道路的失败,警示其他国家在没有完全了解本国实际的情况下,一味地模仿,只能导致"水土不服",而中国式现代化是中国共产党领导的社会主义现代化,既有各国现代化的共同特征,更有鲜明的中国特色,它以共同富裕为表征,具有深厚的文化底蕴,这是中华优秀传统文化价值观的一种理性回归。

3. 在发展中保障和改善民生

天下之大,民生为最,民生问题,事关社会安定、国运、党的兴亡,提高人民的生活水平,要高度重视、严肃对待、从全局出发、从小事做起。中国共产党作为一个无产阶级政党,重视民生、保障民生、改善民生不仅是其阶级属性的最核心体现,也是其最鲜明的执政理念。中国共产党自成立以来就十分重视民生问题,无论是革命、建设、改革、发展,还是实现民族复兴,都将民生问题作为发展的根本出发点和归宿。2020年以后,在完成脱贫攻坚目标任务的基础上,中国共产党致力创造更高质量、更高标准、更高水平的改革发展成果,这是在解决更高层次上的民生问题,而相对贫困作为当前最现实、最迫切的民生问题,其存在将在很大程度上阻碍社会保障与民生问题的解决。

在中国经济快速发展的浪潮中,保障和改善民生始终是党和国家工作的重中之重,随着社会的不断进步和经济结构的转型升级,民生问题呈现多样化、多层次的特点。为了实现全体人民共享发展成果的目标,中国政府采取了一系列切实有效的措施,以确保在发展过程中民生得到持续的保障和改善。例如,在乡村振兴的乡村治理实践中,持续改善民生是必不可少的,这也是实现共同富裕的最好诠释,因此要实施乡村振兴、增进共同富裕,进而使人民的生活得到改善。但人类生存环境的改善是一项具有长期性、艰巨性和复杂性的系统工程,在新发展阶段,中国政府必须突出民生,调整保障和改善民生结构,增强社会保障的有效性、共享性和可持续性。一方面,要把重点放在改善民生方面,既要把"蛋糕"做大,为人民的美好生活打下坚实的基础,又要把"蛋糕"做好,为提高人民的生活水平做好准备。为此,必须健全中央和地方的事权与财权划分体系、城乡统一的民生保障体系、民生工作的考核和监督体系等。另一方面,要着力解决民生问题,提高人民生活水平。抓好民生方面的重点工作,把人民群众最关注的事情抓牢,把教育、就业、医疗、社保和养老等方面的短板补齐,推动基本公共服务的均等化,增加对人力资本的投资,健全养老和医疗保障体系,建立兜底救助体系及住房供应和保障体系。

三 共同富裕目标下全面乡村振兴的制度保障

从党的十八大到党的十九大,中国先后提出了脱贫攻坚和乡村振兴战略。直到党的二十大,又一次强调全面推进乡村振兴。脱贫攻坚和乡村振兴战略已成为新时代中国为缩小城乡发展差距、促进城乡人民实现共同富裕的重要战略举措。然而,现阶段中国城乡要素市场交换壁垒[①]、农村基础设施落后[②]、农村地区社会保障普遍较弱[③]等问题依旧严峻。这些问题不仅是巩固脱贫攻坚成果需要重点解决的问题,也是实施乡村振兴、实现共同富裕道路上需攻克的主要难题,创新并建立科学完善的制度保障体系是有效解决这类难题的重要途径。

(一)组织领导机制

从乡村振兴到共同富裕,责任主体发生了巨大变化,乡村振兴的责任主体为农民、乡村人才和"三农"工作队,而共同富裕的责任主体是政府、市场、企业、社会组织以及每一个社会成员。基于此,乡村振兴需要探索建立由各级党委、政府和村民群体共同构成的多元主体协同管

[①] 李实、陈基平、滕阳川:《共同富裕路上的乡村振兴:问题、挑战与建议》,《兰州大学学报》(社会科学版) 2021 年第 3 期。

[②] 魏后凯、姜长云、孔祥智等:《全面推进乡村振兴:权威专家深度解读十九届五中全会精神》,《中国农村经济》2021 年第 1 期。

[③] 魏丽莉、张晶:《改革开放40年中国农村民生政策的演进与展望:基于中央一号文件的政策文本量化分析》,《兰州大学学报》(社会科学版) 2018 年第 5 期。

理责任机制。

目前，中国共产党为消除贫富差距和城乡差异作出了巨大的努力，但社会经济发展的不均衡现象依然存在，未来还需为解决发展不均衡、不充分的问题而奋斗。为此，在乡村振兴战略中，需要构建多元主体协作治理的责任机制。首先，要对脱贫攻坚的成功经验和创新机制进行系统的总结，包括党政一把手责任制、五级书记齐抓共管的领导机制，中央统筹、省牵头、市落实、行业支持的工作机制，以此凸显中国特色贫困治理的政治和制度优势。其次，要在乡村振兴多元主体协同管理的责任机制中，强化党建引领振兴的工作理念，以党建为纽带，吸收、整合各领域的优秀人才，加强乡村振兴所需的组织能力[1]。再次，要明确各级党委政府，这是构建多元主体协作治理的责任机制的核心，发挥驻村第一书记"领头雁"的角色作用，在借鉴脱贫攻坚领导机制的基础上，推动落实五级书记抓振兴的机制，并制定相关细则。最后，要充分调动其他社会主体的积极性，协调好党委政府、龙头企业、事业单位和第三方组织等多方力量，成立乡村振兴领导小组，形成科学的分工，统筹推进乡村振兴[2]，并将每个参与主体的主要责任落实到位。

在实现共同富裕的过程中，社会主义的发展离不开中国共产党对人民群众的正确领导。在塑造和谐稳定的社会环境方面，党的集中统一领导起着至关重要的作用，社会主义民主是稳步推进中国的现代化进程并最终实现共同富裕的基本保障，是推动共同富裕的"主心骨"。在新的发展阶段，要稳步推进共同富裕的进程，就必须强化党的集中和统一的领导，充分发挥党的各级组织总揽全局、协调各方的作用。首先，要严肃开展党内政治生活，坚持自身革命。在长时间的革命与自我革命中，党的先进性和纯洁性得到了磨炼，只有不断加强党的建设，坚持自我完善和自我净化，才能有效提升党领导人民实现共同富裕的能力。其次，要坚决维护党的领导和中央的权威，党中央是总揽全局的决策人，也是宏观路线、方针、政策的制定者，只有坚定地维护党中央定于一尊和一锤定音的权威，各级党组织才能跟上党中央的步伐，在实现共同富裕的进程中团结一致。最后，中国人民必须用习近平新时代中国特

---

[1] 梅立润、唐皇凤：《党建引领乡村振兴：证成和思路》，《理论月刊》2019年第7期。
[2] 豆书龙、叶敬忠：《乡村振兴与脱贫攻坚的有机衔接及其机制构建》，《改革》2019年第1期。

色社会主义思想武装自己,将其作为指引,提高全党和广大党员干部的政治领悟力、判断力、执行力,深入贯彻落实党中央关于促进共同富裕的路线、方针、政策,并有效解决在推进共同富裕的过程中遇到的各种问题。

(二)统筹协调机制

在理论逻辑上,乡村振兴与共同富裕之间有着密不可分的连续性和耦合性,并且两个领域的统筹协调工作在实践中也有不同的内容,这就需要各级党委政府做好统筹衔接和协同推进工作,始终坚持系统思维和全局规划,让各种政策相互配合、相互耦合,在协调平衡中充分发挥整体效能。乡村振兴工作要从项目、资金、人员等多个方面着手,努力提高统筹规划的科学性、合理性和可持续性,既要统筹兼顾,又要突出重点;既要综合平衡,又要带动全局。首先,建立与重大项目协调配合的综合协调机制。对脱贫攻坚与乡村振兴协同推进的项目统筹机制进行创新,将涉及农业、乡村旅游业、绿色生态和水利、电力、交通、网络等基础设施建设项目尽可能地纳入乡村振兴项目的规划和实施,做到多规合一、同频共振。其次,建立一套有效的农用资金对接和使用机制。借鉴脱贫攻坚的贴息、担保等形式,加强财政投入的资金杠杆作用,吸引更多高质量的社会资本,并保证其持续流入乡村建设的第一线,为乡村的产业发展服务。最后,建立一支团结合作的工作团队。充分发挥农村工作队伍贴近乡村、农民这一优势,打造一支有能力、有热情、有经验的乡村振兴帮扶工作队,并且加大对"三农"工作的宣传力度,提高基层干部的业务素质,健全人才引进的优惠政策,确保各类人才的引进、留存和参与建设,让他们都能发挥所长,增强农村人才的获得感、幸福感。

在高质量发展的背景下,促进共同富裕也需要合理统筹:首先,从整体上减少贫富不均,收入差异对贫富差异的影响相当显著,家庭财产积累上的分化不仅影响了劳动力的社会再生产,也影响了社会不平等在世代之间的传导和持续[1],并导致收入不平等的进一步扩大,从而进一步扩大贫富差距。其次,统一处理好显性差异与隐性差异。隐性差异是

---

[1] 宋晓梧等主编:《不平等挑战中国:收入分配的思考与讨论》,社会科学文献出版社2013年版。

形成显性差异的根本原因，其实质是个人发展机会的不平等，这与人力资本的提高有直接关系，但人力资本差距的扩大又会引起收入差异。故消除显性差异的重点在消除隐性差异。再次，协调缩小私有物品与公共物品之间的鸿沟。在公共服务、基础设施等公共产品中，要对供给总量、结构和空间布局进行改进，尤其需要关注提高人们生活品质的领域，使人们可以更公平、更充分地享受高质量发展的福利，进而从根源上调动最广大人民群众的生产积极性和创造性，从而在减少全社会的私人产品差距方面发挥更大的作用。最后，齐抓共管、补足短板、夯实基础。基于不同人群的视角，在推进共同富裕过程中存在的突出问题，需要通过缩小城乡居民的收入水平以及公共服务水平之间的差距补齐短板。具体而言，中国的养老和医疗保障等公共服务领域存在一定的不足，需要在这些领域持续发力，以减少职工、居民以及城乡之间在筹资和保障水平上的差异。同时，要进一步完善社会保障体系，提高最低工资和社保标准，坚持改善困难群体的基本生活，巩固脱贫攻坚成果，夯实共同富裕基础。

（三）产业发展机制

持续提高农民收入是实现共同富裕的基本路径之一。农村居民收入低、城乡居民收入差距显著的主要原因是农村产业不发达、劳动力就业机会少、农村劳动生产率低。所以，要想实现共同富裕，就必须提高农村居民收入，缩小城乡收入差距，大力推动乡村产业振兴，并且从产业扶贫到产业兴旺，产业发展一直是解决"三农"问题的重中之重，也是实现脱贫攻坚目标的根基。

要想全面实施乡村振兴战略，就需要加快乡村产业的发展，不断提升乡村产业的可持续发展能力。首先，进一步调整农村工业的空间布局，逐步淘汰不适应市场需要、对农村地区生态环境和农民身心健康造成危害的落后产业，并将市场需要与当地自然资源和人文环境相结合，大胆引进一批创新科技产业，对当地农业特色或优势产业进行准确定位，利用"互联网+特色产业"或"科技+特色产业"，促进本土产业走向品牌化、连锁化，从而提高经济效益。其次，进一步调整农村产业结构，基于脱贫攻坚前期积累的产业发展成果，进一步向产业链和价值链方向延伸，使农民群体可以公平地享受附加利益。例如，西藏的山南市滴新村坚持"农牧结合，农林结合，牧草结合，循环发展"的原则①，以产业链的延伸和产业结构的优化为手段，促进藏族人民增收、脱贫。最后，深度调整农村产业发展方式，培育新型农业经营主体，建立多元主体间的利益链接机制，使抗风险能力较弱的农村产业能够在稳定的外部环境下更好地发展自身的"韧性"，从而形成农村产业发展的"共同体"，提升农村产业的核心竞争能力。此外，要注重收入分配的公平性，在此基础上探索建立"拥有集体财产权的合作社或者股份有限公司"②，使农民能够依照对劳动、资本和土地等资源要素的贡献，获得合理的回报，进而推动农村产业的健康可持续发展。

实现共同富裕战略目标的先决条件是效率，应该坚持发展生产力，不断促进现代工业体系的发展，进而提高富裕水平。首先，要扶持工业系统中的中小企业、乡镇企业，以增加就业机会，加强对城乡劳动力的吸收，增加居民工资收入，从而形成消费与需求的良好互动关系，最终带动农村现代工业系统的发展。其次，要促进生产要素流向知识型、高科技等产业领域，可以通过技术创新的外溢作用，提升产业系统的技术创新水平，使整个国家或区域的财富增长，还可以通过提升市场潜能和消费能力推动现代产业的发展，在产业发展的同时，对产业结构进行调整，最终达到共同富裕的目的。最后，在推进共同富裕的进程中，要通过深化要素市场体制改革，充分发挥市场的决定性作用，促进要素流动畅通，降低因不合理地配置要素而造成的效率损失，提高居民人均收入，加强教育、医疗等公共服务建设，为建设现代工业系统提供更高层次的人力与物力支撑。

（四）社会动员机制

社会动员能力是实现社会资源有效配置和社会力量有效整合必备的能力素质，是国家治理现代化的核心内涵。当前，中国已经建立起了一套相当规范、高效的社会动员系统，以各级党委、政府为脱贫骨干，广泛整合各方资源，推动地区之间的扶贫协作，为建立乡村振兴与共同富裕的社会动员系统奠定了坚实的人才和经验基础。乡村振兴具有地域性、全局性和全面性的特点，因此迫切需要构建一种更具内生性、更加常态化、更加贴合群体行为的社会动员机制。随着农村经济结构加速转变，

---

① 韩立达、史敦友：《民族地区乡村产业振兴实践研究——以西藏山南市滴新村为例》，《西北民族大学学报》（哲学社会科学版）2018年第5期。
② 岳国芳：《脱贫攻坚与乡村振兴的衔接机制构建》，《经济问题》2020年第8期。

纯粹农业所占的比重越来越小，农民对故乡的认同感和归属感也越来越弱，并且，在社会动员工作中，各级政府的角色定位十分局限，且动员机制不健全。因此，可从以下方面对社会动员机制进行完善。首先，充分利用互联网，建立地方政府公共服务平台，加强政府信息公开透明度，打破条块化的信息垄断，开放政务咨询通道，在实施重大政策的时候对公众的意见和建议进行汇总。同时，可以建立一个地方性的智库，以智库为媒介，对乡村建设的最新成果进行总结，并向县委汇报，可作为学习资料供其他地区学习借鉴。除此之外，还可与乡村建设方面的学者进行联络，探讨乡村振兴的大计，能在一定程度上调动高知人才，让他们参与到乡村振兴中。其次，有针对性地实施激励机制，鼓励农民积极参与乡村事务。奖励和惩罚对于激发农民的工作热情有极大的影响，若是单纯依赖口头动员，久而久之就会造成口头对口头的假社会动员，只有建立起一套有效的激励机制，才能保证社会动员的可持续性。最后，调动农民的参与热情，提高农民的参与度。在城镇化过程中，旧有的礼俗资源不再对农民的行为形成有效的制约，而法律下乡和诉讼的高额成本又阻碍了农民的积极性，在此背景下，战略性地创造出能够调动农民热情的激励因素，激励农民参与到乡村振兴中。

共同富裕既是一个复杂的社会问题，又是一个整体性的社会工程，需要全社会的努力才能实现①。中国过去艰苦探索和取得的发展成果和经验，为解决共同富裕问题积累了宝贵财富，奠定了坚实的基础。在实现共同富裕过程中面对的一系列困难，需要所有人集思广益、群策群力。因此，一方面要集合所有人的智慧和力量，每个人都有不同的能力，一旦汇聚在一起，就是一种强大的力量，可以让一个国家的实力显著增强。共同富裕是一项全面的社会系统工程，无论是在时间上还是在空间上，共同富裕与共同体的所有成员都有着紧密的联系。另一方面要做好宣传和解释工作。由于共同富裕涉及的领域非常广泛，其宣传解读既不能一概而论，也不能千篇一律，而应该因材施教。例如，对共同富裕概念理解较深的群体，可开展定制化的教育工作，鉴于当前社会对"共同富裕"概念的认识尚不充分，进行广泛且深入的宣传教育工作显得尤为重要。无论是有针对性的推广活动，还是全方位的、深入的宣传活动，核心目

---

① 卫兴华：《论社会主义共同富裕》，《经济纵横》2013年第1期。

标都是凸显集体责任在实现共同繁荣中的关键作用，使所有参与者明白自己对于推动共同繁荣进程的重要性和必要性。

（五）监督考核机制

在当前的发展阶段，中国要加强构建监督考核机制，为乡村全面振兴、实现共同富裕"保驾护航"。目前，中国已经形成了一套可以发挥事前预防、事中督促和事后查处的监督体系，这一制度安排有利于解决相对贫困问题。然而，在促进乡村振兴、推动共同富裕的阶段，中国仍要充分借鉴脱贫攻坚中监督管理与绩效评估的有关经验，将乡村整体的发展作为重点，切实强化监督考核机制的建设。此前，中国已建立了健全的监督评估机制。首先，该监督评估机制具备专门的评估机构，在评估过程中对其进行内外监督。政府在扶贫工作中起着领导作用，也是扶贫工作的内部监督机构，同时，在各级扶贫办公室设立了督导评价组织，聘用专业人士进行评价，以确保评价结果的科学性、准确性。其次，该监督评估机制具备健全的评价指标体系。建立脱贫攻坚绩效评价体系是实现脱贫攻坚责任追究的前提，在考核评估标准体系的内容中，不仅应关注减贫效果，还应关注低收入人群自身发展能力的提高，以及地区基础设施建设、公共服务等社会事业领域的减贫状况。最后，该监督评估机制具备健全的激励体系。健全的奖罚体系不仅能够让政府部门在脱贫攻坚方面具有较强的使命感和责任感，还能够通过扶持政策体系，让非政府组织和社会公众参与到脱贫攻坚中，从而增强扶贫队伍的实力。

监督考核机制是党和国家监督体系的重要组成部分，它对贯彻执行乡村振兴战略具有基础性作用，应从以下方面采取措施完善监督考核机制。首先，健全监管体制。应将逐级督查制度作为参考，层层压实各级党委和政府在乡村振兴各个环节中的责任，组织乡村振兴局、各级纪检监察机关和相关审计部门组建督查工作队伍，按照各自职能分工进行监督工作。特别要加强对农业投资资金的核实、审计，以及对农村工业项目的审批、申报等工作，严防权力寻租、贪污腐化等现象发生。其次，健全评估体系。应以乡村振兴与共同富裕的总体目标为导向，联合专家学者、知名智库，从经济、生态、文化、治理等多个角度，建立一套科学合理的绩效评价指标体系。并且在实施乡村振兴的过程中，要将指标管理融入乡村振兴工作，加强对评估指标的动态监测，建立和完善常态化的考核机制；同时要避免形式主义、官僚主义，防止基层政府将重心置于应对各类考核导致无暇顾及自身发展建设。最后，构建绩效评价和责任奖罚体系。将乡村振兴考评成果作为干部选拔、任用、提拔的重要依据，继续完善领导干部的乡村振兴实绩考评体系，并适时引入第三方评估机构，以客观、准确、科学的方式对乡村振兴的成效进行评估，充分发挥督导考评的"指挥棒"作用。同时，在推动共同富裕方面，要形成一套常态化的绩效评估机制、督导评估机制和政绩评估机制，严格落实奖励和惩罚措施。唯有如此，才能构建一套科学合理、全面覆盖、权威高效的监督考核机制，确保能够精准评估政策的执行情况，及时发现并解决问题，促进各项政策措施的落实，保障国家治理现代化、脱贫攻坚成果的巩固拓展、乡村振兴战略的实施以及共同富裕目标的实现。

篇二

共同富裕目标下全面乡村振兴的实践进路

在新的发展阶段,中国稳步推动全体人民共同富裕取得了显著的实质性进展。乡村振兴是实现共同富裕目标的必经之路,共同富裕是中国特色社会主义现代化建设的一个重要目标。在此背景下,党中央深入了解共同富裕目标的深刻内涵,并在巩固脱贫成果和推动乡村振兴的过程中,领导全体人民向共同富裕目标继续迈进。习近平总书记在党的二十大上指出,"以中国式现代化全面推进中华民族伟大复兴""中国式现代化是全体人民共同富裕的现代化"。[①]从根本上解决脱贫问题,从根本上消除绝对贫困,是通往共同富裕的必经之路。当前,中国已经完全告别了绝对贫困,但这并不意味着已经实现了共同富裕,距离共同富裕目标仍然任重道远。在未来相对长的时间内,要重点关注并持续巩固和拓展脱贫攻坚成果,避免发生规模性返贫,在此基础上推动乡村振兴战略取得实质性进展。因此,进入新时代,以实现共同富裕目标为背景,从理论和实际相结合的角度探讨全面乡村振兴的实践进路,对巩固脱贫攻坚成效、推动乡村振兴和实现共同富裕目标具有十分重要的意义。乡村振兴与共同富裕不仅发展方向一致,而且在发展进程中也具有很大的关联性。要想真正实现国家的伟大复兴,必须走共同富裕之路,而乡村振兴是其"压舱石"。"两个世纪""两个时代"的"两个发展目标"都指向了一个共同的目标,那就是实现中国梦。基于此,本篇通过梳理与总结共同富裕目标下全面乡村振兴的实践价值、模式、效果及经验,进一步探讨共同富裕目标下乡村振兴的实践路径,提出实践路向,以期更好地推进乡村振兴,实现全体人民共同富裕。

[①] 习近平:《高举中国特色社会主义伟大旗帜 为全面建设社会主义现代化国家而团结奋斗——在中国共产党第二十次全国代表大会上的报告》,人民出版社2022年版,第21、22页。

第四章　共同富裕目标下全面乡村振兴的实践总结

当前,中国已经完成了全面建成小康社会的重要任务,这也是实现全体人民共同富裕的必经阶段。实现共同富裕既是一项战略目标,也是一项现实任务,需要久久为功,特别是需要全面推进乡村振兴。但是,"三农"问题作为中国特色社会主义现代化建设的重大课题,依然是经济社会发展中的薄弱环节。在新时代背景下,要想实现共同富裕目标,亟须解决的最大难题就是"三农"问题。这一问题的解决,既取决于农村的现实情况,也取决于共同富裕的进展。打赢了脱贫攻坚战,并不意味着共同富裕的障碍彻底消除,也不意味着该目标已经完成。目前,在全面推进乡村振兴的进程中,农村发展不充分、城乡收入差距较大、乡村产业转型升级受限、基础设施标准化建设落后、生态环境缺乏保护等问题依然存在,它们不仅是阻碍乡村振兴进程的关键要素,也是共同富裕亟待解决的关键难题。因此,本章深入分析共同富裕目标下全面乡村振兴的实践价值,梳理与总结乡村振兴的实践模式、现阶段乡村振兴的实践效果以及乡村振兴的实践经验,以期为全面推进乡村振兴、实现共同富裕提供借鉴和参考。

第一节　乡村振兴的实践价值

乡村振兴是党的十九大作出的一项重大决定,也是习近平新时代中国特色社会主义思想理论体系的一项重要组成部分。深入贯彻落实乡村振兴战略是新时代应对中国社会主要矛盾的必然选择,也是履行党的宗旨、体现社会主义本质的重要举措。中国共产党一直以来都坚持以人为本,实践立党为公、执政为民,脚踏实地推进共同富裕。而全面推进乡村振兴是保障亿万农民在全面建设社会主义现代化国家的新征程中不落后不脱队的重要任务，是保障实现共同富裕目标的必经之路，是实现中华民族伟大复兴的关键支柱和重要支撑。本节旨在阐述新时代全面追求共同富裕目标的背景下，从加速全面建成小康社会到实现中华民族伟大复兴的征程中，乡村振兴战略所承载的重要的实践价值，以期为破解农业、农村、农民发展难题，推动乡村全面振兴，进而促进国家整体繁荣与人民共同富裕的长远目标奠定基础。

一 全面建设社会主义现代化国家的必然要求

实施乡村振兴战略对全面建设社会主义现代化国家具有重要意义。乡村振兴战略的历史使命，就是要夯实全面建设社会主义现代化国家、实现中华民族伟大复兴最广泛、最深厚的基础，确保农业农村现代化与整个国家的现代化同步推进、同步实现[1]。党的二十届三中全会也从新时代建设农业强国重要任务的角度定义全面推进乡村振兴，进一步明确了乡村振兴与中国式现代化的逻辑关系。但之前强调工业化、信息化、城镇化和农业现代化的协调同步发展时，农业现代化常常被置于一系列发展目标中的较后阶段，而农业现代化并非位于现代化发展中的次要位置或作为工业化、城镇化的附属品。实际上，农业现代化扮演着重要角色，与工业化、城镇化相辅相成。由于重城市和工业而轻农业的思想，城乡二元结构长期存在，目前农业现代化仍是现代发展中的短板，且相对城市而言，农村现代化也始终与其存在较大差距。乡村振兴战略的提出，重点强调农业农村优先发展，这表明党中央已将解决好"三农"问题作为全党工作的重中之重，农村不再是从属于城市，农村的发展也不再是为城市的发展提供便利和条件，而是将农村的发展放在重要位置，注重农业农村现代化。因此，实现新时代新征程的目标任务，无论从目标导向出发，还是从问题导向出发，农业现代化都是非常关键且不容忽视的一部分，将农业现代化发展和高质量乡村振兴相结合，才能促使乡村发展和国家发展同步，更好、更快地实现农民共同富裕[2]，开启全面建设社会主义现代化国家的新局面。

---

[1] 樊祥成、许英梅：《乡村振兴与中国式现代化：内在逻辑、历史任务与实践要求》，《理论学刊》2024 年第 1 期。

[2] 李俊利：《共同富裕视域下高质量推进乡村振兴的价值旨归与实践路径》，《农业经济》2024 年第 7 期。

二 解决新时代社会主要矛盾的必由之路

党的十九大报告指出，中国特色社会主义进入新时代，社会主要矛盾已经转化为人民日益增长的美好生活需要和不平衡不充分的发展之间的矛盾①。"不平衡、不充分"问题是当前中国社会主要矛盾的主要方面，也是新时代需要大力化解各种社会主要矛盾问题的聚焦点②。其中，发展最大的不平衡是城乡发展不平衡，最大的不充分集中体现在农村发展不充分③。中国拥有 14 亿多的人口，同时也是一个农业大国。不管城市化多么快速地进行，以人口基数大的国情来说，未来，即使城镇化率提升到 90%，仍然会有 1 亿多人生活在农村。目前，城乡收入差异仍然很大，农民生活仍然不富裕。可见，无论是城乡发展不平衡，还是农村发展不充分，都深刻地影响着农民生活的幸福感和满足感。满足农民对于美好生活的需要是乡村振兴的根本问题，若不能使农民安居乐业，也就丧失了农业发展的坚实社会基础。长期以来，农村发展不充分、基础设施建设滞后、教育文化资源匮乏、医疗保障不足、社会治安落后等难题的存在，导致农民更倾向搬迁到城市，而不愿驻扎乡村，且留守在农村的农民素养也呈现明显的下降态势，这样发展下去，农村将逐步走向衰落。但能否让农民跟城市居民过上同样的生活、满足农民的美好生活需要最重要的因素并不在于他们是否能够融入城市，而在于是否能够为农民找到一条与城市居民日常生活同样标准所需要的、持久的生财之路。因此，从理论和实际的经验来看，实施城镇化只能促进一小部分人的发展，而要让大部分的农民都能过上更好的生活，就必须把人民对美好生活的向往作为奋斗目标，以实施乡村振兴战略作为新时代"三农"工作的总抓手，推动农村自身的发展，激发内生发展动力。

三 打破乡村衰落铁律的重大举措

世界各国在现代化进程中，普遍面临乡村衰落困境。乡村振兴在振兴对象和内涵要求等方面是新农村建设的全面升级，本质上是新时代实

---

① 习近平：《决胜全面建成小康社会 夺取新时代中国特色社会主义伟大胜利——在中国共产党第十九次全国代表大会上的报告》，人民出版社 2017 年版。
② 万是明：《论党的十九大对新时代社会主要矛盾的认识及其价值》，《社会主义研究》2018 年第 6 期。
③ 金轩：《深入推进城乡融合发展 促进城乡共同繁荣（深学行阐释习近平经济思想）》，《人民日报》2024 年 9 月 25 日。

现农业农村现代化的过程，其现实观照的是农村衰落现象①。但是，农村仍存在许多问题致使其陷入衰落困境，从发展内生动力来看，随着农村大量的青壮年劳动力涌入城镇，农村劳动人口逐渐呈现老龄化和女性化的趋势，人口数量大幅下降，房屋空闲，进一步导致农村的空心化，不仅包括劳动力的空心化，还包括农村管理主体的空心化和农村住宅的空心化，这一现象的发生易使农村地区丧失发展的内生动力，最终导致农村的衰落。从生态文明建设来看，在农村地区，由于对环境的污染越来越严重，且生活污水和生活垃圾也没有得到合理处理，再加上对工业生产污染的渗透，农村环境在这些因素的共同作用下持续恶化。从传统文化建设来看，大多农村地区还存在文化空白的状况，农村地区的公共空间日渐收缩，农村居民的公共文化性活动相对匮乏。但事实证明，如果一个地区能够用好农业文化资源，就能激发农户参与农业的热情，进一步增强提升农业生产效率的可能性。从主体参与性来看，农业发展与农户参与息息相关，农户参与程度越高，越能推动农村各项工作的有序开展，进而形成良好的发展态势。反之，若农户参与农业生产的数量少、积极性低，农业发展就会变得很慢，将对农村发展造成很大的负面影响。因此，党的十九大报告提出的乡村振兴战略，是对全球乡村衰落困境的有力回应，有望打破现代化进程中乡村衰退这一"铁律"，中国特色的乡村振兴之路，将为世界增添一个新的"中国之谜"②。

四　打破城乡二元格局的主要抓手

中国城乡二元结构的形成有着深厚的历史根源。在城镇化的早期，农村地区最大的作用就是为城镇化提供有利的环境，为城镇化提供宝贵的土地资源，同时，大量的人才进入城市，为城镇化的建设提供了充足的劳动力，也为加快工业化进程积累了大量的资金，但导致农业农村发展受到抑制，同时也导致城乡发展不平衡问题日趋严重。自党的十八大以来，党和国家为缩小城乡发展差距，改革以户籍制度为重点的二元结构，推动城乡发展联动，城乡融合发展取得成效，同时，党和国家也越来越关注农村自身的发展，通过积极吸收国外的有益成果，并结合基本

---

① 李长学：《论乡村振兴战略的本质内涵、逻辑成因与推行路径》，《内蒙古社会科学》（汉文版）2018年第5期。

② 周立：《乡村振兴战略与中国的百年乡村振兴实践》，《人民论坛·学术前沿》2018年第3期。

国情,积极探索一条适合中国农村发展的道路。但目前城乡二元结构造成的要素流动壁垒依然存在,成为实现乡村振兴和共同富裕的重要挑战[1]。在新时代背景下,党中央深刻把握城乡关系的内涵,对城乡关系的界定已经从工业对农业的单向度促进、城市对农村的单向度带动变为工业与农业之间互相促进、城市与乡村之间互相补充[2]。在发展理念上,不再将城乡分割开来看待,而是把城乡作为统一的整体来看待,把城市和乡村从二元结构、各自发展上升为相依相伴、共生共融。因此,乡村振兴战略精准融入城乡关系内涵,其中提到的城乡融合发展则是在城乡统筹发展以及城乡一体化的基础上,又一次的跨越。城乡融合发展是缩小城乡差距、实现乡村振兴的根本动力,必须着力解决城乡发展不平衡、农村发展不充分问题,缩小并破除城乡在居民收入、基础设施建设和公共服务、城乡资源要素流动以及生态环境建设方面的差距与障碍。只有这样才能打破城乡二元格局,稳步实现共同富裕。

第二节　乡村振兴的实践模式

中国作为一个历史悠久且幅员辽阔的农业大国,深厚的农耕文明底蕴与特有的基本国情共同决定了农业和农村在国家发展中的核心地位。自古以来,农业就是国民经济的基石,农村的稳定与繁荣则是国家长治久安的重要保障。实施乡村振兴战略是党的十九大作出的重大决策,是决胜全面建成小康社会与全面建设社会主义现代化国家的重大历史使命,是新时代"三农"工作的总抓手。现阶段,在共同富裕目标的指引下,全国各地积极响应党中央的号召,结合本地实际,积极探索多样化的乡村振兴模式,以期形成各具特色、互补共进的发展格局。本节旨在梳理与总结乡村振兴的四种实践模式,即人才培养模式、电商赋能模式、集体经济模式、城乡统筹模式。通过探讨这四种实践模式,以期为各级部门单位提供宝贵的经验借鉴,也为全国范围内探索符合自身实际的乡村发展目标与发展途径指明方向。

---

[1] 李慧敏:《中国式现代化视野下的乡村振兴特征、关键议题与路径安排》,《理论探讨》2024年第1期。

[2] 曲延春:《从"二元"到"一体":乡村振兴战略下城乡融合发展路径研究》,《理论学刊》2020年第1期。

一　人才培养模式

乡村振兴离不开人才的培养。只有打造一支强大的乡村振兴人才队伍，才能形成农村地区人才、土地、资金、产业汇聚的良性循环[①]。以县域发展为中心，围绕乡村振兴开展新时代文明实践，培育乡村发展所需要的高素质人才，对乡村发展和乡村振兴具有重要意义。各地区要结合自身的产业、经济和社会发展实际情况，对人才培养方案进行适时调整和优化，为地方乡村振兴建设提供相应的人才供给。当前，部分地区以振兴地方经济和实现产业转型升级为出发点，寻求一种适用于乡村振兴的人才培养模式，缓解农村人才匮乏、人才培养模式相对传统等问题，促进农村经济的快速发展，缩小城乡经济差距。

通过梳理，现阶段创新人才培养模式重点关注如下几个方面（见图 4-1）。首先，加强产学研用结合，优化创新人才培养方案。一是加强产业导向。结合本地产业分布结构及市场需求，选择适宜其发展的学科及专业，努力培育出符合本地产业需求、具有地域特色的创新人才。二是强化实践教学。重视实践性教育，相关高等院校或高职院校要与当地政府部门、公司、合作社等建立"校—地—企—社"的协作与联合培训模式，以此提升学生的实践能力和经验。三是优化课程设置。特别是要与地方优势特征相结合，调整优化课程，并在此基础上再增加实践类科目，培养学生的独立创造、运用等方面的技能。四是加强实习教育。加强对学生的毕业实践管理，与当地政府部门、企业公司、合作社等建立紧密的关系，积极为学生提供实践活动，加强对实践活动的监督，使学生在实践活动中积累工作经验，提升自己的能力。其次，注重学科融合，打造协同创新环境。一是重视学科融合。重视不同学科之间的相互渗透，对学生进行激励启发，并推动他们主动参与到跨学科的学习中，提升学生的整体素养和创新思维。二是建立协同创新环境。加强与地方政府部门、企业、合作社等各方的协作，构建产学研用的联合创新平台，推动科技成果的转化和产业的协同创新。三是健全学生创新平台。相关高等院校或高职院校要为大学生搭建一个完善的创新平台，比如高技术自主创新研究院、自主创业孵化中心等，营造良好的自主创新氛围，让大学生的创新潜能和创新能力得到最大限度的释放。再次，加强人才培

[①] 乔炎：《解构乡村振兴创新人才培养模式》，《中国农业资源与区划》2023 年第 11 期。

养质量监管,提升培养实效性。一是建立科学评估机制。相关高等院校或高职院校要构建一种科学的评价机制,对创新人才培养计划展开管控、监督和评估,利用考评结果,对其进行持续的修正和改进,从而提升毕业生的教育质量,增强教育成效。二是强化师资队伍建设。相关高等院校及高职院校要强化教师的基本素质,引进更多具有实际工作经历和较强创造性的专家,通过完善教育培训制度,提高其教学水平。三是鼓励学生创新创业。相关高等院校及高职院校要对大学生进行激励,引导他们积极参加创新创业活动。通过设立创业基金和创新奖励等方式,鼓励广大大学生积极参加创新创业活动,增强创新创业的影响力。最后,探索多元化培养方法,培育多样化人才。为全面提升农村人口的整体素养,需选择多种教学手段。一是建立"互联网+"教学模式。通过线上直播、短视频等数字教学方式,让一批农村人才获得技能资格证书、职业资格认定等专业技能认证,提高农村创新人才的数量和质量。二是构建乡村教育培训体系。要从结构、质量和专业化的角度出发,构建一种多元化、创新性的乡村教育培训体系,以适应乡村教育的实际需要。只有采用科学、合理、高效的培养方法,才能培养出一批具有较强实践能力、自主创新能力和社会责任感的乡村振兴人才,推动农村的经济快速发展,为乡村全面振兴注入新的内生动力。

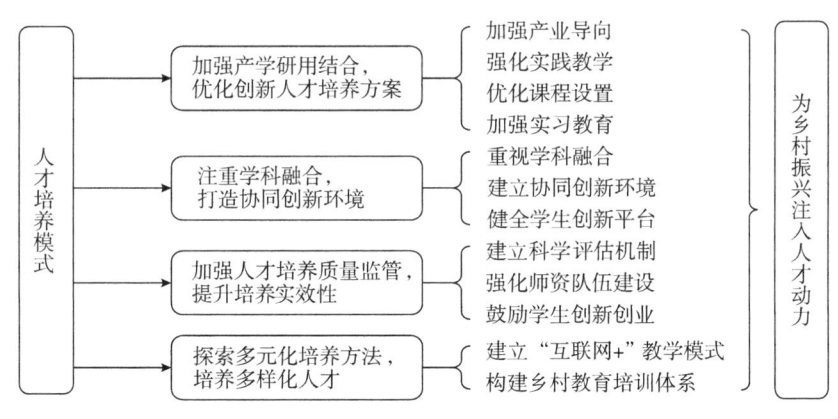

图 4-1 人才培养模式

二 电商赋能模式

中国的经济社会属于城乡二元结构,相对城市而言,农村的经济发展比较滞后，这为城乡共同富裕的实现提出了新的要求和考验。因此，加速农村经济发展已是刻不容缓，而大力推动农产品电商发展，对缓解农产品滞销、带动就业创业等具有重要意义[①]，是创新商业模式、建设农村现代流通体系的重要举措，是解决"三农"问题的重要驱动力量，是促进乡村振兴的一个关键突破口。近年来，政府通过大力支持农村电子商务的发展，加大财政政策的支持力度，并采取一系列相关措施促进人才、技术、资金等要素流入，实现农业规范化、信息化、城镇化，从而促进农村产业转型升级，加速农村互联网产业的构建，促进城乡之间资源与要素的整合，进一步缩小城乡之间的数字鸿沟。

通过梳理，现阶段电商赋能模式主要分为三种（见图4-2）：首先，农场直供模式。农场直供模式是指从生产者（农户）到消费者的销售模式，它巧妙地借助现代网络平台的力量，使农产品能够跨越传统的中间流通环节，直接到达消费者手中。农场直供模式主要通过升级产业链条的方式，有效整合各类资源，简化产品的销售环节，同时降低商品价格。在这种模式下，农户可以利用网络平台，如电商网站、社交媒体等，直接展示自己的农产品，与消费者进行互动交流，甚至提供定制化服务，使消费者能够以更实惠的价格购买到新鲜、优质的农产品。同时，该模式的主体是农户，实施该模式有利于鼓励和促进更多的农户通过自主创业，走上脱贫致富的道路，为农村的经济发展带来新的思路和新的活力[②]。其次，联营协作模式。联营协作模式是一种高效且富有创新性的农业组织形式，其通过明确的责任分工和紧密的相互配合，共同追求更大的经济效益和社会效益。这一模式的核心在于，每个参与的农业合作社都能依据自身的专长和优势，进行合理且高效的分工，从而确保整个体系能够发挥出最大的协同效应，实现合作共赢的目标。与此同时，通过多个农场合作社的合作，推动市场信息资源实现充分利用，拓宽农业的信息渠道和农产品的流通通道，让农民可以更好地了解市场的发展方向，并以此为依据，更好地开展农业生产，推动农村电商的健康、可持续发展。这不仅有助于提升农产品的附加值和市场竞争力，还能够带动农村

[①] 朱海波、熊雪、崔凯等：《深度贫困地区农产品电商发展：问题、趋势与对策》，《农村金融研究》2020年第10期。

[②] 周冬、叶睿：《农村电子商务发展的影响因素与政府的支持——基于模糊集定性比较分析的实证研究》，《农村经济》2019年第2期。

地区的经济发展，为农民提供更多的就业机会和创业机会。最后，村企合作模式。村企合作模式是推动农村和企业开展合作，共同促进农村电商发展的一种模式。在村企合作模式中，龙头企业扮演着至关重要的角色。一方面，龙头企业与农村组织的合作不仅把大量的资本和资源带入农村，也吸引各种技术性人才向农村聚集，通过在农村进行大规模的投资，实现农产品增值、产业链延伸，从而达到一个新的高度；另一方面，相比农村地区的普通企业，龙头企业拥有更多专业知识，能够更好地监测关于农业生产过程中的潜在风险并进行合理预防，从而确保农户的合法权益得到有效保护。

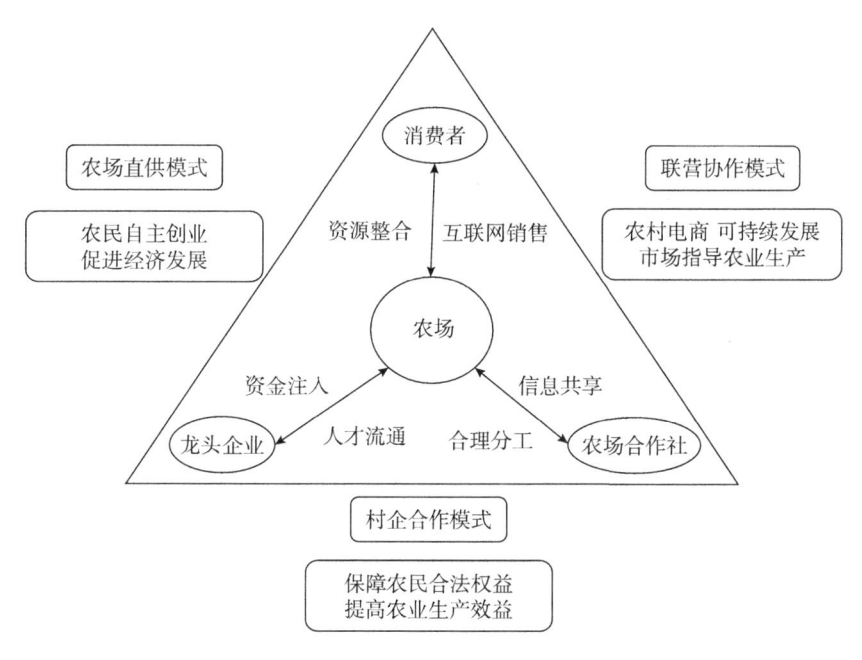

图 4-2 电商赋能模式

三 集体经济模式

集体经济是公有制经济中不可或缺的一部分，对缩小城乡发展差距、提高农民收入和改善农村基础设施具有重要意义[①]。农村集体经济的发展

---

① 郝文强、王佳璐、张道林：《抱团发展：共同富裕视阈下农村集体经济的模式创新——来自浙北桐乡市的经验》，《农业经济问题》2022 年第 8 期。

与壮大，可以实现"三变"改革，即"资源变资产""村民变股民""资金变股金"，拓宽农民收入来源，促进农民和农村共同富裕①。农村集体经济是建设共同富裕社会的基本支柱，也是一种重要的经济形式。发展壮大农村集体经济则是一条推动农民增收、缩小城乡差距、助推乡村振兴、实现共同富裕目标的有效途径。

通过梳理，现阶段农村集体经济的发展模式主要有以下五类（见图4-3）。第一，开发村级自然资源型。以整合村域自然生态资源为指导，以优化改进产业布局、推进可持续收入为目的，对村域内的资源进行规划。充分利用和依托村级土地、水域、林地等现有资源，采用有效利用、盘活开发、设计创新的方法，通过自主开发或者引进外资的方式，将那些没有被利用或者没有被有效利用的生态资源变成宝贵的财富。开发村级自然资源型的核心要义包含两点：一是有效利用，整合和统筹村域内已有的各类资源，将这些资源优势最大限度地利用起来，从而达到规模化发展；二是资源增值，通过规划村域内的优势资源，开发特色农业、特色度假旅游等来达到促进资源价值增值的目的。第二，盘活集体闲置资产型。通过修缮改造、激活利用、创新模式等途径，有效盘活农村旧工业厂房、粮库、祠堂、古村落旧宅院和废弃学校等闲置资源，并"唤醒"村庄区域"沉睡"资源，使未被开发利用的土地"活"起来。同时，将一些小型的产业园区作为主体，引入社会资本、创业主体，采用自用增收、招商引资、股份合作或者民宿经营等多种方式，来获得租金、股金等村集体收益。盘活集体闲置资产型的核心要义包含两点：一是"三权分置"，稳步推进宅基地"三权分置"制度的试验与创新，探讨宅基地农户的产权保护、宅基地使用权的流转机制及宅基地"三权分置"制度的实现路径；二是村企联营，对已经建成并成功升级后的场地进行招商引资，对外承包，统一运营和管理，同时，对现有的场地进行适当更新，通过改造和提升为其注入新的活力。第三，兴建物业经营租赁型。充分利用产业、人才、市场优势以及村留用地或非农建设用地等土地资源，以投资建设综合楼、员工日常生活服务设施、仓储物流设施等相关配套基础设施。并以开展资产租赁、房地产招租、提供配套设施等方式与相

---

① 耿羽：《壮大集体经济　助推乡村振兴——习近平关于农村集体经济重要论述研究》，《毛泽东邓小平理论研究》2019年第2期。

关企业、事业单位、经营户等协同运营，促进村集体租金或分红等收入增加。这些项目的开展既能够弥补用地指标短板、扩展发展空间，又可以缓解劳动力短缺的问题，夯实产业基础。第四，推进村庄经营获利型。充分发挥自然美景与人文景观等独特的资源优势，建设美丽乡村，打造景区村庄，发展"美丽经济"。通过乡村旅游重点村建设、发展农家乐的方式，实现对农村的全面经营，提高村集体的经营效益。同时，盘活优势资源，打造具有农村特色的旅游景点，通过美丽乡村建设带动乡村旅游业和相关产业发展，焕发"美丽经济"新活力。此外，把村域内农户连接成一个共同的利益团体，发展农产品采摘、民宿等经营模式，但在发展经济的同时，要最大限度地尊重和保护大自然，合理利用自然资源，形成一种能够将自然生态优势转变成经济社会发展优势的可持续发展模式，实现"绿水青山"与"金山银山"的价值转化。第五，拓展产业发展链条型。立足核心产业、特色产业和新型产业，借助延伸产业链、提供服务链等途径，在初期为农民提供种子、种苗、病虫害防治、农业机械等服务，在后期提供品牌效应、商品流通、物流冷链、商业保险等服务，或开展联结农户和龙头企业的中介服务，以促进集体产业链升值和提高电子商务、品牌等服务型收益。在共同富裕目标下，不断地探索和创新，持续推进"三位一体"的深化改革，并以此为重点促进小农户共同富裕。

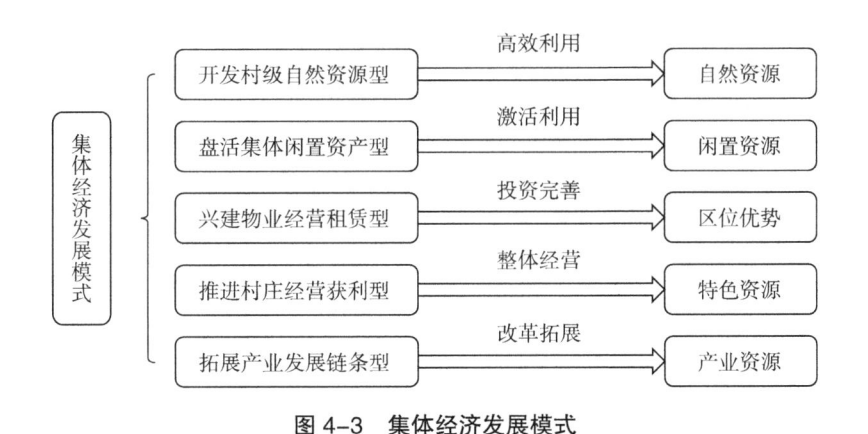

图 4-3　集体经济发展模式

四　城乡统筹模式

自改革开放以来，中国实施了一系列的政策措施致力推进城乡统筹协调发展。中国经济社会面貌也因此有了极大的变化，社会生产力和国家综合实力得到了显著提升。但是由于管理体系、市场体制和投入机制在城乡间存在差异，大部分地区城乡二元结构特点仍然十分突出，比如，城镇人均消费水平远远超过农村地区，道路、通信、环境、卫生和教育等基础设施的发展速度也远快于农村地区。以工业生产为主的城市地区经济发展方式与以典型的小农经济为主导的农村地区经济结构有着很大的不同。这种二元经济结构的存在，导致各类资源迅速向城市汇集，城乡之间的差异越来越大，从而成为制约经济社会发展的最大阻碍。因此，在新时代，中国要想解决新的社会矛盾，迎接新挑战，就必须适应新发展潮流，把握好新机遇，统筹城乡经济社会发展，从而实现乡村振兴，推动城乡共同富裕。

通过梳理，现阶段城乡统筹模式主要有以下四类（见图4-4）。首先是"重庆模式"。重庆是全国统筹城乡改革试点城市，在城镇空间结构上形成了"大城市、大农村、大库区、大生态"的总体结构，已完成1000个新型村庄、105个中心城镇的规划，并在九龙坡、江北等6个县区构建了"四规叠合"的综合利用试点，即经济与社会发展、城乡建设、生态环境保护，以及土地利用规划。其次是"成都模式"。成都同样是全国统筹城乡改革试点城市，早在2003年，成都市就基于大城市带动大乡村的地区实际，开展了一次统筹城乡的"自费改革"，并以"三个集中""四大基础工程""六个一体化"为主要政策措施，形成了一种全新的、覆盖城乡的经济社会发展一体化新格局[①]。"三个集中"指的是工业向集中发展区集中、农民向城镇和新型社区集中、土地向适度规模经营集中。"四大基础工程"指的是农村产权制度改革、农村新型基层治理机制建设、村级公共服务和社会管理改革、农村土地综合整治。"六个一体化"指的是城乡规划、城乡产业发展、城乡市场体制、城乡基础设施、城乡公共服务、城乡管理体制一体化。再次是"苏州模式"。苏州是省级统筹城乡改革试点城市，从19世纪80年代开始，苏州的乡镇企业快速崛起，并在此基础上，开创了"苏南模式"，实现了经济的飞速发展。近年来，苏州市始终以科学发展观为指导，按照城乡统筹发展思路，充分发挥城镇化和工业化对农村发展的积极影响，全面推进城乡融合，并在新农村建设、农村社会保障和城乡公共服务等领域贡献力量。苏州市创造了"三集中""三置换""三

---

① 刘得扬、朱方明：《统筹城乡发展的理论与实践探讨》，《经济纵横》2011年第12期。

大合作""六项机制"等先进经验,率先建成了全国首个统筹城乡社会保障典型示范区和义务教育发展基本均衡市①。"三集中"是指工业向规划区集中、农民向社区集中、农用地向规模经营集中,促进城乡空间融合、资源优化配置。"三置换"是以承包土地置换土地股份合作社股权、宅基地置换商品房、集体资产置换股份,实现城乡土地资源优化配置。"三大合作"是指以"量化存量、按股分红、谋求增量、促进发展"为理念,建立社区股份协作模式;按照"依法、自愿、有偿"的原则,进行土地股份协作;建立和发展农民专业合作社,遵循"加入自愿、退出自由"的原则。"六项机制"是指建立三次产业协调发展机制,城乡统筹就业机制,覆盖城乡公共财政体制,城乡改革协同推进机制,县域经济、小城镇和新农村协调发展机制,城乡规划统筹机制。最后是"嘉兴模式"。嘉兴是省级统筹城乡改革试点城市,通过坚持"平等、自愿、有偿、梯度、共享、融合"的发展思想,对"两分两换"模式进行了创造性的探索②。"两分两换":按照"土地节约集约有增量、农民安居乐业有保障"的要求,以"农业生产经营集约、农村人口要素集聚,提高农民生活水平和生活质量"为目的,将宅基地与承包地分开、搬迁与土地流转分开;以承包地换股、换租、换保障,推进集约经营,转换生产方式,以宅基地换钱、换房、换地方,推进集中居住,转换生活方式。

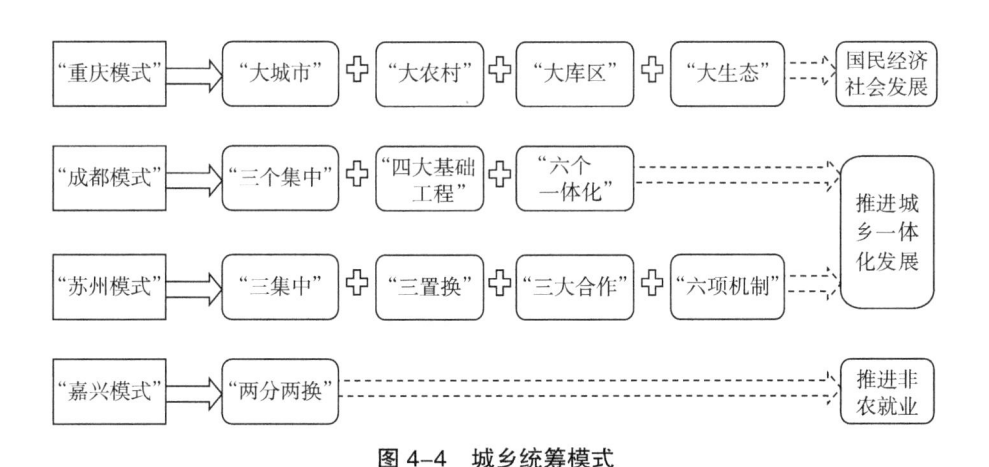

图 4-4 城乡统筹模式

---

① 刘士林:《苏州的城市化,带着农村一起跑》,《光明日报》2019 年 4 月 17 日。
② 岳文泽、钟鹏宇、甄延临等:《从城乡统筹走向城乡融合:缘起与实践》,《苏州大学学报》(哲学社会科学版) 2021 年第 4 期。

第三节 乡村振兴的实践效果

乡村振兴战略作为新时代中国农村发展的总抓手,自提出并实施以来,便承载着亿万农民的幸福梦想和中华民族伟大复兴的历史使命。在国家政策的积极引导与全社会的共同努力下,乡村振兴战略的实践效果日益显著,广大农村地区正经历着前所未有的深刻变革,曾经贫困落后、环境糟糕、居住条件差的农村通过一系列科学规划、精准施策,正逐步摆脱旧貌,逐渐展现出生态宜居、乡风文明、生活富裕的新面貌。可见,乡村振兴战略的实施对生态环境、人居环境、文明乡风、乡村改革的改变具有重要意义,乡村振兴已经初见端倪。本节旨在探讨乡村振兴的实践效果,通过一系列生动具体的案例和数据,展现乡村振兴战略在推动乡村产业蓬勃发展、乡村环境逐步改善、乡村文化深入人心、乡村治理效能提升以及农村居民收入递增等方面的显著成效,以期为未来乡村振兴的深入实施提供有益的参考和借鉴。

一 乡村产业蓬勃发展

乡村振兴的要义是产业振兴。自党的十八大以来,在国家政策和市场需求的驱动下,乡村产业得到了迅速的发展。在新发展理念的指导下,国家持续深化农业供给侧结构性改革,精确掌握市场需求,促进乡村振兴从"量"向"质"转变,有效提升农业质量、效益和竞争力。首先,在粮食作物领域,通过重点突破核心种源技术,到2023年,中国农业科学院作物科学研究所审定农作物新品种38个。3个品种入选2023年主导品种,10个品种入选国家农作物优良品种推广目录,年推广面积2428万亩,为保障国家粮食安全提供优质种源[①];全国粮食播种面积17.85亿亩,比上年增加954.6万亩,增长0.5%,农作物良种覆盖率超96.0%,农作物自主选育的品种种植面积占95.0%以上,小麦、水稻、玉米三大主粮基本实现良种全覆盖,基本达到了"中国粮以中国种为主"的目标;全国农作物耕种收综合机械化率已超过73.0%[②]。其次,在农业领域,2023年11月末,纳入全国家庭农场名录管理的家庭农场近400万

---

① 陈晨:《攥紧中国种子,为良种装上"中国芯"》,《光明日报》2024年1月11日。
② 付胜南、郎珺荷:《跑出农业机械化的加速度》,《经济日报》2024年7月4日。

个，依法登记的农民合作社 221.2 万家，组建联合社 1.5 万家；乡村产业的发展速度也在加快，2023 年底农业农村部相关报道指出，农产品加工业产值与农业总产值比值提高到 2.52，新建 50 个国家现代农业产业园、40 个优势特色产业集群、200 个农业产业强镇和 100 个农业现代化示范区。再次，在农旅深度融合领域，文化和旅游部召开的 2024 年第三季度例行新闻发布会指出，目前共有国家 AAAAA 级旅游景区 339 家、国家级旅游度假区 85 家、全国乡村旅游重点村 1399 个、重点镇 198 个、全国红色旅游经典景区 300 处。最后，在农村电商领域，商务大数据监测，2023 年，全国农村网络零售额达 2.5 万亿元，同比增长 12.9%，比 2014 年增长了近 13 倍；全国农产品网络零售额达 5870.3 亿元，同比增长 12.5%[①]。

二 乡村环境逐步改善

生态宜居是乡村发展品质的保障，也是实现美丽乡村的必要条件。近几年，国家制定了一系列有关生态补偿的惠民政策，不断强化乡村生态保护，提高乡村环境治理能力，整顿污染企业，改进农业生产手段，减少农业污染；在尊重自然、顺应自然的同时，也在保护自然，把生态文明建设放在一个更高的位置上，将可持续发展理念和绿色生活方式逐步融入农民的日常生活，乡村中所存在的脏乱差等问题也逐渐得到了解决。首先，在资金投入方面，中国在乡村环境治理方面的资金投入持续增加，中央和地方财政均加大了对乡村环境治理的支持力度，财政部提前下达 2023 年农村环境整治资金预算的通知，2023 年全国 31 个省份（不含港澳台地区）共计下达 20 亿元，为农村人居环境的整治和改善提供充足的资金。其次，在人居环境改善方面，2023 年全国农村卫生厕所普及率超过 73%，农村生活污水治理（管控）率达到 40% 以上，生活垃圾得到收运处理的行政村比例保持在 90% 以上，全国开展清洁行动的村庄超过 95%，村容村貌明显改善，扭转了农村"脏乱差"的局面。最后，在农业污染治理方面，"十四五"以来，累计完成 6.7 万个行政村环境整治，完成 3400 余个国家监管农村黑臭水体治理；截至 2023 年底，全国化肥科学施用水平不断提高，农药施用量继续保持下降趋势，累计淘汰

---

① 常钦：《按下农村电商发展"快进键"》，《人民日报》2024 年 4 月 8 日。

高毒高风险农药 58 种，全国畜禽粪污综合利用率超过 78%，秸秆综合利用率超过 88%，农膜处置率稳定在 80% 以上①。

三　乡风文化深入人心

党的二十届三中全会聚焦建设社会主义文化强国，提出了深化文化体制机制改革的重大任务，明确了改革路径和具体举措。习近平总书记多次就农村精神文明建设、移风易俗、文化遗产保护传承等作出重要指示批示。在建设乡风文明的同时，要以发展和弘扬乡村文化为主线，有效地激发农民参与乡村文化建设的主动性和积极性，不断完善乡村公共文化服务，满足农民与日俱增的文化需要，使乡风文化深入人心，焕发乡村文明新气象。同时，根据农村的实际条件增添时代内涵，对地方民俗文化进行更深层次的发掘，加快推进乡村传统文化和现代文明的融合发展，使乡风文化逐步深入人心。首先，在移风易俗治理方面，在全国，民政部门共确定 32 个国家级及近 1400 个省、市、县级婚俗改革试验区；全国妇联、民政部深化婚姻辅导服务，全国 84% 以上的县级婚姻登记机关设立了婚姻家庭辅导室，婚姻家庭服务长效机制初步建立②。其次，在公共文化服务方面，2023 年底，文化和旅游部加快推进现代公共文化服务体系建设，提升乡镇综合文化站服务效能，推动新型公共文化空间建设，2023 年底，超过 91% 的乡镇有文化站，全国平均每个乡镇拥有文化站 1.1 个，比 2013 年底增长 8.2%，超过 71% 的村有农民业余文化组织，农民群众精神文化需求得到更好满足。最后，在文化传承方面，坚持和落实社会主义核心价值观，继承和发扬中国优秀的传统文化，2023 年底，全国共有各类文物机构 9645 个，从业人员 18.1 万人；全国共有非物质文化遗产保护机构 2406 个，从业人员 1.7 万人；全年全国各类非物质文化遗产保护机构举办演出 8.2 万场，同比增长 41.5%；举办民俗活动 1.8 万场，同比增长 30.4%；举办展览 2.2 万场，同比增长 20.1%，乡村文明成果显著，农村居民精神面貌明显好转。

---

① 郁琼源：《我国农业绿色发展和农村环境治理成效显著》，http://www.news.cn/politics/20240910/d0dd5b8afe1c4c0f9278c5ee85931d75/c.html。

② 顾仲阳、常钦、郁静娴：《我国农村移风易俗工作取得积极成效——推动乡村焕发文明新气象》，《人民日报》2023 年 10 月 12 日。

四 乡村治理效能提升

乡村治理是国家治理的基石，没有乡村的有效治理，就没有乡村的全面振兴[1]。在推动乡村振兴的过程中，"三治融合"的有效推行，党委领导、政府负责、社会协作、群众参与、法治保障的现代乡村社会治理体系的建立健全，加速形成了充满活力、井然有序的善治乡村。首先，在乡村治理能力方面，自2019年开展第一批全国乡村治理示范村镇创建工作以来，各示范村镇积极发挥引领和带动作用，为推动健全党组织领导的自治、法治、德治相结合的乡村治理体系贡献了重要力量。2023年，开展第三批"百乡千村"乡村治理示范村镇创建，认定了100个全国乡村治理示范乡镇和1001个全国乡村治理示范村；推介了第五批32个全国乡村治理典型案例和17个全国农村公共服务典型案例。其次，在乡村治理人才培育方面，2021年，农业农村部与腾讯公司签署"耕耘者"振兴计划合作协议，开展乡村治理骨干和新型农业经营主体带头人培训。截至2023年底，该项目在31个省份开办678期，培训乡村治理骨干3.6万人次、新型农业经营主体带头人3万人次[2]。通过教育培训，有效带动了乡村治理人才发展。最后，在农村集体财产清理工作方面，成功完成集体财产清理工作，彻底确定集体经济组织的所有成员，并稳步推进运营资产的股份合作制改革。农村政策与改革统计年报数据显示，全国农村集体账面资产总额达到9.14万亿元，全国55.3万个村级组织实行财务公开，县乡两级共配备专兼职农经审计人员6.2万人，全年对34.5万个单位进行了农村集体经济审计，审计资金总额达到2.2万亿元。

五 农村居民收入递增

实现乡村振兴战略的重要目标是使全体中国人民实现生活富裕，同时生活富裕也是共同富裕的必然要求。"生活富裕"一词是"生活宽裕"一词的深入，它的内涵从单纯的"农民收入增加"扩展到了"农村消费升级"，反映出政府更加关注农村居民的生活水平和生活品质，旨在更好

---

[1] 杨昌莲、黄海燕：《实施乡村振兴战略的成效与策略研究——以贵州省从江县少数民族地区为例》，《南方农机》2021年第12期。

[2] 刘杰：《深入推进乡村善治 持续夯实振兴根基》，《农民日报》2024年1月4日。

地满足农村居民对美好生活的需求①。党的十八大以来，国家加大对社会保障和民生改善的投入力度，农民的钱袋子更加殷实，"劳有所得"取得新成绩。首先，在城乡收入差距方面，2023 年，农村居民人均可支配收入 21691 元，比 1956 年实际增长 40.1 倍，年均实际增长 5.7%，快于城镇居民年均实际增速 0.9 个百分点；比 2012 年实际增长 111.4%，年均实际增长 7.0%，快于城镇居民年均实际增速 1.8 个百分点。2023 年，城乡居民人均可支配收入之比为 2.39，比 1956 年下降 0.94，比 2012 年下降 0.49。② 其次，在公共服务建设方面，2023 年底，全国平均每个乡镇拥有幼儿园（托儿所）达到 7.1 个，比 2013 年末增加 1.1 个；国家医保局统计数据显示，当前基本医保参保覆盖面稳定在 95% 以上，农村低收入人口和脱贫人口参保率稳定在 99% 以上，参保质量持续提升，基本养老保险参保人数达到 10.7 亿人，困难人员参保率保持在 99% 以上，养老保险最低标准不断提高，基本实现了病有所医、老有所养。最后，在创业就业方面，2023 年，外出农民工人数达 17658 万人，比上年同期增长 2.7%。全年农民工总量 29753 万人，比上年增长 0.6%；脱贫劳动力务工总规模达到 3396.9 万人，超过年度任务目标 377.7 万人。③

第四节 乡村振兴的实践经验

乡村振兴战略是一项全面、长远的发展策略，它的核心在于解决好"三农"问题、缩小城乡差距、促进人与自然和谐发展。这一战略的实施，不仅关乎农村地区的繁荣与发展，更是全面建设社会主义现代化国家不可或缺的重要组成部分。2024 年中央一号文件指出，全面建设社会主义现代化国家，最艰巨最繁重的任务仍然在农村，实施乡村振兴战略正是解决"三农"问题的重要抓手。实施乡村振兴战略作为一个系统性、整体性、协同性的战略工程，需要我们找准切入点和突破口，汇聚多方

---

① 卢泓钢、郑家喜、陈池波：《中国乡村生活富裕程度的时空演变及其影响因素》，《统计与决策》2021 年第 12 期。

② 国家统计局：《人民生活实现全面小康 稳步迈向共同富裕——新中国成立 75 周年经济社会发展成就系列报告之十七》，2024 年 9 月 25 日，https://www.cpnn.com.cn/zt/zt2024/fjqg2024/202409/t20240925_1738945.html。

③ 《2024 中国农业农村发展趋势报告发布——推进乡村全面振兴》，2024 年 1 月 19 日，中国经济网，http://www.agri.cn/sj/scdt/202401/t20240119_8602668.htm。

力量，综合施策、协同推进，扎实促进乡村产业、人才、文化、生态、组织全面振兴。本节通过梳理与总结国内外乡村振兴的有关实践经验，进一步完善乡村振兴战略，以期实现共同富裕目标，让广大农民群众在乡村振兴的进程中共享发展成果、共筑美好家园。

一 推进城乡基本公共服务均等化

党的二十届三中全会提出城乡融合发展是中国式现代化的必然要求，强调必须统筹新型工业化、新型城镇化和乡村全面振兴。"城乡公平"是指在城市与农村中实现"和而不同"，同时也是在城市与农村中最大限度地发挥各自特点与优势，缩小城乡差距。城乡基本公共服务均等化连接着乡村振兴，既是解决新时代中国主要社会矛盾的重要措施，也是逐步实现共同富裕的关键路径[①]。在社会发展层次上，要破解中国农村发展滞后、二元结构突出的困境，推进城乡基本公共服务均等化毫无疑问是一个重要的切入点和突破口。因此，推进城乡基本公共服务均等化成为新时代需要完成的重大战略任务，这对于进一步落实以人民为中心的发展理念并实现共同富裕具有重要的理论价值和现实意义[②]。推进城乡基本公共服务均等化：首先，深刻认识城乡侧重点。农村与城市在各自的发展路径上各有侧重，相互补充，农村注重发挥粮食安全、休憩空间、自然环境涵养、文化传承等方面的优势与作用，而城市注重发挥经济、社会、文化、信息交流等核心区域的作用。其次，准确把握农村薄弱环节。推进乡村振兴最重要的是应对农业农村发展中基础薄弱的问题，弥补基础设施建设、技术装备、公共服务以及生活环境等领域中存在的问题和短板，防止求大求快、求洋求新，一味地造盆景、树典型，导致丧失农业农村发展的根本。最后，完善农村相关配套设施。建立健全农村公共服务体系、推动农村公共服务高质量发展，是实现城乡基本公共服务均等化、促进城乡融合发展的内在要求，是发展和繁荣农村经济、建设美丽乡村的必要条件，也是全面推进乡村振兴、推动实现共同富裕的关键引擎。

[①] 奚哲伟、史婵、王小林：《共同富裕目标下县域基本公共服务短板及均等化政策分析》，《农业经济问题》2024年第2期。

[②] 李维露、张明斗：《城乡基本公共服务均等化的时空格局及驱动效应》，《郑州大学学报》（哲学社会科学版）2024年第4期。

二 合理布局产业发展空间

乡村振兴，是整体上的振兴，但并不意味着所有乡村都一定要保留、都要振兴①，也不意味着全部地区都要以统一规范的模式振兴乡村。在做大做强乡村产业之时，就需要站在县域或镇域全域发展的高度布局产业发展空间，引导乡村地区空间资源进行有序整合和产业匹配，让乡村一二三产业之间既能高效运作，也能实现城乡融合、资源合理利用、因地制宜发展等。因此，合理布局产业发展空间的关键在于：首先，建立科学的规划体系。统筹谋划、科学指导是解决好"三农"问题的重要保证。要把握好机遇，在各级政府之间建立起一套有效的规划体系，确保各级规划之间的有效分工、协同匹配，越是高层级的规划，越要强调对政策的指导和把控，层级越低则越要强调对政策的执行以及与现实的适应性，并且尽可能地动员全社会力量参与。其次，合理选取农村产业。在农村产业的选取上，应根据当地实际情况，大力发展农村地区的现代农业，发扬农村地区的特色产业，促进农村地区经济与产业多样化、一体化、生态化发展。最后，推进乡镇差异化建设。在空间布局上，要顺应农村发展的潮流，将核心乡镇与普通乡镇分开，集中建设具有地区带动效应的中心乡镇，对具有独特魅力、特色鲜明的乡镇以及对具有不同功能定位的乡镇，进行差异化建设，并对其进行相应的配套建设，从而实现各乡镇间的联动发展。

三 创新资源环境保护策略

党的十八大以来，生态文明建设被纳入"五位一体"总体布局，党对生态环境保护的重视提升到了治国理念的高度②，乡村地区作为生态资源的主要承载地，其在乡村振兴战略中的地位愈加突出。通过创新政策工具，在保护自然资源环境和传统文化的基础上，发展休闲文娱和健康养生等产业，让农民通过保护资源环境获得可观的收益，这是一种实现乡村产业振兴、生态振兴以及文化振兴有效结合的形式和路径。因此，创新资源环境保护策略的关键在于：首先，深刻把握多领域的内在一致

---

① 方志权：《打好乡村振兴的持久战与攻坚战》，《农村·农业·农民》（B版）2019年第12期。

② 金书秦、张哲晰、胡钰等：《中国农业绿色转型的历史逻辑、理论阐释与实践探索》，《农业经济问题》2024年第3期。

性。在相关政策的制定过程中，要深入理解农业生产与资源可持续利用、生态环境保护、文化传承等方面的内在一致性，把农民作为资源、环境和文化公共产品的供给方，在农业农村的政策扶持的基础上，推动生态文明建设和农村文化发展有机结合。其次，多层次制定生态环境创新策略。坚持"系统整治、逐步推进"的方针，对于那些经济基础比较薄弱的村子，要把完善村民住房、道路等基础设施，以及与之相适应的公共服务体系作为第一要务，促进基础设施的改造升级；对于那些已具备一定条件的村庄，要以改善生态环境为主要目的，加强对村庄生活垃圾、污水排放的处理，以促进村庄的绿色发展；对生活条件较好以及人居环境发展较为优先的农村，要把改善农村生活环境放在首要位置，以提高农民生活品质。最后，差异化制定建设规划策略。各地应结合不同地区的差异和多样化特点，制定出适合当地实际情况的农村人居环境基建总体规划以及示范村的重点建设规划。在进行规划时，应与不同的农村人居环境建设基础和发展阶段相适应，用分类引导的方法，突出重点，从而更好地完善农村建设规划许可管理体系。

四　以党建促进农村管理工作改革

要想真正落实"三农"工作，就必须加强对党员干部的培训，建立健全基层党组织，不断提高农民开展自我管理的能力，推动农民合作社的发展，以党建助力乡村振兴，为农村社会稳定有序和内生动力的形成提供保证。因此，以党建促进乡村管理工作改革的关键在于：首先，改革创新治理体制。创新治理机制是激活组织资源的主要途径[1]，其核心是通过途径与模式设计提升相关治理主体的参与意愿，激发参与行为，形成长效参与格局。充分发掘传统组织资源、创新主体性治理的经验，通过"党建＋本地传统社会组织资源"的模式，因地制宜激发基层治理内部活力。其次，差异化设定发展目标。对不同区域的多样化政策给予足够的关注，比如，明确优先扶持领域的可挑选范畴、强制性和自愿性政策的适用范畴，并建立预算开支的方向、规定和可随意调整的范畴，让各地区自主确定定量的发展指标，选择优先支持的领域或侧重点，以设

---

[1] 杜志雄、王瑜：《"十四五"时期乡村基层治理体系建设与减贫治理转型》，《改革》2021年第11期。

计具体的发展项目,提升当地政府实施乡村振兴战略的积极性、主动性、灵活性。最后,打造一站式服务。通过提高乡村干部的工作能力,对传统的党建观念进行变革,保证开拓创新,将"确保群众满意、得到群众认可"作为检验乡村工作的重要依据,做到群众办事不出村、政策咨询不出村、纠纷不出村。持续完善全程代办、限时办结、按时坐班的服务方式,将计划生育、就业服务、合作医疗、农村低保等各项事务纳入代办范畴。

五　完善科技人才激励政策

科技创新将为乡村经济振兴注入新的关键动能。从需求出发,整合多方资源,鼓励引导城市科技人才下乡,汇聚人才和技术,对推动和保障乡村振兴有重要意义[①]。中国拥有广阔的农村区域,迫切需要完善科技人才激励政策,将技术、管理和创新人才注入农村,激活农村的各种资源。完善科技人才激励政策的关键在于:首先,加强人才科技引领。推进乡村振兴要以人为本,高度重视自主创新,从以土地、资源和资本等传统要素为主向以人才和高科技类的创新要素为主转变。同时,加强农村与研究机构或者高等院校之间的合作。农村是科学研究的天然实践平台,而学校、研究单位能把科学研究的前沿理念、技术手段输入农村,使乡村振兴中的人才与科学技术得到最大限度的利用,实现互利共赢。其次,强化人才激励与组织管理。通过建立健全奖励和激励制度,吸引外来的专业人才、创新创业实力强劲的队伍来参与农村事业建设。同时,加强对村级组织的管理,健全村级组织带头人、领导干部的遴选机制。最后,培育优秀专业人才。在人才上,不仅要引进,而且要培育。鼓励优秀人才向基层流动,积极开展"农民大学生培养计划",充分发挥高校毕业生的示范作用和带动效应。同时,以培训低收入群体为媒介,主动选派技术型人员为低收入群体传授技艺,彻底转变低收入群体的思想,提高其自身的内生动力,将人才培育和提高收入二者结合起来,创造群众互帮互助的良好环境。

---

① 涂华锦、邱远、赖星华:《科技人才下乡助力乡村振兴的困境与实践——基于广东省河源市的田野调查》,《中国高校科技》2020年第4期。

第五章　共同富裕目标下全面乡村振兴的实践路径探索

党的二十大的报告指出，中国已经迈向一个以中国式现代化为核心全面建设社会主义现代化国家的新篇章。民族要复兴，乡村必振兴。从脱贫攻坚向乡村振兴的推进，是推动中国农业农村现代化、实现全体人民共同富裕的重要一步。然而，当前巩固脱贫攻坚成果的任务依然艰巨，在脱贫攻坚取得全面胜利后，党和政府需要维持主要帮扶政策的稳定性，并对重点群体和重点区域进行更多的干预。更关键的是，农户的稳定脱贫并不是最终目标，而是一个推进全体人民共同富裕的新起点。因此，既要巩固脱贫攻坚的成果，又要不断扩大其积极影响，这就要求党和政府在稳固脱贫农户基本民生的基础上，逐步缓解农民的相对贫困问题。乡村振兴战略以构建调整新型工农关系为出发点，以习近平总书记关于乡村振兴的重要论述为指导思想，以"乡村产业、人才、组织、文化、生态"全面振兴为总目标，是指导新时期"三农"工作的一项科学举措。在实现脱贫攻坚与乡村振兴相结合的进程中，通过产业发展、生态保护、生活富裕、乡村治理、支持保障五条路径，实现了巩固拓展脱贫攻坚成果同乡村振兴的有效衔接。对此，以实践框架为基础，从产业发展、生态保护、生活富裕、乡村治理、支撑保障五个维度深入探索其实施途径，将有力推动乡村振兴战略加快落地，促进农业农村现代化进程，最终迈向全体人民的共同富裕。

第一节　共同富裕目标下全面乡村振兴的实践框架

实现产业兴旺、生态宜居、乡风文明、治理有效、生活富裕，是乡村振兴战略的核心目标。鉴于目前农村发展的实际情况，农村区域与时空布局发展不平衡，尤其是东西部农村地区之间及城乡之间差距显著。乡村振兴涵盖农村经济、政治、文化、社会、生态文明以及党建等多个方面，它们紧密相连，构成一个不可分割的整体。其中任意一项发展不足，都会对乡村振兴产生不利影响。尤为重要的是，文化建设需在基本公共服务均等化的基础上推进，而基本公共服务均等化不仅能进一步促进文化建设，还能展现乡风文明，共同助力全面乡村振兴，加速共同富裕目标的实现。因此，针对乡村实际发展中面临的挑战，应因地制宜制定具体的乡村振兴战略实施框架，强调其系统性、整体性、协同性和相关性，确保乡村振兴战略与乡村具体制度安排相互衔接、相互配合，从而有效推进美丽乡村和美好家园的建设，最终实现乡村全面振兴。本节将从产业兴旺、生态宜居、基本公共服务均等化、治理有效和生活富裕五个方面，探讨实现乡村振兴五大目标的基本框架（见图5-1）。

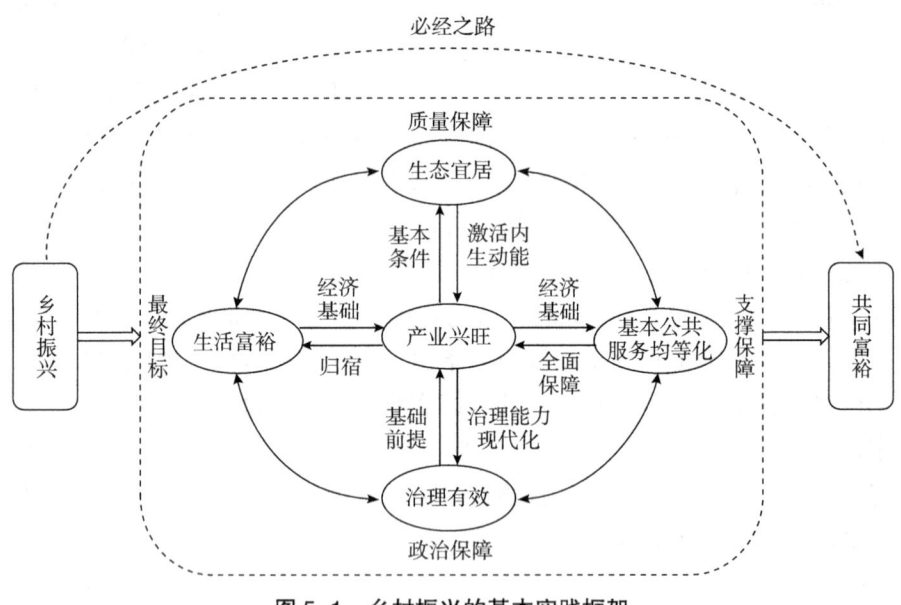

图 5-1 乡村振兴的基本实践框架

产业兴旺不仅是乡村振兴的基石，也是其他目标实现的重要保障。古语有云："仓廪实而知礼节，衣食足而知荣辱。"发展是中国所有问题的根本和核心，也是迈向共同富裕的必由之路。脱离了农业发展和粮食安全，就无法实现乡村的全面振兴，更无法实现共同富裕。因此，在乡村振兴的总体要求中，首先要把"产业兴旺"作为第一要务，培养农村产业的内生发展动力，将"产业为本"确立为实现乡村振兴的根本基石与先决条件，进而确保共同富裕的"蛋糕"能够越做越大。产业兴旺的实现，依赖多种经营业态的并存与相互促进，应发展具有地方特色的优势农业产业，拓展农业产业链，促进一二三产业融合发展，这不仅是提高农业生产效率、发展现代化农业的必然要求，也是激发乡村经济活力的关键。在此过程中，需基于当地农业特点，顺应市场对绿色、生态等高质量产品的需求，调整产业结构，促进产业升级，积极响应供给侧结构性改革，同时强化生态环境保护，打造宜居宜业的乡村环境，通过合理利用农业资源和乡村社会文化资源，充分挖掘其多元功能与潜在价值，推动乡村经济的多元化发展，为农民创造更多的就业机会，拓宽农民增收渠道，满足其多样化需求。此外，产业兴旺还需依托互联网、大数据、人工智能、区块链等现代科技手段，构建一个以新业态为中心，包括要素、结构、功能、环境、动能、硬件、软件、平台等在内的现代流通系统①，打破阻碍人力、资源、信息等各种要素的流动壁垒，促进各类要素的自由高效流通与平等共享，激活要素市场活力，提升资源协调配置效率，进而推动城乡一体化发展。总之，乡村振兴离不开产业兴旺的驱动，只有实现产业兴旺，才能为实现共同富裕目标奠定一个牢固的基础和保证，确保农业强、农村美、农民富的目标得以实现。

"良好的生态环境是最公平的公共产品，是最普惠的民生福祉。"②"生态宜居"这一理念，深刻揭示了人与自然和谐共生的关系，它不仅是乡村振兴的核心和关键，生动体现了以人为本的发展理念，还是确保乡村振兴质量、推动共同富裕的坚实基石。人类与自然的关系经历了从依赖到自立、再到协调共生的演变过程③。乡村振兴旨在保留并弘扬农村

---

① 唐任伍、张景森：《现代流通体系推动共同富裕实现的功能、作用和路径》，《中国流通经济》2022年第1期。

② 中共中央文献研究室编：《习近平关于社会主义生态文明建设论述摘编》，中央文献出版社2017年版。

③ 朱东波：《习近平绿色发展理念：思想基础、内涵体系与时代价值》，《经济学家》2020年第3期。

的自然风光、乡土情怀与民俗文化等特色要素，打造美丽宜居的新农村，让居民安居乐业。生态宜居不仅是激发乡村内生动能、促进资源向资产转化的重要途径，也是实现农民高质量生活、迈向共同富裕的必由之路。站在人与自然关系发展的历史高度，深刻认识乡村振兴和共同富裕的内涵，构建一个生态宜居的环境，夯实生态基础，这不仅是乡村振兴的必然选择，也是增进民生福祉的根本所在。坚持尊重自然、顺应自然、保护自然的生态文明理念，平衡好开发与保护、生产与生态的关系，避免以人造生态系统简单代替自然生态系统的错误行为。坚持"绿水青山就是金山银山"理念，通过政策、资金和技术的有效整合，将乡村生态资源优势转变为经济优势，融合现代文化与本土文化，发展绿色产业，为农民创造就地就业、创业与增收的机会，形成乡村生态与经济相互促进的良性循环，实现乡村生态美与人民富裕的和谐统一。乡村作为生态产品与服务的重要供给地，对"米袋子""菜篮子""水缸子""城市后花园"具有不可估量的价值[1]。坚持以"绿色"为导向，推动"绿色"发展，促进"绿色"生活，提高农产品质量，确保生态安全供给，牢牢握住中国人民的"饭碗"。同时，以生活环境改善、基础设施完善、基本公共服务提升为核心的生态宜居建设，不仅是乡村振兴建设的重要内容与衡量标准，还为实现共同富裕奠定了坚实的基础。

基本公共服务均等化是实现乡村振兴、迈向共同富裕的重要支撑与保障。根据《中共中央关于构建社会主义和谐社会若干重大问题的决定》，公共服务的范畴涵盖了教育、文化、就业再就业、社会保障、生态环境、公共基础设施及社会治安等多个关键领域。基于此，基本公共服务均等化不仅是实现乡村振兴"乡风文明"目标的基本保障，提供了不可或缺的精神与物质支撑，而且为共同富裕的实现筑基，是实现共同富裕的必经之路。本书认为，分析基本公共服务的内涵，应抓住四个关键问题。一是"基本"，即聚焦满足人民群众最根本的生活与发展需求，这是基本公共服务供给的出发点与落脚点。二是"公共"，即强调基本公共服务的公共产品属性，其非排他性和非竞争性要求政府必须承担起主要供给责任，以弥补市场机制的不足。三是确定目前

---

[1] 中共中央党史和文献研究院编：《习近平关于"三农"工作论述摘编》，中央文献出版社2019年版。

国家的发展水平和财政水平，动态调整"基本"的内涵，确保基本公共服务的适宜性与可持续性。四是提出解决目前社会发展中存在的突出问题，如医疗服务与社会保障供给不足等，这是推进基本公共服务均等化的紧迫任务。为有效应对上述挑战，国家及政府应着重在以下几个方面发力：加强对下岗和低收入人员的援助与救济；普及适龄儿童免费基础教育；完善老人养老保障体系，提供免费的公共医疗服务以及丰富人民的基本公共文化；等等。这些举措不仅是"乡风文明"的要求体现，还是促进乡村振兴五大目标的整体支撑，更是推动共同富裕实现的必然选择。

治理有效是乡村振兴的核心，在乡村振兴过程中，以共建共治共享为核心的价值追求，与"完善和发展中国特色社会主义制度，推进国家治理体系和治理能力现代化"这一全面深化改革的总目标相吻合。为此，需加速推进乡村治理能力和治理水平的现代化，保持农村生机勃勃、和谐有序，为乡村振兴保驾护航，并为共同富裕提供政治保证。一个稳定和谐的乡村社会，不仅能够为产业有序发展、人民安居乐业等创造良好的环境，还能够为推动共同富裕提供稳定的社会保障。改革开放以来，乡村社会经历了翻天覆地的变化，生态环境明显改善，发展动力持续增强，从封闭走向开放，产业结构与社会结构从单一向多元复合转型。在此过程中，农民的价值观念、家庭结构、生活方式、行动逻辑等均发生了深刻变革。然而，人才外流、村落变迁以及乡村边缘化等现象也对村民的集体认同与公共利益观念构成了挑战，乡村社会的风险随之上升[1]。面对农村社会治理环境的复杂性与管理领域的广泛性，党的二十届三中全会特别强调，完善共建共治共享的社会治理制度，建设人人有责、人人尽责、人人享有的社会治理共同体，完善共建共治共享的社会治理制度[2]。为实现这一目标，需优化多元主体参与机制，促进政府、乡村组织及农民群众之间的有效协同，打破条块分割与碎片化治理，形成统一协调的运行模式，提高治理效能。同时，应探索构建一种以德治为引领、以自治为前提、以法治为保障的复合型治理方式[3]，采用网格

---

[1] 张军：《新乡贤的嵌入与乡村治理结构的转型——基于两个村庄的比较分析》，《社会发展研究》2023年第1期。
[2] 马德坤：《中国式社会治理现代化的制度需要与路径选择》，《学术界》2024年第7期。
[3] 崔永东：《社会治理及其对企业合规治理的切入和渗透》，《学术月刊》2024年第4期。

化、精细化的管理与服务方式，打破农村治理"单一化"的困境，推动农村社会重构与治理制度变革，增强乡村发展的软实力，从而为乡村振兴创造稳定良好的外部环境与内在支撑，为最终实现共同富裕扫清阻碍，提供政治保障。

生活富裕不仅是广大农民群众日益增长的美好生活需要的重要体现，也是中国共产党"以人为本"的发展理念在"三农"工作中的具体实践，更是乡村振兴的出发点和终极目标之一。共同富裕指的是将收入分配上的差异化彻底消除，解决城乡和区域之间发展不平衡、不充分及收入差异大的问题，从而推动农村人民实现共同富裕。根据《中华人民共和国2023年国民经济和社会发展统计公报》，2023年城市居民人均可支配收入为51821元，而农村居民人均可支配收入为21691元，这凸显了城乡收入差距大的现状。同时，该年的基尼系数达到0.47，高于国际公认的警戒线0.4，进一步印证了收入不平等的问题。鉴于收入的增长是共同富裕的活水源泉，乡村振兴从大局和战略高度出发，科学规划工农关系、城乡关系，在促进全面协调发展的基础上，持续为农民提供更多平等就业的机会，拓宽农民增收的途径，采取多种措施切实提高农民的收入，进而增强农民的满足感和幸福感。通过推动产业发展，尤其是农村特色产业的繁荣，有效减少城乡和区域之间的收入差异，确保农民能够及时、平等地享受到改革发展的成果和国家发展所带来的红利。生活富裕既是实现人民群众物质上的富裕，又是实现人民群众精神上的富裕，也是共同富裕内涵的具体体现。

第二节 产业发展——脱贫攻坚基础上的脱贫县帮扶产业衔接机制研究

在脱贫攻坚与乡村振兴之间，产业帮扶是最有效且最直接的桥梁。为了搭建这一桥梁，需聚焦帮扶产业的优化升级，通过建立健全产业帮扶的长效机制，逐步打造出一套现代乡村产业体系。推动帮扶产业高质量、可持续发展，让低收入群体持续稳定增收，进而促进产业兴旺，实现乡村振兴。然而，随着帮扶力度的逐渐减弱，很多已脱贫的地区在产业帮扶方面暴露出了一系列问题，如产业基础不牢固、扶贫效果缺乏持续性、返贫与脱贫之间存在交叉等。针对这些问题，政府部门应主动作为，积极建立产业帮扶的长效机制。本节基于对陕西省脱贫县帮扶产业现状及发展模式的深入调研，发现当前产业发展存在一些问题，即产业同质化难突破、资源要素瓶颈突出、产业链条延伸不足、新型经营主体缺乏、市场主导作用不强。为应对上述挑战，基于帮扶产业发展的视角以及产业兴旺的目标，构建一套脱贫县帮扶产业衔接机制，以期提升和保持地方产业帮扶的效果，为省（自治区、直辖市）内和国内综合情况类似的地区的产业帮扶工作提供参考，实现产业兴旺。

一 脱贫县帮扶产业衔接现状及问题分析

陕西省位于西北内陆腹地，地跨黄河、长江两大流域，是连接中国东部、中部地区和西北、西南地区的重要枢纽。全省总面积约20.56万平方千米，地势南北高、中间低，有高原、山地、平原和盆地等多种地形。陕西省下辖10个地级市（其中1个副省级市）、31个市辖区、7个县级市、69个县。

（一）陕西脱贫县帮扶产业发展情况

陕西省帮扶产业的发展，不仅得益于政策优势，还依托资源优势。其特殊的地理位置、优越的自然环境以及深厚的文化底蕴，共同为陕西省在特色农业、光伏产业和乡村旅游产业等领域的发展提供了得天独厚的条件。然而，当前这些产业的发展普遍面临规模较小、过度依赖政府扶持的问题，亟须通过制定科学合理的政策和机制，推动这些帮扶产业可持续发展。

1. 特色农业帮扶产业

基于产业发展基础、资源禀赋、产业优势和产业发展规划，陕西省发布了《关于实施"3+X"工程加快推进产业脱贫夯实乡村振兴基础的意见》，大力发展以苹果为主的林果业，以奶山羊为主的畜牧业，以大棚种植为主的设施农业，以茶叶、魔芋、中药材、核桃和红枣为主的地域特色产业。经过几年的发展，特色农业帮扶产业取得显著成效，有力地推动陕南、陕北、关中脱贫县农业经济发展，陕西省脱贫县第一产业增加值呈现增长趋势（见表5-1）。

表 5-1　　2015—2021 年陕西省脱贫县第一产业增加值　　单位：万元

地区		2015 年	2016 年	2017 年	2018 年	2019 年	2020 年	2021 年
延安市	延川县	67342	75529	77324	95303	98130	119400	127000
	延长县	87863	87950	89259	108137	109880	151100	127000
	宜川县	111651	117322	117966	149428	152030	190669	203300
榆林市	米脂县	56687	69971	72778	96000	110767	121000	131200
	佳县	90629	106031	111300	167709	177571	182900	193000
	绥德县	100400	109830	115768	197270	209808	217400	224400
	子洲县	100646	119300	128961	164718	169900	196800	196800
	清涧县	116514	126228	131400	180900	194600	212400	236300
	横山区	142500	152300	164042	231700	261200	267200	278800
	定边县	178982	196400	200321	267420	278693	302900	336800
	吴堡县	24014	32070	33883	54541	61057	64100	66100
陕北地区合计		1077228	1192931	1243002	1713126	1823636	2025869	2120700
西安市	周至县	295400	331700	339100	329400	358800	403900	422400
宝鸡市	扶风县	203762	210596	212756	208194	216737	245100	264900
	太白县	57560	58526	64065	66393	69074	87834	87140
	麟游县	67079	71254	72960	59800	67800	77400	85300
	千阳县	95697	103354	104669	91812	103453	120000	121200
	陇县	171335	178828	186579	171201	186364	216500	234200
咸阳市	永寿县	150110	159780	169458	184045	200150	225700	252000
	淳化县	231687	250230	261616	250100	265400	314800	342300
	旬邑县	270580	292882	293471	264731	285120	311600	343900
	长武县	152760	158683	166383	162800	176090	198194	201710
渭南市	澄城县	202072	212954	217238	272915	304252	360884	386800
	合阳县	181981	191796	197510	255200	285133	337700	354900
	蒲城县	243668	254570	266933	333298	360473	418200	462300

续表

地区		2015年	2016年	2017年	2018年	2019年	2020年	2021年
渭南市	富平县	271000	284427	290307	382145	422153	480300	542739
	白水县	237235	249748	256897	325466	346957	414118	417100
铜川市	宜君县	60247	63271	64710	59740	62721	71530	79900
	印台区	11200	53300	54530	38670	42060	49200	52800
	耀州区	104506	110008	113186	136630	149000	144900	156200
关中地区合计		3007879	3235907	3332368	3592540	3901737	4477860	4807789
汉中市	留坝县	29850	31736	32793	29612	33327	38600	44900
	佛坪县	12460	13220	13618	17397	19181	22099	23082
	西乡县	184719	199633	203102	210869	236645	272600	280700
	勉县	204975	221389	224060	210299	233970	270600	312948
	南郑区	222999	240563	244164	300809	333484	381500	401700
	洋县	233456	250503	255666	291812	321447	368800	380800
	城固县	427740	457472	469339	432376	474962	542000	578100
	略阳县	89369	95494	97777	84478	94358	108500	111900
	镇巴县	158167	169318	173650	170605	189611	217900	223800
	宁强县	181927	194908	198362	161181	178968	206300	215200
安康市	镇坪县	31041	32174	34170	39798	44320	50156	50575
	汉滨区	5300	9900	14100	65900	35959	398800	420500
	平利县	100433	105027	109182	106890	119373	137400	145500
	旬阳市	124355	129949	135189	175666	198324	228300	234800
	石泉县	65495	69592	72620	82515	93090	107100	110800
	紫阳县	110143	113435	118393	140222	155465	177400	188600
	白河县	73508	75946	79097	97167	107582	122457	129100
	汉阴县	122571	127794	134402	145358	162161	185670	191000

续表

地区		2015年	2016年	2017年	2018年	2019年	2020年	2021年
安康市	宁陕县	42044	43422	46024	49573	54192	60823	62700
	岚皋县	63912	66841	69781	81998	91471	103894	109633
商洛市	镇安县	115449	117770	123594	121740	131880	150300	158600
	商州区	132005	139534	142484	142484	159040	185040	188430
	洛南县	206134	214168	218820	210290	227170	229300	236600
	山阳县	174620	192380	196460	186360	202460	218700	220800
	丹凤县	109179	110405	112978	107410	113530	150422	151400
	商南县	117170	123150	122858	119166	129880	147000	150100
	柞水县	63000	66300	66200	61600	73800	77300	77600
陕南地区合计		3402021	3612023	3708883	3843575	4215650	5158961	5399868

资料来源：根据《陕西省农业统计年鉴》（2016—2021）、陕西省各县2015—2021年统计公报整理。

自2015年陕西省贯彻落实《中共中央 国务院关于打赢脱贫攻坚战的决定》以来，脱贫攻坚战迅速打响并持续推进。其间，陕西省农业产业发展取得稳定成效，农村地区居民人均可支配收入由2015年的8689元提高到2023年的16992元，增长率高达95%，显示出农村经济的强劲增长势头。在主要农产品产量方面，陕西省实现持续增加，尤其是畜牧业生产保持稳定。尽管在一段时间内，受市场供需影响，肉禽蛋菜价格一直处在高位运行，但新冠疫情有所控制后逐渐平稳。这一系列积极变化，充分证明了陕西省实施"3+X"特色农业产业帮扶工程成效显著，不仅有效促进了农业产业结构的优化升级，还极大地提升了农村地区居民的生活水平。

2.光伏产业

榆林市位于陕西省最北部，恰恰位于黄土高原与毛乌素沙漠的交会地带，同时也是黄土高原向内蒙古高原过渡的关键区域，其得天独厚的地理位置使这里的年有效光照时间在1440小时左右，为光伏产业的蓬勃发展提供了优越的自然条件。依托这一优势，榆林市的光伏帮扶电站成效显著，协合光伏电站年发电量高达约 2.7 亿度，全年总收益达 2.1 亿元，在扣除必要的税费和运维费用后，剩余的 1.68 亿元资金被全额投入帮扶事业，助力当地经济发展与民生改善。自榆林市光伏帮扶项目实施以来，其 12 个县市区累计建成并网光伏帮扶电站 276 座，总规模达 19.4 万千瓦。这些电站的建成与运行，有效促进了低收入人口的增收脱贫，甚至实现了部分农村地区的光伏帮扶全覆盖，为乡村振兴战略的深入实施奠定了坚实基础。

光伏产业帮扶项目不仅在陕北地区得到有效实施，还延伸至关中与陕南的多个县区。其中，铜川市宜君县尤为突出，该县光伏总装机容量 250 兆瓦，2023 年全年发电量 11 亿千瓦·时，并于 2017 年被确定为全国 3 个技术领跑基地之一。宜君县充分利用丰富的光照条件，结合当地各类生态资源，创新性地发展了"光伏+农业+帮扶+旅游"模式，有效促进了农村地区经济发展和民生改善。与此同时，商洛市商州区将光伏发电作为产业帮扶的主要产业之一，积极制定并实施了一系列光伏发电扶助政策，特别设立了光伏发电站配电基础设施建设专项资金，以财政支持的形式，对低收入群体提供补助。此外，商州区还大力倡导并激励国有企业与民营企业共同参与光伏帮扶工程建设，通过多方合力，进一步推动光伏产业帮扶项目的深入实施与成效扩大。

3. 旅游产业

陕西省乡村旅游以其优良的生态、深厚的文化底蕴、多样的业态，日益成为促进乡村振兴的重要动力。为充分发挥这一优势，陕西省大力发展"一乡一品""乡村旅游"，利用旅游示范县建设、旅游景区建设、文化旅游名镇建设、旅游帮扶重点村建设、汉唐帝陵旅游带发展、旅游土特产生产销售等多元化路径，推动乡村旅游产业发展。这一系列举措不仅有效促进了乡村旅游的繁荣，还显著提升了农村地区的经济增长。截至 2022 年，陕西省共创建 6 个乡村旅游重点镇乡、46 个全国乡村旅游重点村、159 个省级旅游特色名镇、248 个乡村旅游示范村。2022 年共有 8 个乡村入选农业农村部公布的"中国美丽休闲乡村"名单。另外，陕西省还成功打造了诸如袁家村、马嵬驿、茯茶镇等一批乡村旅游品牌，这些品牌以其独特的魅力和影响力，不仅吸引了大量游客，也为当地经济注入了新的活力，进一步巩固了乡村旅游在乡村振兴中的核心地位。《陕西统计年鉴》数据显示，2014—2022年，全省累计接待国内游客超40亿人次，实现旅游收入累计约3.5万亿元。在乡村振兴战略下，发展乡村旅游是解决"三农"问题的重要途径之一。这一点在陕西省尤为明显：2022年，陕西省乡村旅游惠及农户48万户，惠及农村人口233.48万人，带动农村人口就业140.39万人，受益农户家庭人均可支配收入约2万元，高于全省农村居民人均可支配收入。推动乡村旅游发展驶入增长快车道，迈向高质量发展的阶段。

（二）陕西脱贫县帮扶产业发展模式

产业帮扶是精准帮扶的有效途径，其精髓在于"授人以渔"，即通过增强低收入地区的"造血功能"，从根本上帮助低收入人口取得稳定增收、断掉穷根、开掘富源。各脱贫县利用各区县自身的优势，采取不同的发展模式，以推动帮扶产业发展，主要有以下三种。

1."龙头企业＋低收入农户"模式

"龙头企业＋低收入农户"模式是最基本的模式，其他模式大多是在这种模式的基础上演变而来的。在这种模式中，龙头企业以农业产业或产品为核心，通过特定的合作形式将各方紧密结合在一起。龙头企业不仅是农户和国内外市场的桥梁，还积极引导低收入农户参与帮扶产业发展，从而有效推动当地产业和经济的发展。当前，"龙头企业＋低收入农户"模式主要依赖市场交易、合同契约和股份合作三种联结方式。

一是市场交易方式。这种模式企业与农户不签订合同，也不建立固定的契约关系，双方完全在市场中自由交易。企业设定农产品标准，农户则提供符合标准的农产品，价格随行就市，自由买卖。企业和农户作为独立的经济主体，除农产品买卖款外，两者之间没有任何经济联系和约束。这种模式的核心在于通过市场交易实现利益联结。

二是合同契约方式。这是龙头企业与低收入农户合作的最常见形式，通过签订涉及产品、生产要素、劳动等方面的合同契约来建立合作关系。龙头企业和低收入人口各自独立经营，但农村低收入人口为了降低市场风险、生产风险以及交易成本，会选择将土地、劳动力等资源出租给龙头企业，或接受其订单进行生产，从而获得物质资本。而龙头企业为了确保原材料供应稳定或降低成本，通过契约形式与低收入人口建立规范的利益分配关系。这种模式的本质在于通过合同契约实现利益联结。

三是股份合作方式。在这种模式下，龙头企业和农户通过双向入股进行利益联结，龙头企业以资金、技术、良种等要素入股，拥有企业股权；低收入农户以资金、土地、设备等入股，参与、监督企业的经营管理，双方共享全产业链利润，形成紧密的合作关系。龙头企业不仅发展生产，还通过折股分红、培训就业等方式为农户提供多元化的支持，提升其增收能力和自我发展能力，促进低收入人口稳定脱贫。尽管该模式同样属于合作型利益联结，但由于龙头企业和农户追求不同的利益点，以及股份制企业发展尚不完善、农户相对处于弱势地位等因素，关系较为松散，且企业在定价等方面拥有较大话语权，尚未能完全实现"利益均沾、风险共担"的状态。

2."合作社＋低收入农户"模式

"合作社＋低收入农户"模式，是一种以合作社为主导，帮扶农户增收致富的创新机制。具体来说，该模式通过合作社，有效整合国家帮扶资源与低收入农户的现有资产，实施资产收益帮扶的策略。在低收入农户基本脱贫的前提下，逐步构建起一个资产收益帮扶与帮扶低收入农户更好改善民生的长效机制，这一模式的主要内容如下。

一是针对进入合作社的中央财政专项基金及其他涉农基金，采取全部或部分量化的方式，分配已识别的低收入农户，作为他们的入社股金。同时，明确规定这部分财产交由合作社统一管理，并负责其保值增值，确保低收入农民能够持续享受到财产带来的红利，同时规定不得随意撤资。

二是合作社要主动担当起脱贫的重任，把以前的财政资产的收益或者自有资产，以配股、捐股的方式，给入社的农户设立资产账户，赋予他们享有相应资产收益回报的权利。此外，鼓励缺乏劳动能力或者耕作效率低下的低收入农户，通过土地托管、流转或者以入股的方式，实现土地资源的集约化、规模化经营。合作社应深入研究低收入村集体经营性建设用地的入市机制，并在此基础上，通过合作社对农民实施定期的资产收益分配，帮助农民增加收入。

3."政府＋新型经营主体＋低收入农户"模式

"政府＋新型经营主体＋低收入农户"模式，是指在产业帮扶过程中，政府起到主导作用，负责制定落实政策、引领各经营主体发展，监测产业落实成效，并对产业发展中出现的问题承担协调解决的责任。该模式具有以下两个特征。

一是针对必须进行宣传的项目，政府实施激励政策，对积极参与的农民给予补贴，以此激励农民的积极性和主动性。例如，推广种植一种作物，政府不仅会为改种此作物的农户提供每亩固定金额的现金补贴，还会联合土肥站、种子站等资源，对种子种苗、农药化肥、农机工具等生产要素进行补贴，有效降低农民的种植成本，增强其生产信心与热情，进而推动政策的有效实施与普及。

二是针对技术和资金不足的农户，政府积极引导并支持他们成立一个新型农业经营主体，同时作为中介促进农民与企业合作，吸引企业参与产业帮扶建设，采用"政府＋新型经营主体＋低收入农户"的方式，共同构建帮扶产业链。这一策略不仅为广大低收入群体创造了更多的就业机会，助力他们通过劳动实现脱贫致富，也为企业提供了政策支持和市场机遇，实现了政府、企业与低收入群体之间的共赢局面。

（三）陕西省脱贫县帮扶产业衔接问题分析

2023年，陕西省脱贫县农村居民人均可支配收入达到了16396元，较上年增长8.5%。为深入了解陕西省脱贫县帮扶产业发展状况，课题组成员走访了陕北、陕南、关中等多个脱贫县，与当地农户、产业带头人、龙头企业管理者进行访谈，全面走访并调研了当地发展的产业。通过这一系列活动，课题组不仅掌握了当地帮扶产业发展的政策与现状，还了解了农户对帮扶产业发展的态度。随后，基于收集到的第一手资料，结合相关资料的统计和分析，课题组发现扶贫县帮扶产业衔接中，存在一些制约可持续衔接发展的问题。这些问题主要表现在以下几个方面。

1. 产业同质化难突破

陕西省脱贫县的帮扶产业主要以水果、蔬菜、食用菌等小规模项目为主，这些项目由于投资少、周期短、见效快，短期内其帮扶效果立竿见影，但缺乏长远的考虑，容易引发周边资源禀赋相似地区盲目跟风，选择相同项目进行发展。在市场需求短期内保持相对稳定的情况下，这种趋同性发展导致特色农产品的供给量急剧增加，进而造成供过于求的局面，无序竞争随之而起。这不仅使产品销路受阻，特色产业再无特色，更对产业的长期可持续发展构成了威胁，最终可能影响到低收入群体的稳定脱贫进程。

2. 资源要素瓶颈突出

产业发展的基础要素涵盖土地、资源、劳动力、资本及技术等多个方面。陕北地区以黄土高原为主，而陕南地区以山区为主，这些自然条件的限制，加上交通不便、资讯不畅，造成了两个区域经济发展落后。另外，陕西省的农村人口占比较大，随之而来的是教育水平、生产水平和技术水平落后，这直接降低了农村人口中的教育水平，进而影响了农民素质的提升，成为制约当地经济发展的重要因素之一。同时，劳动力短缺、老龄化严重、地区人口结构不尽合理，也是导致这些地区收入低下的重要因素。尤为突出的是，由于农村地区经济收入普遍偏低且来源单一，促使大量青壮年劳动力外流至城市，留下的多是劳动能力低下的儿童和老人，他们往往缺乏专业技能，形成了"有产业没人力、有劳力没技术"的情况，严重阻碍了低收入地区实现可持续发展的步伐。

3. 产业链条延伸不足

合理的产业结构是一个地区经济发展的重要因素，在农村，尽管农民的主要收入来源是农业收入，但当前农业面临着产业结构单一、难以构建完整产业链等挑战；同时，集约化程度低，无法实现规模化生产，造成整体效益较低。此外，由于经济发展落后、人们观念陈旧等，农村地区在吸引龙头企业入驻等方面受阻。即便是仅有的少数龙头企业，也因规模小、特色产业不突出且缺乏协同合作，其带动区域经济发展的效应并不明显。尽管近年来农业生产努力向"多层次多板块"的方向发展，试图打破单一模式，然而，分散经营、碎片化及小型化的特征依旧占据主导地位。大多数农业生产仍以家庭为单位进行，这种经营模式特征不明显，难以形成显著的规模效益，更未能有效地向二三产业延伸，从而限制了农业价值链的整体提升和增值空间的拓展。

4. 新型经营主体缺乏

由于新型经营主体难以有效发挥自身功能，低收入群体抵抗市场风险和自然风险的能力较弱。一方面，龙头企业很难平衡经济利润和社会责任，缺乏主动承担帮扶任务的动力。它们通常只关心公司盈利状况，唯有在满足土地、劳动力吸收以及响应政府对行业帮扶资金的需求的前提下，才会发挥其帮扶职能。另一方面，农民合作社主要由农民自发组织而成，普遍存在建设规范性低、经营管理不善、制度建设不健全等问题，导致组织能力较弱。很多合作社仍停留在自发运行状态，还有一部分合作社制定的制度流于形式，无法落实。此外，农民合作社在资金积累方面自身能力弱，又缺乏业务指导，很难在长期形成良性发展，进一步加剧了其发展的挑战。

5.市场主导作用不强

调研结果显示，市场在要素配置、产业竞争、激活主体、效率增进等方面的作用未充分发挥。在帮扶脱贫历程中，产业帮扶普遍采取政府主导的项目帮扶模式，政府直接提供帮扶资源，低收入群体则按照帮扶政策标准获得支持并被视为脱贫。在此过程中，政府起到"主导者"和"支配者"的作用。然而，政府引导的产业帮扶往往侧重前期投资，而在后续管理、技术升级、设施维护等方面的投入明显不足，这导致部分产业项目可持续发展能力不强，甚至短期内便面临废弃的风险。

产业的开发和发展应遵循市场规律，紧密围绕市场需求调整产业结构，根据当地资源发展特色产业，并通过差异化竞争策略增强市场适应性。帮扶产业衔接要以市场为导向，通过产业发展实现持续脱贫。然而，当前政府主导的大规模产业扶贫模式，无法满足市场的有效需求，这些产业帮扶项目过度依赖政府，一旦失去政府支持，便无法生存下去，更遑论产业竞争和效率增进。此外，过度集中的计划管理模式也降低了资源配置效率，未能有效激发作为产业振兴的主力军和创造者的主体活力。更严重的是，很多新型农业经营主体在缺乏充分市场调研的情况下，盲目地追逐着政府的项目，忽视了以市场需求为导向的有效供给，这不仅扭曲了市场的正常运作机制，更可能导致市场调节功能的失效，阻碍帮扶产业与市场的健康融合与发展。

二 脱贫县帮扶产业衔接机制构建

帮扶产业衔接是遵循农村产业发展转型内在逻辑的重要过程，具体体现在帮扶产业统筹规划的方向引导、资源要素融合的市场竞争、产业发展政策的保障投入、帮扶产业项目化的支撑带动、新型经营主体的利益联结以及产业结构变革的综合管理上。鉴于此，本部分首先深入剖析了陕西省脱贫县帮扶产业发展现状及在衔接过程中存在的问题，随后在此基础上进一步明晰帮扶产业的衔接机遇和目标。为了实现这一目标，本部分构建了规划、要素、政策、项目、利益和管理的帮扶产业衔接六维度分析框架，并进一步设计了相应的衔接机制，以期推动帮扶产业的高质量发展。

（一）帮扶产业衔接机遇分析

1. 政策驱动力增强

2020年底，中国进入由脱贫攻坚到乡村振兴的过渡阶段，产业扶持政策的驱动作用在此阶段越来越明显。中共陕西省委、省政府颁布的《关于学习运用"千村示范、万村整治"工程经验有力有效推进乡村全面振兴的实施意见》及2024年陕西省委一号文件均指出，脱贫地区要确保不发生规模性返贫，推动特色产业链条升级，健全联农带农机制。鉴于陕西省内陕北、关中、陕南三个自然地理区域在经济基础、自然条件、科技水平、文化传承等方面的显著差异，这些区域形成了各具特色的优势产业发展格局，进而要求各地在制定产业发展政策时各有侧重。以下对陕北、关中、陕南三个地区依次展开分析。

（1）陕北地区。陕北地区作为重要的能源化工基地，其能源化工产业构成陕西省经济的重要支撑。当前，陕北地区正致力实现转型与可持续发展的目标，核心策略聚焦延链、补链、强链，以推动产业结构的优化升级。自1998年原国家计划委员会批复陕西省榆林能源重化工基地建设规划以来，陕北地区经济实现了跨越式发展，生产总值、工业总产值、全社会固定资产投资、财政收入分别增长了32倍、52倍、46倍、42倍。这一系列数据彰显了陕北地区经济活力的显著提升。为实现这一目标，政府通过最大限度给予资金、资源、政策等各方面支持，推动陕北能源化工产业建设，发挥陕北煤油气资源的富集优势。通过这一系列举措，政府不仅推动了能源工业产业高端化、集群化、绿色化转型，还有力促进了陕北地区脱贫攻坚，为区域可持续发展奠定了坚实基础。

（2）关中地区。关中地区凭借雄厚的经济实力与众多的科研院所，已成为陕西省协同创新发展的"领头羊"。自2016年10月19日首届关中协同创新发展座谈会成功举办以来，该地区被赋予了引领并促进周边三大区域协调发展的重任。2017年，西安市单晶硅片产量跃居全球首位，其中，行业领军企业西安隆基清洁能源公司更是荣获了"光伏农业优秀扶贫奖"。光伏产业的蓬勃发展，不仅为西安市增加了税收，还直接提供了众多就业岗位，有效带动当地农民增收，持续巩固脱贫攻坚成果。近年来，进一步扩大光伏产业的辐射效应，省、市、县各级领导高度重视，频繁深入相关企业调研指导，成功将单晶硅项目引进到延安市黄龙县、咸阳市永寿县等地，实现了西安光伏产业向更广泛区域的辐射与带动，真正发挥了其在区域经济发展中的引擎作用。

（3）陕南地区。陕南地区地处秦巴山区，是陕西省对接长三角地区的重要门户。陕南地区自然风光秀丽、生态环境脆弱，始终坚持绿色循环发展。为了充分发挥其独特的生态优势，陕南地区的帮扶项目重点聚焦乡村旅游、生物医药、大健康等领域，这些项目不仅促进经济发展，还彰显了生态与经济双赢的良好效益。为进一步推动陕南地区的可持续发展，陕西省发展改革委印发《"十四五"陕南绿色循环发展规划》，明确陕西省将按照国家重要生态安全屏障、国家优质生态产品供给基地、国家绿色旅游和康养旅游示范基地、区域重要交通物流枢纽4个战略定位，深入实施陕南绿色循环发展战略，以经济生态化、生态经济化为路径，探索生态环境保护与产业融合发展新模式。以商洛市为例，当地以商州中心城区、商於古道生态文化旅游走廊、秦岭山水风情休闲走廊、秦风楚韵旅游体验走廊"一区三走廊"为依托发展大旅游产业，同时，依托"医养游体药食"产业示范区发展大健康产业，这些项目均被纳入政策重点支持范畴，实现生态保护与经济社会发展的和谐共生。

2.技术驱动力增强

在科学技术高速发展的当今世界，技术对帮扶产业的驱动作用越来越强，其影响已深深渗透到产业的全链条中。以特色种植业为例，这一领域率先展现了技术变革的力量：无人机播种、定点撒药等控制技术，极大提高了播种环节的效率；同时，自动套袋、联合收割等农用机械技术的应用，有效节省了农产品生产环节的人力投入；以互联网为代表的信息技术贯穿产品的生产和销售环节，成为推动产业创新与升级的强大引擎。

从宏观政策层面来看，《陕西省国民经济和社会发展第十四个五年规划和二〇三五年远景目标纲要》明确指出，要深入实施创新驱动发展战略，打造西部创新高地。"十四五"时期，陕西省将按照国家统一规划部署，聚焦战略导向型、应用支撑型、前瞻引领型、民生改善型等关键领域，加速构建国家重大科技基础设施布局。在此过程中，陕西省将强化服务地方经济的技术研发、创新合作和成果转化，从而确保技术驱动力持续增强，为帮扶产业乃至全省经济的转型升级注入不竭动力。

以关中地区为例，该地区是国家级高新技术产业开发带，被列入国家高技术产业发展项目计划的共有 70 多个，涵盖航空、电子、航天、生物医药、新材料等多个重点领域，位列全国第三。在这些项目中，以飞机飞行模拟器、应急移动卫星通信系统、高分辨率卫星图像应用系统、新一代宽带通信共性关键安全技术产品、高功率半导体激光器、北斗 GPS 兼容接收机芯片、组织工程皮肤、特种复合陶瓷材料及制品等为代表的一批国家高技术产业化项目建设成果显著，它们不仅加速了自主创新成果向产业化转化的进程，还有力推动了产业衔接机制构建和经济发展方式的转变。中国第一个农业高新技术产业示范区——杨凌示范区位于陕西省关中地区，该示范区凭借其国际领先的多项农业生产与管理技术，生动体现了产业衔接技术驱动力增强的现实意义。杨凌示范区的建设遵循"国内领先、国际一流"的高标准，并融合了视野国际化、生态循环化、经营高效化、结构国际化、管理模块化、功能多样化、人才高端化、工人职业化、温室模块化、控制智能化、操作机械化、水肥一体化、生产工厂化、产品特色化"十四化"标准，倾力打造的高端化现代农业示范园区，为陕西省其他地区农村产业现代化转型提供了参考和借鉴。

3. 市场驱动力增强

党的二十大报告提出，构建高水平社会主义市场经济体制，必须以完善产权制度和优化各类要素市场化配置为重点，加快建设统一开放、竞争有序的市场体系[1]。这一战略导向深刻启示我们，在帮扶产业的发展与衔接过程中，必须将市场表现作为遴选标准。近年来，随着帮扶产业市场的衍生和发展，不仅加速了产业转型步伐，还催生了产业集聚的新模式。从带动效应来看，市场对帮扶产业集聚的作用明显，它有效整合了市场信息、产品制造、销售渠道、配套服务等关键环节，形成高效协同的产业链。以陕西省周至县蔬菜产业集聚为例，该县依托市场驱动。围绕西安市蔬菜市场需求，构建起涵盖运输、产权、劳动力等多

---

[1] 周文、张旭、郭冠清等：《学习贯彻党的二十届三中全会精神笔谈》，《河北经贸大学学报》2024 年第 5 期。

要素市场相配套的市场体系，成为保障西安市民"菜篮子"的重要生产基地。

从市场主体角度来看，陕西省 2022 年新登记市场主体 82.16 万户，实有市场主体总量居全国第 12 位；千人拥有市场主体 135.5 户，全国排名第 7 位，彰显了市场活力的持续增强。市场需求方面，2022 年陕西省社会消费品零售额 10401.61 亿元，其中限额以上企业（单位）消费品零售额 5377.67 亿元，同比增长 4.0%，消费市场在疫情背景下依然保持快速增长，展现了强大的消费活力与韧性。市场动能转化层面，创新驱动成为关键力量。近年来，陕西省综合科技创新水平不断提升，2022 年综合科技创新水平指数为 71.60%，秦创原创新驱动平台更是带动陕西省科技型中小企业、高新技术企业、技术合同成交额的数量增长均超过 30%，现代农业产业技术如家禽产业技术、绿肥产业技术、花卉产业技术、苹果储藏技术等也不断成熟。针对帮扶产业，企业市场意识越发敏锐，市场渠道网络逐渐畅通，尤其是农产品电商的快速发展以及适应能力的不断提升等，为帮扶产业注入了新的活力。一个由内需驱动与国内外市场共同构成的庞大市场，是维持帮扶产业发展韧性的核心。加快构建以国内大循环为主体、国内国际双循环相互促进的新发展格局，陕西省需进一步构建畅通的农产品市场网络，紧跟产业市场升级步伐，为帮扶产业奠定坚实的市场基础。同时，积极拓展国际市场，推动农产品品牌国际化，这对于构建帮扶产业衔接机制具有重要意义。

（二）帮扶产业衔接目标分析

产业兴旺是解决一切农村问题的前提，也是帮扶产业发展的最终目标。为了实现这一目标，关键在于衔接期内增强产业的市场适应性，确保其发展遵循市场规律与产业演进趋势。脱离市场需求的帮扶产业，既难以满足消费者的期望，也无法在市场上长久存在，这往往是返贫现象的根源所在。二三产融合作为一条重要路径，它通过促进初级农业（如种植业、养殖业）与二三产业的深度融合，催生出多样化的新产业、新模式、新业态和新功能，从而拓宽了产业发展的辐射面，增加产业发展附加值，提高产业发展竞争力，并激发产业发展驱动力。这一过程的本质，在于对农业产业链的延伸、价值链的提升以及利益链的完善，为帮扶产业的长远发展奠定了坚实基础。帮扶产业的顺利衔接，其核心在于激活产业发展的活力，满足经济发展的可持续性要求。我们明确将帮扶产业的衔接目标细化为三大维度，即市场导向发展目标、产业融合发展目标和可持续发展目标，帮扶产业衔接目标分析如图5-2所示。

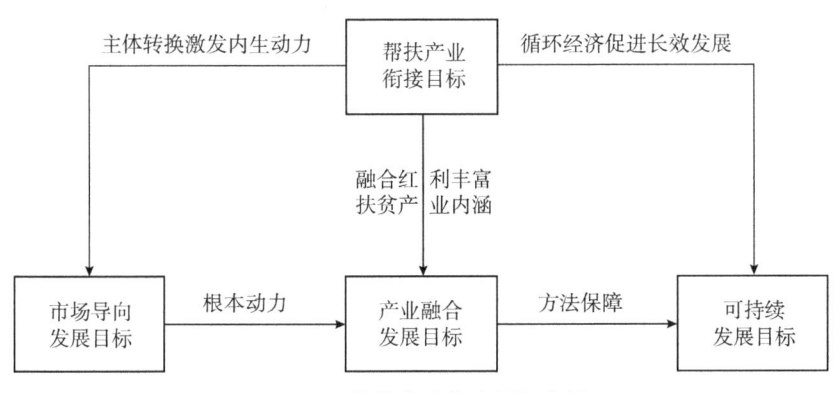

图 5-2　帮扶产业衔接目标分析

根据图5-2，在帮扶产业衔接过程中，长期坚持市场主导作用将逐步激发帮扶产业的内生动力，使帮扶产业顺应市场规律的融合机遇，进一步实现产业融合发展的既定目标，同时，产业融合又为脱贫县帮扶产业可持续发展提供了方法保障，以下将对三种目标进行具体分析。

1. 市场导向发展目标

市场在乡村产业发展中发挥要素配置的主导作用，帮扶产业衔接与发展需要遵循产业发展规律，积极适应市场需求，坚定不移坚持市场导向的发展目标。在帮扶产业的衔接过程中，具体要求是以市场需求为导向挖掘优势特色产业；同时，推动帮扶产业要素的市场化高效配置，实现生产与销售的并重发展；既要充分发挥市场的决定性作用，也要有效发挥政府的引导和支持作用，形成市场与政府协同发力的良好局面。

基于市场导向的发展目标，需建立起一种产业遴选机制，将产业划分为逐步退出型、培育扶持型、市场自适应型三类。其中，根据市场遴选规则优选出的市场自适应型，往往极具发展特色，帮扶产业的机制构建也迫切需要发展特色产业。特色产业帮扶项目的开发，须以当地资源为基础，遵循市场和产业发展规律，找准产业项目与低收入群体增收的结合点。借鉴其他省份的成功经验，陕西省脱贫县要立足优势，突出特色，打造品牌，因地制宜地选择立项一批区位优势明显、规模效益较高的产业帮扶项目。大力发展投资少、带动大、风险小、见效快的产业，采取直接帮扶、托管帮扶、合作帮扶、企业帮扶、股份帮扶等多种形式，形成"一村一品、一乡一业"产业发展格局，为乡村振兴注入强劲动力。

2. 产业融合发展目标

农村产业融合不仅是实现乡村振兴的必然路径，也是解决产业发展过程中众多环境、社会问题的有效途径，更是促成产业衔接、夯实巩固脱贫成果的必然选择。为实现三产融合发展目标，帮扶产业亟须借助产业融合衍生出新模式、新业态或新功能，最终延伸出农业产业链、提升价值链、完善利益链。

根据农村产业融合的一般途径，构建以产业融合为驱动的帮扶产业衔接机制，首要任务是推进产业链的纵向延伸。鉴于资源禀赋和区位条件的制约，脱贫县的帮扶产业大多集中在农业领域，因此，以农业产业链延伸为例进行重点分析。农业产业链作为不同农产品链的集合体，其核心价值在于联结农业生产资料供应、农产品深度加工及储运、销售等环节，建成由产品链、价值链、创新链、资金链、信息链和组织链等子系统构成的现代农业"全产业链"体系。每一类农业产业链根据其特性制定相应的发展规划。具体而言，一方面，需不断巩固农产品加工链，立足产业基础实际，坚持差异化发展战略，通过创建农产品加工示范园区等方式聚集龙头企业和旗舰产品，逐步形成以农产品加工为特色，以食品制造、康养结合等大健康产业为引领的经济发展新引擎、新动能；另一方面，则需加速推进农业服务链的完善，依托农业技术服务深入实施强链工程，逐步推动农机、农艺融合试点工作，构建农技服务平台、农机服务平台和信息工作平台，加强组织领导，优化技术服务，强化监督管理，做好总结宣传，从而全面提升农业产业链的整体效能与竞争力。

3. 可持续发展目标

帮扶产业的可持续发展不仅是巩固脱贫攻坚成果的必要保证，也在产业帮扶到产业兴旺的有效衔接中发挥关键性作用。因此，确立帮扶产业可持续发展的长远目标至关重要。产业帮扶是中国过去一段时间里最重要的帮扶方式，极大地促进了精准帮扶的深入实施与成效显现。产业的稳定有序发展，为当地经济注入了活力，最终实现脱贫致富。然而，对中国的帮扶工作而言，脱贫只是第一步，其后还需继续努力，更好地推进共同富裕。

为实现这一目标，帮扶产业必须秉持节约资源和保护环境的可持续发展理念，将其作为引领产业前行的核心指导思想。这一理念倡导遵循生态学规律，促进自然资源的合理开发与环境容量的有效保护，通过重构产业体系，融入清洁生产、资源循环利用、生态设计及可持续消费等理念，确保产业发展与自然生态系统和谐共生。在此基础上，将循环经济的思路引入产业发展的道路，遵循再循环原则，提升废物利用率，减少污染物排放，构建绿色、低碳、循环的发展模式。在乡村振兴的多维理论框架下，"产业兴旺"与"生态宜居"相辅相成，后者不仅契合可持续发展理论，还通过产业衔接的可持续性间接促进了城乡人居环境的改善。近年来，"绿水青山就是金山银山"理念深入人心，这意味着经济发展绝不应以牺牲环境保护为代价，相反，产业发展应成为促进生态宜居的积极力量。帮扶产业在追求经济效益和社会效益的同时，兼顾生态效益，将更有利于产业的可持续发展。

（三）陕西省扶贫县帮扶产业衔接机制构建

为了有效衔接产业帮扶与产业兴旺，本部分遵循农村产业发展转型的内在逻辑，首先系统梳理了现有文献资料，在此基础上，围绕帮扶产业的统筹规划方向引导、资源要素融合的市场竞争、产业发展政策的保障投入、帮扶产业项目化的支撑带动、新型经营主体的利益联结、产业结构变革的综合管理，从规划、要素、政策、项目、利益和管理六个维度构建研究框架。

1. 帮扶产业发展规划衔接机制构建

规划对乡村产业发展方向作出长远安排，决定要素集聚方向和项目属性。然而，当前在脱贫攻坚与乡村振兴战略的产业发展规划领域，欠缺一体化统筹协调和整体性思维。具体表现为，一是简单地将脱贫攻坚的工作规划等同于乡村振兴规划，忽视了二者的本质区别；二是过高地将乡村振兴规划视为脱贫攻坚的升级版，忽视了二者的先后接续关系；三是局限于脱贫攻坚的最低标准与政策要求，未预留出乡村振兴规划的发展空间，甚至存在规划脱节现象，导致出现各自为政、另起炉灶、浪费资源的局面。因此，在制定规划时，必须强化脱贫攻坚与乡村振兴的衔接意识，以农业农村现代化和乡村振兴的目标为指导，制定产业发展总体标准。

规划初期，应优先遴选那些具有可持续发展前景、市场效益好、带动作用强的产业作为核心，并对这些产业及其构成的体系制定详尽且具有前瞻性的发展规划。在此基础上，需根据产业发展的总体目标，在现有帮扶产业中遴选出可发展成优势特色产业的产业，使其成为引领农民增收的新引擎。筛选思路如图 5-3 所示。同时，对于已经筛选好的产业和形成的产业体系，也需制定长期发展规划，确保近期和长期规划相结合。规划中应深入挖掘乡村多元功能价值，强化创新引领，推动产业集聚成链，延长产业链，提升价值链，培育发展新动能，实现乡村产业的持续繁荣与乡村振兴战略的稳步推进。

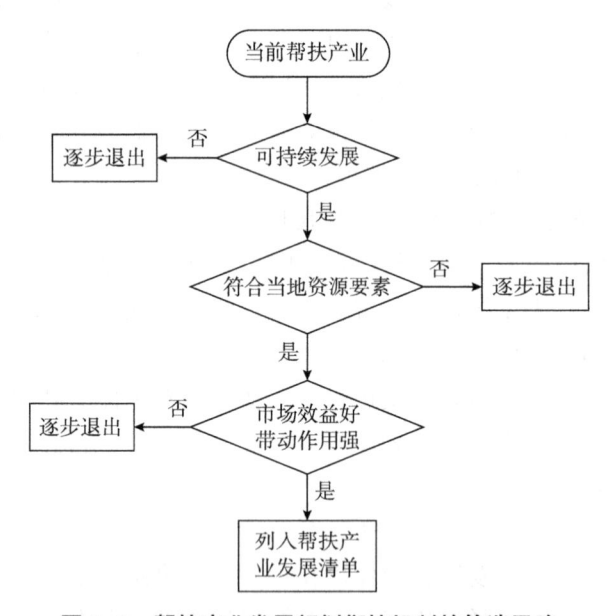

图 5-3　帮扶产业发展规划衔接机制的筛选思路

2. 帮扶产业资源要素衔接机制

帮扶产业的资源要素含义丰富，囊括各方面的内容。其中，教育是帮扶产业的基石，它为产业提供人才保障的同时，又通过实践促进教育的持续优化与深入,形成了一种良性的循环互动;人才是帮扶产业的核心驱动力,他们掌握技术并应用于帮扶产业发展之中,而技术进步又为人才发展提供了更广阔的平台,实现了人才与技术的相互促进;金融则是帮扶产业的"造血剂",其要素投入为技术开发提供了必要的资金来源,而帮扶产业经营者在掌握技术后,可凭借技术吸引更多投资,金融和技术之间相辅相成,共同推动产业发展;同时,金融和财政在帮扶产业中扮演着不可或缺的角色,金融作为关键支持力量,财政则作为兜底保障,两者协同配合,确保了帮扶产业的高效运作与可持续发展;另外,教育的发展离不开财政的支持与保障,而教育所培养的人才与智力资源又是财政手段有效实施的重要支撑。综上所述,协调好技术、人才、金融、财政、教育五种要素,是构建脱贫县帮扶产业资源要素衔接的必要保证。基于此,从技术、人才、金融、财政、教育五个角度对帮扶产业资源要素构建衔接机制(见图5-4),共同推动帮扶产业迈向新的发展阶段。

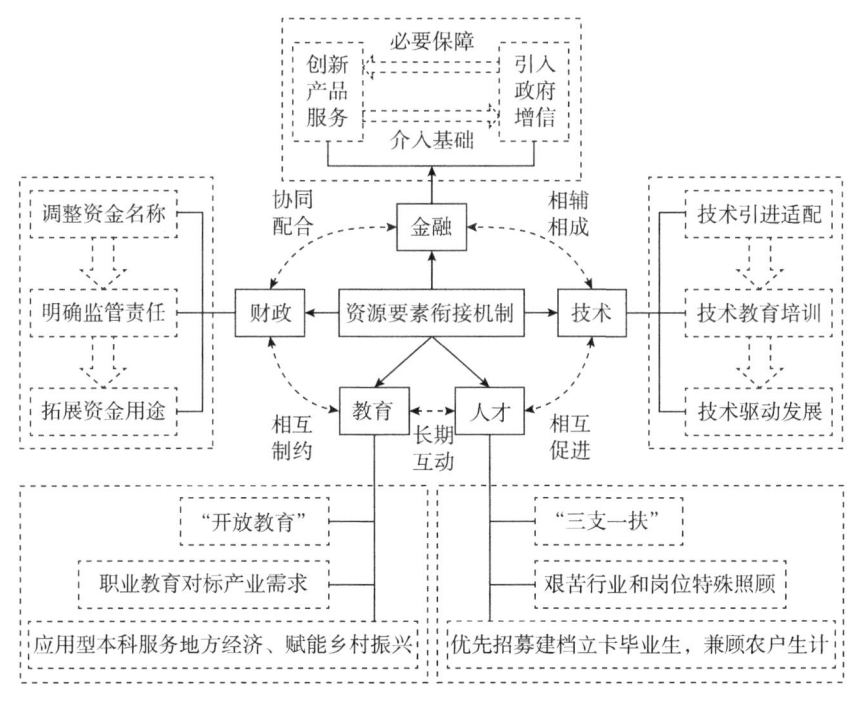

图 5-4 帮扶产业资源要素衔接机制

3. 帮扶产业发展政策衔接机制

在脱贫攻坚战中，产业是奠定坚实基础的关键。陕西省在推进精准扶贫、精准脱贫工作过程中，始终坚持以产业帮扶为主导，积极创新产业帮扶模式，鼓励低收入地区通过大力发展种植业、养殖业、特种种养等多元化路径，实现低收入地区和人口脱贫致富奔小康。当前阶段，推进乡村振兴，产业仍然扮演着推进乡村振兴过程中的基础性作用。没有产业支撑，乡村振兴工作就是无本之木、无源之水。因此，在乡村振兴背景下，对于帮扶产业的政策衔接工作自然应该被放在政策升级的关键性高度，以确保政策的有效性和连续性。基于此，构建的帮扶产业发展政策衔接机制如图5-5所示。

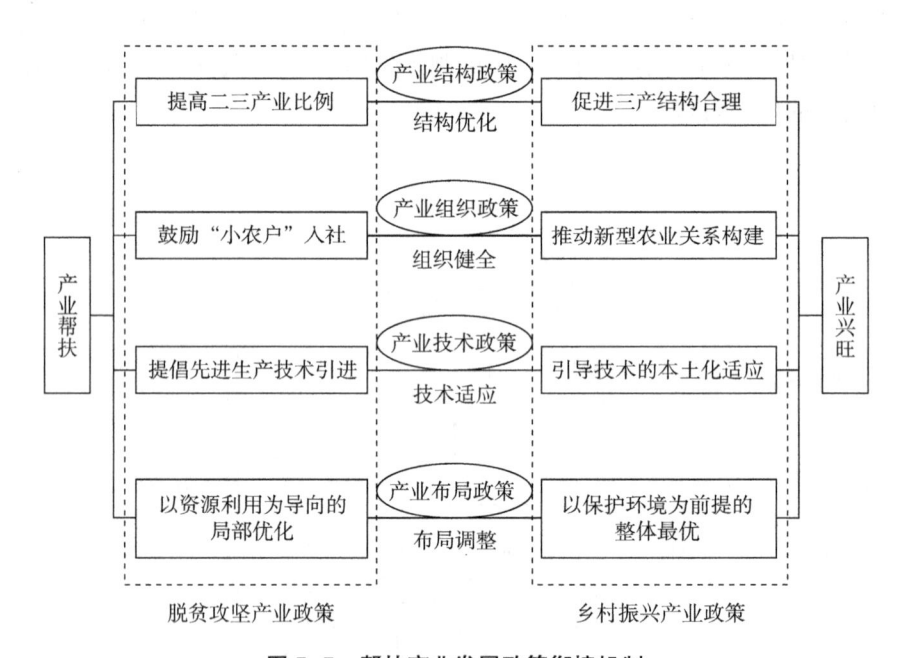

图5-5 帮扶产业发展政策衔接机制

4. 帮扶产业项目建设衔接机制

帮扶项目作为帮扶产业的具体实践载体，其有效衔接直接依赖对项目衔接的精准实施。为实现产业兴旺的目标要求，应尽快落实衔接项目的筛选机制，并加速推进项目库建设与完善。具体而言，这一过程应按照帮扶产业发展规划的总体框架,先筛选出一批保留项目,再按照帮扶产业项目框架内涵,从项目的规划建设、收益管理、资产管理和运营管理等多个维度,系统性地推进项目间的深度衔接与协同(见图5-6)以确保帮扶工作的精准性、有效性和可持续性。

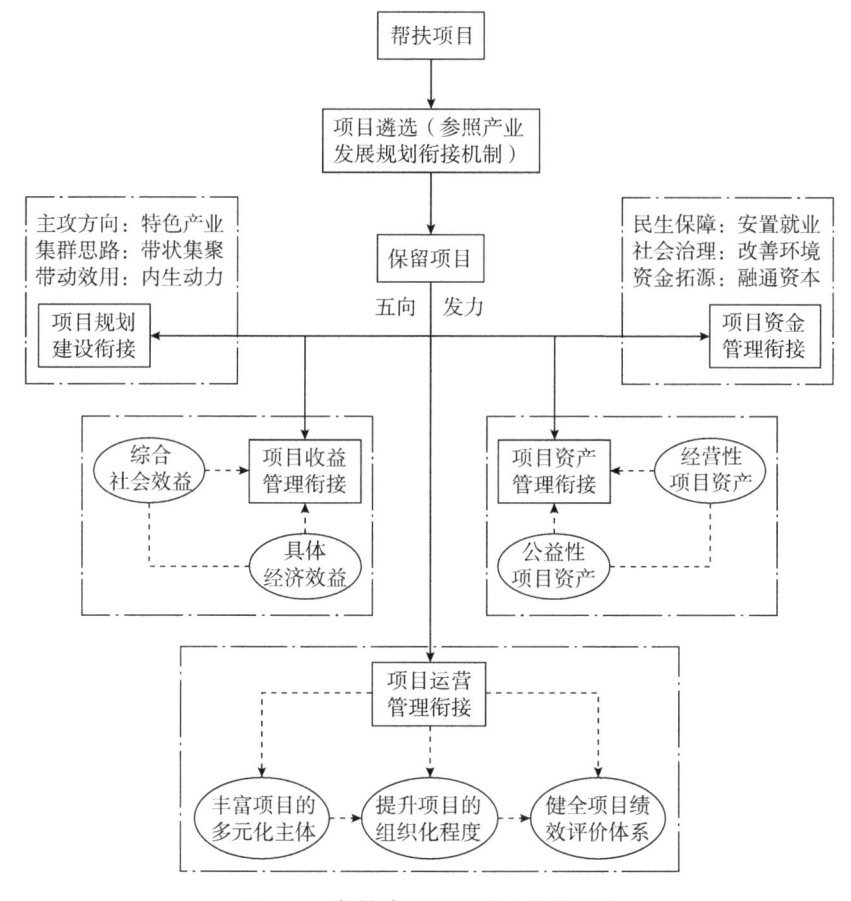

图 5-6　帮扶产业项目建设衔接机制

5.帮扶产业利益联结衔接机制

为更有效地实现从产业帮扶到产业兴旺的过渡与衔接,关键性设计在于构建以农户与企业、合作社作为利益联结的核心力量,同时将政府和社会明确作为利益联结的外延力量。最终形成农户、龙头企业、合作社、政府、社会"五位一体"的帮扶产业利益联结机制，如图5-7所示。"五位一体"帮扶产业利益联结机制确保了各方力量的协同作用，共同推动产业兴旺。

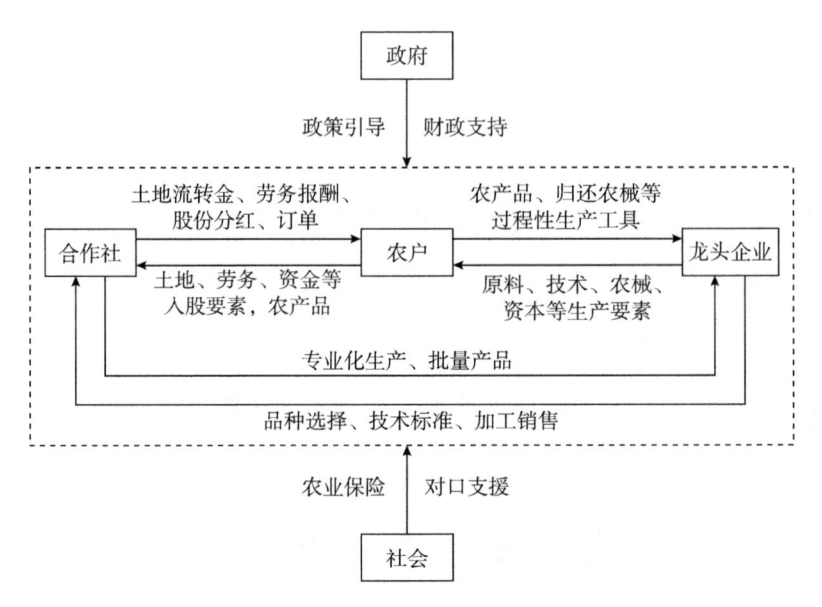

图 5-7 "五位一体"的帮扶产业利益联结机制

6. 帮扶产业管理体制衔接机制

帮扶产业衔接要尽快建立起市场导向下的组织领导机制。鉴于当前陕西省内 56 个低收入县已全面脱贫的现状，产业发展模式急需从依靠宏观干预向顺应市场规律转变。政府应主动调整其组织领导思路，转而侧重引导脱贫产业积极参与市场竞争，同时，持续动员社会力量支持帮扶产业转型升级，这一系列举措将有力促进产业兴旺和乡村振兴目标的实现。陕西省脱贫县帮扶产业管理体制衔接机制如图 5-8 所示。

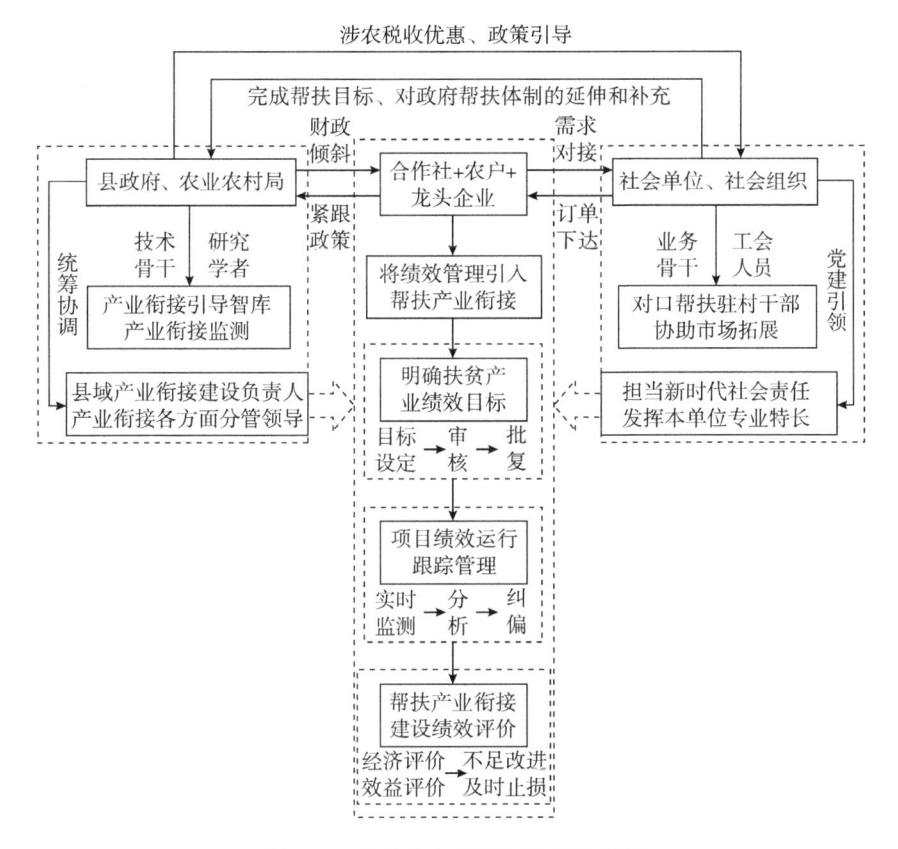

图 5-8　帮扶产业管理体制衔接机制

三　脱贫县帮扶产业衔接实现路径优化

基于帮扶产业规划、要素、政策、项目、利益和管理六个维度的衔接机制构建，立足"主体"和"发展"双重视角，深入剖析陕西省脱贫县帮扶产业的实现路径。坚持政策导向，从规划、要素、利益和管理方面进行构建帮扶产业衔接路径。随后，在各帮扶项目中具体落实这些衔接路径，确保理论与实践的紧密结合。最终，以帮扶产业的深度融合，驱动整个帮扶产业体系的升级与转型，实现乡村振兴的宏伟目标。实现路径如图 5-9 所示。

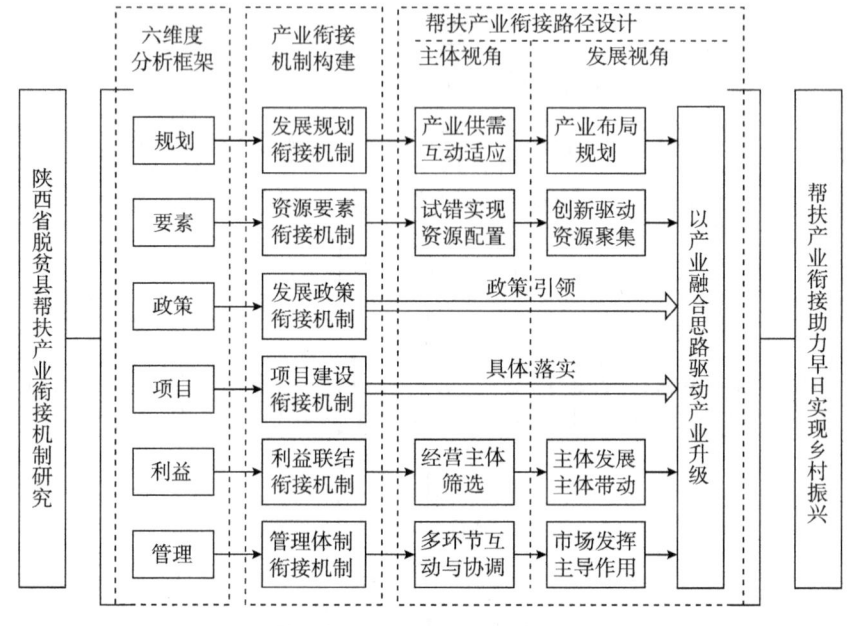

图 5-9　基于帮扶产业衔接机制的实现路径设计

（一）立足主体视角，认识帮扶产业衔接机理，转变发展理念

1. 帮扶产业衔接过程是生产与市场互动和适应的过程

帮扶产业衔接的核心，在于乡村振兴目标导向下，实现产业的产成品与市场的需求的有效对接，即促进商品交换行为的高度协调。只有当帮扶产业的发展高度适应市场需求时，才能推进帮扶产业衔接纵深发展。反之，帮扶产业供需信息不对称，往往会导致需求缺口与供给过剩并存，这种现象进一步证明了供需互动对帮扶产业衔接的必要性。为解决这一问题，供方需要主动出击，提升帮扶产业信息的透明度与准确性。

针对陕西省的具体情况，可充分利用省供销社系统开发的"832平台"，为脱贫县帮扶产业搭建起全方位、多渠道的"网上供销社"。首先，从帮扶产业的领导角度来看，政府可通过"832平台"，为生产者提供政策指导、披露市场信息，引导帮扶产业依托陕西省作为"一带一路"重要节点的交通商贸物流优势，拓展至更广阔的国内外市场。其次，从帮扶产业经营主体的角度来看，帮扶产业经营主体需进一步完善上架产品的功能描述，突出"略阳乌鸡""白水苹果"等地方性农产品的独有价值，同时，将三秦文化、汉唐文化等地域文化元素注入"山阳文旅"等乡村旅游建设，强化脱贫县帮扶产业的特色与竞争力。最后，从帮扶产品的社会参与来看，陕西省各脱贫县对口支援单位要广泛参与帮扶产业的市场开拓和反馈，通过如将留坝县生态黑猪肉产品纳入集团消费扶贫采购名录，并在其消费帮扶平台上架"汉小黑"秦岭山黑猪礼盒等产品的方式，积极收集并反馈消费者意见给供应商，发挥帮扶单位资源优势的作用，促进供需端互动进一步升级。

2.帮扶产业衔接过程是资源配置方式不断试错的过程

在帮扶产业衔接机制构建的道路上，要有勇气去尝试、去面对，鼓励基层"试错"，让帮扶产业发展在"试错"中找到合适的发展方向。鼓励"试错"，更要"容错"。帮扶产业的衔接发展，往往是根据当地长期积累的产业基础进行适时调整的结果。那些在扶贫阶段成功兴起并带来效益的产业，是否符合乡村振兴阶段的产业要求，只有通过实践才能得到答案。

陕西省脱贫县大多坐落在地形复杂的山地高原地区，其帮扶产业的发展不是一蹴而就的。就各个脱贫县的主导产业及其布局而言，几乎都经历过数次变革和调整，这一过程凸显了持续构建试错、容错及监督机制的重要性。以陕北脱贫县为例，其帮扶产业探索集中在能源领域，面对优先发展新能源如风能、太阳能等与在保护环境前提下发展传统能源的抉择，仅凭事前预算难以精准判定。因此，这些地区应灵活采取当前条件与预估相结合的策略，并行探索多个可行方案。随着产业项目的初步落实，及时复盘，综合评估各尝试方案的经济效益和社会效益，最终决定未来几年的产业主攻方向。

3.帮扶产业衔接过程是众多新型经营主体筛选的过程

要使新的经营主体在实现脱贫攻坚的过程中发挥引导作用，首要任务是进行严格的甄选。在选择过程中，应以促进农民收入增长为前提，同时依托财政补贴及相关政策的支持作为激励手段。具体而言，应实行奖补政策，重点扶持那些勇于承担社会责任、充分带动农户增收的农业生产经营主体，依据其带动关系的密切程度和带动效果，合理确定支持资金的额度。这样，不仅能充分利用帮扶产业衔接建设政策带来的好处，还能促进帮扶产业迅速发展。

由于陕西省原有低收入县众多，帮扶产业及其经营主体纷繁复杂，当前阶段的经营主体筛选工作显得尤为艰巨。按照"产业带动强"的核心要求，课题组考察了陕西省脱贫县帮扶产业经营主体，发现合阳县雨阳富硒农产品专业合作社表现尤为突出，其通过制定并实行"雨阳333产业帮扶"（三补贴三提升三服务）措施，成功带动周围群众，户均增收达12500元，极大地激发了农户参与产业衔接建设的热情。该合作社的主营产品（如富硒小米、富硒苹果等），均为陕西省脱贫县的特色地域产品，展现了丰富的地域资源优势。基于"合作社＋专家团队＋生产基地＋销售网络"的"雨阳模式"，不仅有效整合了资源，还在陕西省内展现出了广泛的应用潜力和价值。进一步而言，帮扶产业发展的根本任务不仅是带动群众致富，还应在陕西省范围内广泛发现和培育带动人群多、带动效果强的经营主体和经营模式，让脱贫县群众广泛享受到帮扶产业发展带来的增值红利。

4.帮扶产业衔接过程是政府、市场、社会互动与协调的过程

从参与主体来看，政府、市场和社会的互动与协调已经成为新时代帮扶产业衔接建设的重要特征。这三者在帮扶脱贫实践中不断融合、不断互动、不断互补，逐渐形成中国帮扶产业发展的不竭动力。在此过程中，政府积极发挥引导作用，在尊重市场规律的基础上，有效规避"市场失灵"，为帮扶产业衔接建设铺设稳健基石。市场则应在产业衔接中发挥主体作用，借助政府提供的政策支持，实时监控产业的市场表现，实现市场与政府的有机结合；同时，引入社会力量，大幅提高产业资源响应人民需求的效率，增强脱贫县的产业发展能力。

因此，陕西省要重视政府、市场及社会的融合互动，构建多元化的产业参与主体，共同促进新型县域产业体系的形成，为实现乡村振兴、全面建成社会主义现代化强国提供保障。具体而言，首先，从政府角度而言，陕西省各脱贫县要在"一带一路"大格局下制定和调整产业衔接政策，紧密对接"陕北发展高端能源化工、关中建设创新协同高地、陕南发展绿色循环经济"的地方性、区域化发展战略，持续优化帮扶产业的生态环境与互动机制。其次，从市场角度而言，各合作社、龙头企业等产业主体要立足产业基础、凝练三秦特色、服务地方经济，主动向地方产业发展的方针靠拢，实现自身发展与地方产业方针的深度融合。最后，从社会角度而言，各单位、社会组织要积极响应号召，充分发挥自身优势，深度参与脱贫县帮扶产业的供需互动，为帮扶产品在品质提升、外观设计、生产销售等各个环节提供坚实支撑，加速推动"柞水木

耳""镇安板栗"等具有鲜明陕西省特色的帮扶产品走向国内外市场。

(二)立足发展视角,发掘乡村多种功能价值,实现有效衔接

1. 构建顶层设计,做好产业规划,完善产业结构,优化空间布局

2023年,根据国家统计局陕西调查总队发布的数据分析报告,陕西省脱贫县农村产业展现积极的发展态势,但仍存在产业规模小、布局散、链条短,以及经营方式较为粗放、组织化程度弱、产销尚未形成统一布局等问题。为有效解决这些问题,需从多方面入手。首先,从优化帮扶产业顶层设计的角度来看,陕北地区的帮扶产业开发要注重黄土高原的水土保持和环境改善,关中地区要注重高新技术布局和汉唐文化传承,陕南地区则要注重帮扶产业规划着眼秦巴山区的生态保护。其次,从特色化、多样化的发展原则来看,各脱贫县的帮扶产业规划要注重地域文化挖掘和多产业培育,鉴于陕西省脱贫县在历史、人文、自然环境、风土人情等方面的独特性,关键在于如何将这些元素融入产业规划,形成各自的品牌特色,以差异化竞争提升产业竞争力。最后,从做精做强、品质提升的要求来看,陕西省大多脱贫县帮扶产业具备发展条件,如洛南县、长武县从西安市引进单晶硅帮扶项目和业内领先的生产设备和技术人员,以良好的品控为光伏帮扶打下可持续发展的基础。

综上所述,陕西省应以脱贫县帮扶产业布局为切入点,优化顶层设计,科学规划产业布局,确保产业结构的合理性与前瞻性,实现产业的可持续发展。首先,顶层设计的最优方案应兼顾当前与未来,全面规划产业布局,以提高产业的可持续发展能力。鉴于产业兴旺的持久性需求,脱贫地区应基于当地的资源禀赋、政策环境、市场条件,实施具有前瞻性和科学性的计划。选择帮扶产业及发展项目时,既要将目前脱贫群体的收入增加纳入考量,又要将产业的长期持续发展纳入考量。其次,要以"特""异"为导向,精心选择行业,充分利用本地的相对优势,确定适宜本地发展的主要产业和特色产业,逐渐构建起"一村一品""一乡多业"的发展模式,同时坚持以专业为主、以品牌为辅的发展路径。特别要关注在脱贫攻坚时期发展起来的小规模经营主体,通过建立健全利益联结机制,促进其在乡村振兴阶段实现联合发展,从而提升生产的总体效率和对市场的把握能力。最后,坚持"精益求精"的方针,将提高特色农产品品质作为核心任务。依托脱贫县丰富的生态资源和无污染或轻微污染的优势,大力发展绿色有机农产品,打造绿色有机农产品品牌,

引领各特色产业朝着优质的方向发展,确保脱贫成效的稳固与拓展。

2. 注重创新驱动,聚集资源要素,推进聚集发展,培育知名品牌

对于陕西省脱贫县帮扶产业而言,当前产业已经历较长时间的发展和沉淀,虽然形成了一定的产业特色,但同时存在部分帮扶产业同质化、工艺陈旧、设计单一等问题。为应对这些问题,需从多维度入手,强化产业竞争力与可持续发展能力。首先,从科技创新的角度而言,很多帮扶产业需要凭借技术革新全面提升生产效率、切实保障产业运转。例如,嫁接技术用于长武苹果、无人机用于定边县旱作农业施肥打药,均在保障产品品质的同时提高了帮扶产业的经济效益。其次,从促进资源要素集聚的角度而言,帮扶产业应致力构建完整的产业链条,推动规模化生产。例如,商南县提出"按照规模、品质、品牌'三提升'和旅游、康养、加工'三延伸'的发展思路,打造'生态茶城'"的做法,有效整合了技术、人才和创新等关键要素,围绕茶产业进行了深度融合与重组,显著提升了帮扶产业的综合效率。最后,从品牌推广的角度而言,陕西省脱贫县帮扶产业还需要大力培育地方品牌、创名优产品。以木耳产业为例,尽管秦岭木耳和东北木耳在品质上并驾齐驱,但秦岭木耳的知名品牌的数量不及东北木耳,这已成为制约其市场拓展的重要因素。由此,加强秦岭木耳的品牌建设,提升品牌知名度和美誉度,对于拓宽销售渠道、促进产业繁荣具有深远意义。

综上所述,陕西省要秉持创新驱动发展的理念,促进脱贫县帮扶产业衔接,通过科技进步和资源整合实现市场效益、品牌效应和经济效益。具体而言,应从以下几个方面发力。首先,精准统筹科技资源,促进创新要素向脱贫县集聚。通过在脱贫县建立农业科技园区、农村产业转化孵化基地等,激发当地创新创业活力,为帮扶产业注入科技动力。其次,激活农村资源要素,促进资源要素向脱贫县聚集。充分利用脱贫县特有的自然人文、民间文化、地方特产等资源优势,以"创新设计+乡村"为主线,以"产品体系化、产业链条化、产能规模化、业态多元化"为抓手,发挥专业优势,用设计创意驱动帮扶产业高质量发展。最后,加大品牌推广力度,促进品牌效应向脱贫县聚集。对脱贫县的非物质文化遗产内容进行符号化设计,并巧妙融入当地农产品及乡村旅游等产业的品牌建设,不仅能延续文化脉络,而且可显著提升产品的识别度,有力推动脱贫县帮扶产业从"零散"走向"集聚"发展。

3.拓展产业链条，提升品牌价值，做好产业融合，促进产业升级

2023年，国家统计局陕西调查总队发布的数据分析报告指出，陕西省脱贫县农村产业存在帮扶产业链条短，与餐饮、休闲、旅游等新业态融合度低等典型问题。为有效应对这些挑战，需从两个维度着手强化产业链建设。一方面，从拓展帮扶产业链广度的角度来说，应以各县当前已有帮扶产业为基础向相关产业拓展。以大荔县为例，作为西北地区重要的水产养殖基地，其在水产养殖过程中产生的淘汰鱼资源，若能被有效利用，如转化为水产膨化饲料的原材料，不仅能减少浪费，还能在一定程度上夯实当地的加工业基础，实现产业链的横向拓展。另一方面，从挖掘帮扶产业链深度的角度来说，应做好各县当前帮扶产业的上下游建设。以白水县苹果产业为例，通过引进多种生产线，如切片及烘干技术用于初加工苹果片、发酵及封装技术生产苹果醋等深加工产品，以及利用萃取技术及无纺布生产设备开发苹果面膜等创新产品，这一系列举措不仅丰富了苹果产业的产品形态，还借助科技力量深度挖掘了产业价值，促进原有帮扶产业与拓展产业融合发展。

综上所述，陕西省要以脱贫县帮扶产业中的保留项目为切入点，拓展产业链，完善利益链，提升价值链，在产业融合上做好衔接。具体而言，这一战略需从两个维度深入实施：其一，拓展帮扶产业链的广度，以新业态构建推动帮扶产业衔接。脱贫县要充分利用当地资源，在巩固传统种植养殖业的基础上，积极探索并发展特色农产品加工、生态和休闲旅游、电子商务等新产业、新业态，实现帮扶产业链横向融合发展。其二，挖掘帮扶产业链的深度，以纵向产业链的构建实现长短产业、上下游产业的衔接。这就要求加强帮扶产业上下游之间的分工协作，推动帮扶产业向上下游延伸拓展。特别是要大力发展农产品深加工，提升农产品附加值和产品品质，打造特色产品品牌，从而有效规避市场波动风险，增强品牌市场影响力和竞争力。同时，通过发展电子商务等方式拓宽产品的销售渠道，促进帮扶产业一体化运作，增强帮扶产业纵向融合发展能力。

4.提升新型经营主体的发展能力，完善带动机制，发挥辐射作用

"十四五"以来，陕西省帮扶产业蓬勃发展，各类带贫主体已累计带动大量低收入群众实现稳定增收，其中，能否有效衔接并强化经营主体的带动作用，成为帮扶产业能否持续助推地方经济发展的关键所在。首先，要增强陕西省帮扶产业新型经营主体的带动能力，具体做法是提高农业合作社的联农带农程度、培育龙头企业的服务功能,以洋县为例,通过"柔性引才"策略,聘请高层次人才、"土专家"、"田博士"等,为合作社及企业提供专业的课程培训及组织建设指导。其次,各县帮扶产业新型经营主体要根据当地实际情况,积极探索并实践更加优化的带农方式,以陇县为例,其推出的"借贷还菇"模式,有效解决了农忙时节食用菌企业用工短缺的问题,重新构建了更加和谐的农企合作关系。在此模式下,群众于企业监督下自行生产,既促进了农民的生产成本,又能助推企业发展壮大。最后,新型经营主体要和农民建立长期合作方式。以留坝县的留香益品商贸有限公司为例,该公司通过和周边农户签订供货协议,长期收购周边农户每天采摘的新鲜香菇,这一方式节约了储存费用,省去了冷库开支,也避免了货少卖货难的问题。此外,该公司还充分利用村级扶贫互助合作社(简称扶贫社)资源,开展香菇深加工业务(如香菇剪腿、切片、切丝、打颗粒等),在增加扶贫社效益的同时,为群众提供更多务工机会,实现资源共享、合作共赢。

综上所述,陕西省要增强帮扶产业新型经营主体发展能力,完善其带动机制,在带动主体上做好衔接。首先,基于脱贫攻坚阶段建立的帮扶产业合作纽带,进一步增强新型经营主体的带动能力,尤其是合作社与龙头企业的带动能力。合作社方面,针对"空壳社"及运营不规范的合作社,应立即开展整顿工作,在设立登记、建章立制、股权量化、利益分配、信息公开、民主管理等环节加强培训与指导,以提高合作社规范化运营水平和盈利能力。龙头企业方面,政府则需通过实施奖补政策等激励措施,激发其参与产业帮扶的积极性,进而扩大龙头企业对脱贫县的辐射带动效应。其次,为提升低收入户的自我发展能力,必须完善新型经营主体的带动方式。除资产收益带动外,还应积极探索直接生产带动、就业创收带动、混合带动等多种模式,鼓励农户参与经营活动,从而增加其从事产业生产的主动性与积极性,实现可持续发展。最后,积极探索多种合作模式,完善利益联结机制。鼓励并支持新型经营主体与脱贫户建立契约型、分红型、股权型等长期稳定的合作关系,引导脱贫户深度融入产业链,通过参与产业发展获得稳定且持续的收入,最终实现共赢发展。

5.辩证处理好政府和市场的关系,建立市场导向,发展体制机制

进入乡村振兴阶段,陕西省脱贫县帮扶产业能否自主生存并逐步适

应市场竞争成为帮扶产业成功衔接发展的关键。一方面，确保市场在帮扶产业发展中发挥主导作用至关重要，这意味着各级政府应逐步减少不必要的干预，为帮扶产业及其经营主体提供更加宽松的成长环境。以淳化县为例，面对土地贫瘠和水资源匮乏的挑战，该县通过创新，成功培育了矮砧苹果品种，并在县委、县政府的积极推动下，与省内外商家建立了紧密的市场联系。自2020年起，淳化矮砧苹果售价水涨船高，亩均收入增加了1200元，不仅在北京、上海等一线城市名声响亮，还标志着淳化苹果产业已经实现由政府引导到市场主导的转变。2023年，淳化县位列中国苹果20强县（市）的第6名，并且被誉为"中国苹果之乡"，进一步印证了其市场主导地位的稳固。另一方面，尽管市场作用日益凸显，但政府对陕西省脱贫县帮扶产业的引导作用仍不可或缺。鉴于陕西省脱贫县的帮扶产业一般采用多产业嵌套式发展模式，政府需及时对各产业进行合理引导，以避免经营主体因短视而错失发展机遇。以佳县为例，红枣产业虽是主导产业，但随着"十四五"规划的实施，佳县古城与榆佳新城的建设为生态旅游、生命健康等新兴产业提供广阔的发展空间，为传统红枣产业转型打下基础。

综上所述，在推进帮扶产业与市场经济深度融合的过程中，陕西省精准把握政府与市场的平衡，是建立市场导向帮扶产业衔接机制的根本要求。具体而言，一方面，发挥市场在产业发展中的主导作用。在产业选择上，应鼓励经营主体依照市场需求自行决策，地方政府则主要通过负面清单等方式加以调控；在要素供给上，要确保资金、劳动力、技术等要素能够根据市场价格自由进入各产业，以此有效提升要素资源的利用效率。另一方面，发挥政府在产业发展中的监测与引导作用。在优化软环境方面，政府应加大对农产品生产过程的监管力度，营造良好的市场竞争环境；在硬环境建设方面，则需大力完善乡村基础设施建设，为帮扶产业发展奠定坚实的物质基础。

第三节 生态保护——脱贫攻坚基础上的绿色可持续发展研究

《"十四五"推进农业农村现代化规划》提出，以绿色发展引领乡村振兴，推进农村生产生活方式绿色低碳转型。绿色农业是农业现代化的内在要求，是推动农村经济长期可持续发展的必然选择，也是乡村振兴战略的重要内容。鉴于农户作为农业生产活动的行为主体，其生计策略及生计行为的绿色化转型对促进农业绿色转型具有至关重要的作用。因此，引导并助力农户实现生计绿色转型，成为推动农业可持续发展的当务之急。农户生计效率的提升，直观体现为农户提高收入、增强自我发展能力、提高抵御风险能力以及降低返贫风险等多方面的综合进步。这些变化不仅有利于农户个体稳定，还有利于为实现农业绿色转型奠定基础。在此背景下，亟须把农业绿色转型作为农业可持续发展的优先战略，并揭示农户生计绿色转型对生计效率的影响机制，以期促进农户可持续发展能力的提升，同时，增强其防贫能力，最终实现农业增长与环境保护的和谐统一。

一 农户生计绿色转型对生计效率的影响机制

面对农业转型升级和绿色高质量发展趋势，农户的生计方式正经历由高消耗、高排放的传统模式向绿色模式的变迁。本书认为，农户生计绿色转型主要包括两类：第一类是生计方式转型，即农户从原有的传统农业转向乡村旅游、生态采摘、休闲农业等新型绿色农业；第二类是生计行为转型，即在不改变传统农业本质的前提下，引入可降解农膜、秸秆还田、有机肥施用等绿色农业技术。农户生计绿色转型，不仅引导农户生计活动向生态环保发展，还在一定程度上促使农户生计效率提高，实现经济效益提高与环境保护的统一。那么，生计绿色转型如何实践并发挥作用？一方面，部分农户参与乡村旅游、休闲农业、观光农业等绿色新型农业，成功突破了传统农业模式的局限。他们充分利用自身资源，提供乡村特色服务，不仅实现农业功能拓展，而且推动了农业与服务业的融合。这一转变不仅优化了乡村产业结构，推动了产业融合趋势的形成，更为农村经济的可持续发展开辟了道路，加速了农村产业转型升级，引导农户生计向多元化和高质量方向发展。另一方面，部分农户自发或在政府补贴倡导下采用了环境友好型的绿色技术。通过提升技术水平和缩小技术差距等方式，显著提升了生产效率[1]，进而获得更高的经济效益，促进生计效率的提高。绿色技术的引进不仅提升了资源的有效利用率，使同等投入下获得更多产

---

[1] 汪三贵、周园翔、刘明月：《乡村产业振兴与农民增收路径研究》，《贵州社会科学》2023年第4期。

出，直接增加了农户收入①；同时，它还可以在一定程度上保障农产品安全、改善农产品品质，绿色有机农产品因其符合市场需求而价格上扬，进一步增加了农户的收入，最终促进农户生计效率的提升。

就生计效率而言，它是生计资本投入与生计产出的比值。生计绿色转型通过优化生计资本投入、提升生计产出进而影响生计效率。在生计资本投入方面，生计绿色转型优化了生计资本投入的资源配置：一方面，新型绿色农业促使家庭劳动力由传统农业向乡村服务业转移，实现人力资源的合理利用；另一方面，农业绿色技术推动化肥、农药、农膜等农业资源的精准利用，有效减少农户对传统农业资源的依赖②，从而节约了资源投入，为生计效率的提升奠定了坚实基础。在生计产出方面，新型绿色农业的发展不仅为农户提供了就业机会，还通过品牌化、差异化经营提升了当地农产品附加值，直接促进了生计产出的增长。同时，绿色农业技术的应用促进农业生产向绿色有机方向转型，不仅提高了农产品的品质，还实现了农业产量的稳步提升。这些积极变化直接增加了农户的农业生产收入③，为生计效率的整体提升注入了强劲动力。

进一步分析，农户生计绿色转型通过何种途径影响生计效率？通过文献分析，本部分总结出了三种途径（见图 5-10）。第一，清洁能源使用。农户生计转型引发了农户能源消费结构的转变④，在传统农业阶段，农户能源使用较依赖柴薪、秸秆等免费生物能源。然而，转型过程中，这种依赖逐渐减少，取而代之的是对相对清洁的商品能源和新能源的更高需求⑤。此变化不仅使能源消费结构得以清洁化，还显著提升了能源利用效率，避免了资源的浪费。同时，劳动力从传统的柴薪采集活动中解放出来，增加了生计活动的投入时间。此外，新能源与现代化农用机械的融合，极大地提高了生产效率，最终促进了生计效率的提升。第二，环境意识变化。农户对于环境的认知随着生计转型发生变化，不同的生

---

① 王燕红、李俊杰、谭一帆等：《低碳技术引领乡村振兴的作用机制与实践路径——以宁夏光伏产业为例》，《科技管理研究》2024 年第 13 期。

② 杜志雄、来晓东：《农业强国目标下的农业现代化：重点任务、现实挑战与路径选择》，《东岳论丛》2023 年第 12 期。

③ 杜志雄：《持续推动农民增收的几点思考》，《中国人口科学》2024 年第 1 期。

④ 贾玉婷、赵雪雁、介永庆：《脱贫山区农户生计转型的低碳效应研究：以陇南山区为例》，《地球环境学报》2023 年第 6 期。

⑤ 王萍、柳瑞、朱礼想等：《双碳目标下农户组合能源消费选择研究：基于生计资本》，《生态与农村环境学报》2023 年第 6 期。

计方式导致农户对绿色环保的认知不同①。这种变化不仅增强了农户对绿色环保行为可持续收益的认同,还激发了他们采取绿色行动的内在动力,从而在日常生产生活中践行绿色可持续发展理念。这种环境意识的提升,进一步增强了农户生计绿色转型的意愿和执行力,间接促进了生计效率的提高。第三,农业资金投入。生计绿色转型要求农户采纳新的生产方式和绿色生产技术,这往往需要额外的资金来购置相应的农业机械或设施②。这些投资不仅改善了农业生产条件,还通过引入高效的生产工具和设施,直接提升了农业生计效率。

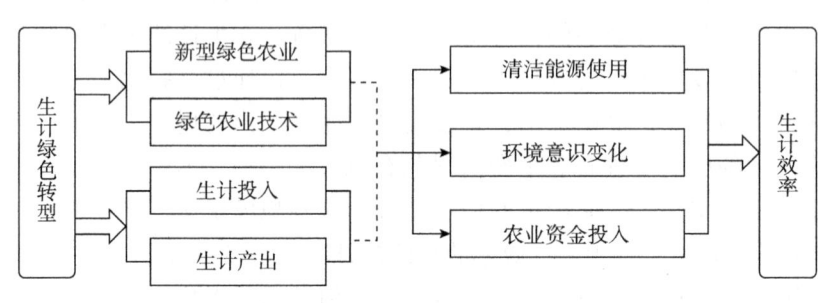

图 5-10　生计绿色转型影响生计效率的三种途径

二　农户生计绿色转型与生计效率的现状分析

长期以来,传统粗放型农业引发农村生态破坏、土壤质量下降等问题,农业发展与生态环境的矛盾日益尖锐,不利于乡村的可持续发展。鉴于此,在绿色发展理念的指引下,加快转变农业发展方式,积极推动农业绿色转型势在必行。同时,作为农业生产的最小单位,农户面临经济、社会、自然、个体等多重风险,返贫风险较高③,对脱贫攻坚成果构成了严峻挑战。农户的生计效率,作为衡量其维持生存和谋求发展能力的关键指标,全面反映了农户在生计活动中资源利用效率的综合水平④。

---

① 肖洋、陈佳、杨新军等:《社会—生态网络视角下干旱区农户生计适应路径及影响机理——以甘肃省民勤县为例》,《地理研究》2024 年第 8 期。
② 明若愚、李凡略、何可:《减污降碳视角下的粮食绿色低碳生产:现实基础、主要问题与优化路径》,《科技导报》2024 年第 16 期。
③ 王兆林、王洁仪:《易地扶贫搬迁户返贫风险因素识别及防范策略——基于武陵山区典型项目区的调查研究》,《西南大学学报》(社会科学版) 2024 年第 3 期。
④ Su, F., Chang, J. B., Shang, H. Y., "Coupling Coordination Analysis of Livelihood Efficiency and Land Use for Households in Poverty-Alleviated Mountainous Areas", *Land*, Vol. 10, No. 11, 2021.

鉴于农户在农业绿色转型中的核心地位，为了更好地推动这一进程，本节首先从农户绿色转型与农户生计效率的现状进行分析，以期为制定科学合理的政策提供有力依据。

（一）农户绿色转型现状

根据上文对农户生计绿色转型的概念界定及实地调研情况，将采用绿色农业技术的农户以及参与乡村旅游、生态采摘、休闲农业等新型绿色农业的农户赋值为1，否则为0；农户生计行为可能受到家庭特征、村域特征[1]、自然环境特征[2]的影响。首先，家庭特征除已经列入指标体系的户主年龄、教育程度、人口数量外，还引入农业收入占比（反映了农户生计对农业的依赖程度）、突发重大疾病（直接影响家庭劳动力以及支出）、家庭信息风险（影响生计决策）三个因素。其次，基础设施、医疗保障和社会治安三个因素有利于补齐生计资本的短板[3]，优化生计模式。因此引入基础设施、医疗保障、社会治安等因素控制村域特征对生计效率的影响。最后，陕南秦巴山区地形崎岖复杂，各地自然环境差距较大。其中，水质直接影响了农作物种植和农产品品质，对农户的生计产生影响；植被破坏以及其他自然灾害对农户生计多样化以及生计脆弱性影响较大，因此引入水质超标程度、植被破坏情况、环境灾害严重程度三个因素以控制自然环境特征的影响。将以上因素作为控制变量，避免因农户家庭条件、所在村域条件和当地自然环境情况等遗漏变量可能造成的估计偏差，变量衡量方式如表5-2所示。其中，信息风险由农户获取种子、化肥、农药、饲料、牲畜、培训等生计信息难度的均值衡量，各项信息获取难度由低到高赋值0—5分；社会治安根据当地治安情况由低到高赋值0—5分；环境灾害根据极端气候、地质灾害、病虫害等环境灾害严重程度的均值衡量，各项灾害严重程度由低到高赋值0—5分。

---

[1] 罗明忠、刘子玉、郭如良：《合作参与、社会资本积累与农户相对贫困缓解——以农民专业合作社参与为例》，《农业现代化研究》2021年第5期。

[2] 富丽莎、汪三贵、秦涛等：《森林保险保费补贴政策参保激励效应分析——基于异质性营林主体视角》，《中国农村观察》2022年第2期。

[3] 范根平：《中国式现代化视域下城乡融合发展的理与路》，《河海大学学报》（哲学社会科学版）2024年第4期。

表 5-2　　　　　　　　　　变量衡量与描述性统计

变量类别		变量衡量方式	最小值	最大值	平均值	标准差
生计绿色转型		0=未转型，1=转型	0	1	0.630	0.482
生计效率		生计资本投入与生计产出综合测量	0.505	1.000	0.845	0.136
家庭特征	农业收入占比	农业收入占家庭总收入比重	0	1	0.238	0.293
	突发重大疾病	疾病严重程度（0—5）	0	5	0.652	1.300
	家庭信息风险	获取生计信息难度均值	0	3.571	1.084	0.768
村域特征	基础设施	基础设施短缺程度（0—5）	0	5	0.916	1.308
	医疗保障	医疗保障不足程度（0—5）	0	5	0.277	0.797
	社会治安	地区治安水平（0—5）	1	5	3.859	0.777
自然环境特征	水质超标程度	超标程度（0—5）	0	5	0.208	0.717
	植被破坏情况	破坏程度（0—5）	0	4	0.369	0.868
	环境灾害严重程度	环境灾害严重程度均值	0	4	0.643	0.642

由表 5-2 可知，研究区域农户生计绿色转型指标均值为 0.630，整体处于中等偏高的水平，农户生计效率较高。家庭特征方面，农业收入占家庭总收入的比重较低，家庭成员突发重大疾病严重程度整体较低，农户家庭信息风险较低。村域特征方面，基础设施短缺情况不严重，当地医疗保障较好，整体治安水平良好。自然环境特征方面，水质超标程度较低，当地植被破坏情况得到有效遏制，并且自然灾害严重程度较低。

（二）农户生计效率现状

效率是各项活动的投入产出比，它综合考虑了投入和产出两部分因素，指的是在一定资源配置条件下，行为主体所能达到的产出量。生计效率则指的是农户生计活动所投入生计资源与所获生计产出的比值，其测算同样基于生计资本与生计产出两大方面。英国国际发展署建立的可持续生计分析框架，主要包括脆弱性背景、生计资本、生计策略、政策变化和生计产出等部分。其中，生计资本被划分为人力资本、物质资本、自然资本、金融资本和社会资本五类。此外，信息资本也被纳入生计资本，信息已经成为农户生计不可或缺的重要组成部分，缺乏生计信息的情况下，农户的可持续生计也就无从谈起[1]。

---

[1] 苏芳、胡玲、梁秀芳：《农业劳动力老龄化对生计效率的影响》，《中国农业资源与区划》2023 年第 12 期。

因此，将信息资本纳入生计资本评价体系。生计产出也是可持续生计分析框架中的重要部分，是农户各种生计资本共同发挥作用的结果，包括收入、福利、食物安全等可能的生计产出①。为了精准评估农户生计效率，本节选取收入及消费、粮食及饮用水、教育医疗福利、就业、乡村依恋作为生计产出，将生计资本作为投入变量，生计产出作为产出变量，综合构建了农户生计效率评价指标体系（见表5-3）。

表5-3　　　　　　　　　农户生计效率评价指标体系

评价指标		变量	变量定义与描述
生计资本投入	人力资本	户主年龄	户主实际年龄（岁）
		教育程度	1=小学及以下，2=初中，3=高中或中专，4=大专及以上
		健康状况	1=非常差，2=较差，3=一般，4=良好，5=非常好
		人口数量	家庭成员数量（个）
	物质资本	农业机械价值	1=0.5万元以下，2=0.5—1万元，3=1万-2万元，4=2万元以上
		住房总面积	房屋总面积（平方米）
		房屋建设/购买费用	农户购买或自建住房费用（万元）
	自然资本	牲畜数量	养殖牲畜总数（头/只）
		耕地总面积	耕地总面积（亩）
	金融资本	年总收入	家庭成员总收入（万元）
		贷款/借款的机会	0=否，1=是
		获得贷款/借款渠道	获得借款/贷款的渠道个数（个）
	社会资本	家庭成员类型	1=有编制、银行员工、创业者、干部，0=以上类型均没有
		对邻居、村民的信任	1=几乎没有，2=少数，3=半数，4=大半数，5=全部信任
		可获得帮助的渠道	获得帮助的渠道个数（个）
		是否参加村干部选举	0=否，1=是

---

① 苏芳、马南南、宋妮妮等：《不同帮扶措施执行效果的差异分析——基于可持续生计分析框架》，《中国软科学》2020年第1期。

续表

评价指标		变量	变量定义与描述
生计资本投入	信息资本	是否安装宽带	0=否,1=是
		获取信息的渠道	获取信息的渠道个数(个)
		市场信息获取及时	0=否,1=是
生计产出	收入及消费	收入变化情况	1=显著减少,2=有所减少,3=无变化,4=有所提高,5=显著提高
		消费变化情况	1=显著减少,2=有所减少,3=无变化,4=有所提高,5=显著提高
		消费支出	全家上年消费支出(万元)
	粮食及饮用水	食品及饮用水的安全保障	1=显著减少,2=有所减少,3=无变化,4=有所提高,5=显著提高
		是否需要购买粮食	0=需要,1=不需要
	教育医疗福利	教育医疗福利水平变化	1=显著减少,2=有所减少,3=无变化,4=有所提高,5=显著提高
		参加娱乐的次数和种类	1=显著减少,2=有所减少,3=无变化,4=有所提高,5=显著提高
		对义务教育的了解	1=不了解,2=了解少,3=一般,4=比较了解,5=十分了解
		对医疗的了解	1=不了解,2=了解少,3=一般,4=比较了解,5=十分了解
	就业	就业渠道改善情况	1=显著减少,2=有所减少,3=无变化,4=有所提高,5=显著提高
		了解就业创业政策	1=不了解,2=了解少,3=一般,4=比较了解,5=十分了解
		国家就业政策到位	0=否,1=是
		获取就业机会途径	获取就业机会途径个数(个)
		就业技能培训	1=未接受,2=自学未掌握,3=接受未掌握,4=自学掌握,5=接受并掌握
	乡村依恋	对家乡的自豪感和依恋感	1=显著减少,2=有所减少,3=无变化,4=有所提高,5=显著提高
		对家乡生活满意	1=非常不满意,2=不满意,3=中立,4=满意,5=非常满意

1. 生计效率水平

综合对效率等级的界定[①]以及生计效率值的统计分布情况，将农户生计效率分为较低效率组（$Y<0.6$）、中等效率组（$0.6 \leqslant Y<0.8$）、较高效率组（$0.8 \leqslant Y<1$）、高效率组（$Y=1$）四组，并统计各组频数和比例（见表5-4）。研究区域农户生计效率差异较小，均在0.5—1的区间内，农户生计效率的综合效率、纯技术效率、规模效率均值分别为0.845、0.909、0.927，整体处于较高水平。首先，综合效率在三种效率中最低，综合效率处于较低效率组和中等效率组的农户最多，在高效率组的农户仅占23.94%。综合效率为1表明投入产出综合有效，综合效率最低表明陕南秦巴山区农户的生计活动没有达到最优配置，生计活动未处于理想状态，综合效率仍有待提高。其次，纯技术效率较高，但小于规模效率，表明纯技术效率是拉低综合效率的主要因素。纯技术效率为1的农户占比31.77%，这些农户投入的生计资本得到了最优配置，生计要素利用率最优。而其余农户存在不同程度的资源浪费问题，但总体而言，生计要素得到了有效的利用。最后，在三种效率中，农户规模效率最高，表明农户投入产出规模整体效果较好。31.54%的农户规模效率为1，其投入要素比已达到最优。其余农户规模效率仍存在提升空间。另外，从规模收益来看，只有3.58%的农户规模收益递增，此时产出数倍于农户所投入的要素，需要加大投入、适当扩大生产规模来提高效率；31.77%的农户规模收益不变，这些农户处于最优规模收益点，产出与投入要素按同一比例增加，应该保持现有规模收益率；64.65%农户规模收益递减，这一类农户需要适当缩减生产规模，避免投入资源浪费。

表5-4　　　　　　　　　　农户生计效率测算结果

分组	综合效率		纯技术效率		规模效率	
	数量	比例	数量	比例	数量	比例
较低效率组（$Y<0.6$）	25	5.59%	2	0.45%	0	0%
中等效率组（$0.6 \leqslant Y<0.8$）	137	30.65%	60	13.42%	46	10.29%
较高效率组（$0.8 \leqslant Y<1$）	178	39.82%	243	54.36%	260	58.17%

---

① 田光辉、李江苏、苗长虹等：《基于非期望产出的中国城市绿色发展效率及影响因素分析》，《经济地理》2022年第6期。

续表

分组	综合效率		纯技术效率		规模效率	
	数量	比例	数量	比例	数量	比例
高效率（$Y=1$）	107	23.94%	142	31.77%	141	31.54%
均值	0.845		0.909		0.927	
规模收益递增	—	—	—	—	16	3.58%
规模收益不变	—	—	—	—	142	31.77%
规模收益递减	—	—	—	—	289	64.65%

整体而言，陕南秦巴山区农户生计效率的纯技术效率略低于规模效率，拉低了综合效率，尽管如此，生计效率总体上处于较高水平。然而，目前大部分农户生计活动呈现规模收益递减状态，生计产出的增长低于生计资本投入的增长，这表明研究区域农户在生产经营过程中投入的生计资本要素没有得到充分利用，反而出现了投入资源冗余的现象，表明农户正处于规模不经济的状态，降低了生计资本利用效率。在规模收益递减的现有情况下，农户不能依靠扩大规模来增加产出，原因在于规模收益递减状态时，投入已超过农户的管理利用能力，生计资本的投入存在浪费，导致规模投入与产出不成正比，甚至可能出现产出收益小于投入成本的情况。因此，继续扩大规模只会浪费资源，降低生计效率。在当前技术水平上，陕南秦巴山区农户投入生计资本带来的产出增加已经非常有限，继续投入不仅无法有效提升生产效率，反而加剧了农业规模收益递减，最终导致农业增长迟缓。为应对这一挑战，我们需要响应农业绿色转型的趋势，走农业绿色高质量发展道路，通过积极推广绿色农业技术等途径，提高农户生计效率。

2. 生计效率分解

根据数据包络分析法（DEA）的效率评价原理，综合效率与纯技术效率、规模效率等分解效率相互影响，可以通过散点图判别三者的关系[1]。本节建立纯技术效率与综合效率、规模效率与综合效率的散点图，

---

[1] Banker, R. D., Charnes, A. W., & Cooper, W., "Some Models for Estimating Technical and Scale Inefficiencies in Data Envelopment Analysis", *Management Science*, Vol. 30, No. 9, 1984.

通过散点位置判断各分解效率与综合效率之间的关系。散点图中，横坐标为农户生计效率的综合效率，纵坐标分别为纯技术效率和规模效率，结果如图 5-11 所示。

图 5-11 (A) 线性趋势线的斜率为 $y=0.645x+0.364$，$R^2=0.718$

图 5-11 (B) 线性趋势线的斜率为 $y=0.446x+0.551$，$R^2=0.544$

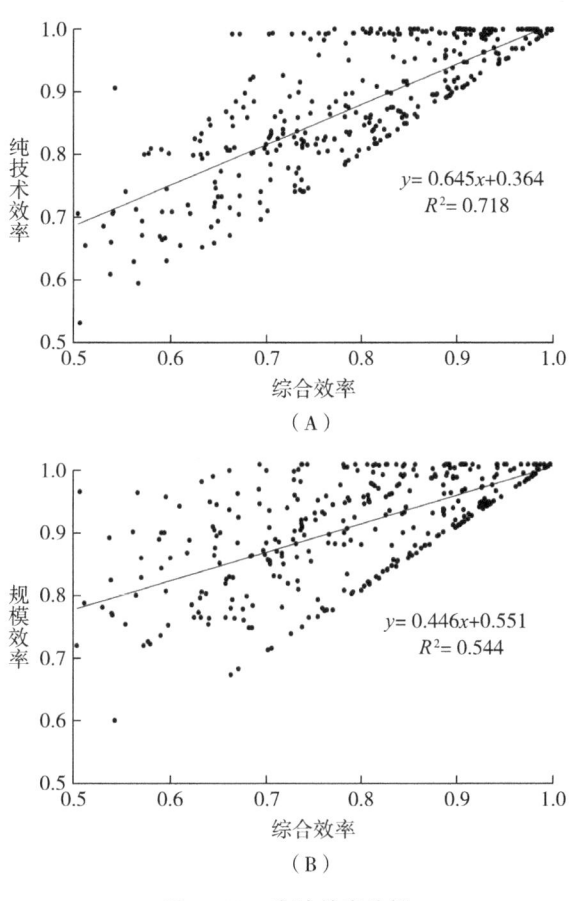

图 5-11 生计效率分解

图 5-11（A）表示纯技术效率与综合效率的关系，图 5-11（B）表示规模效率与综合效率的关系。根据 DEA 效率评价原理，散点越接近对角线，则该分解效率对综合效率的影响程度越强；越远离对角线，该分解效率对综合效率的影响越弱。图 5-11 中，纯技术效率与规模效率均较接近 45° 对角线，对综合效率的影响均较强，只能继续比较散点图其他数值。图 5-11（A）线性趋势线的斜率为 0.645，图 5-11（B）的趋势线斜

率为 0.446，相比而言，图 5-11（A）斜率更接近对角线的斜率。同时，图 5-11（A）趋势线的 R^2 为 0.718，大于图 5-11（B）的 0.544，表明（A）趋势线拟合程度好于图 5-11（B）。因此，图 5-11（A）的散点分布更接近对角线，纯技术效率对综合效率的影响强于规模效率，这验证了上文纯技术效率拉低了综合效率的判断。因此，陕南秦巴山区农户生计综合效率提升更多地依赖纯技术效率的改进。通过优化生计资本投入结构、提高农户利用资源的水平、采纳先进农业生产技术从而改善纯技术效率，是提升生计效率行之有效的措施。

三　农户生计绿色转型对生计效率的影响分析

（一）模型设定

1. DEA 模型

现有研究多采用 DEA 方法进行效率测算，DEA 方法适用于"多投入多产出"模式下决策单元的效率评价[①]。考虑到农户生计活动要追求利益最大化，即在投入要素既定的情况下追求产出最大化，采用 DEA 方法中规模报酬可变的 BCC 模型，以生计资本作为投入要素，以生计产出作为产出要素，测算农户家庭生计活动的投入产出效率。BCC 模型公式如下：

$$\begin{cases} \min\left[\theta_i - \varepsilon\left(\sum_{j=1}^{m} S_j^- + \sum_{r=1}^{s} S_r^+\right)\right] \\ s.t. \sum_{i=1}^{n} x_{ij}\lambda_i + S_j^- = \theta_i x_{ij} \\ \sum_{i=1}^{n} y_{ir}\lambda_i - S_r^+ = \theta_i y_{ir} \\ \sum_{i=1}^{n} \lambda_i = 1 \\ \lambda_i, \theta_i, S_j^-, S_j^+ \geqslant 0 \end{cases} \quad (5-1)$$

式中：i 为第 i 个农户；j 为第 j 投入；r 为第 r 种产出；θ_i 为第 i 个农户的生计效率；θ_i 的取值为 $0 \leqslant \theta \leqslant 1$，越接近 1，表明效率越高，当 $\theta_i = 1$ 时效率达到最优；x 为生计资本投入；y 为生计产出；x_{ij} 为第 i 个农户的第 j

---

[①] 薛凯丽、范建平、匡海波等：《基于两阶段交叉效率模型的中国商业银行效率评价》，《中国管理科学》2021 年第 10 期。

种生计资本投入；y_{ir} 为第 i 个农户的第 r 种生计产出；S_j^- 为投入的松弛变量；S_r^+ 为产出的剩余变量；λ_i 为权重变量；ε 为非阿基米德无穷小量。

2. Tobit 模型

生计效率基于 DEA 方法测算，是严格处于 0—1 的受限制变量，Tobit 模型能够解决此类受限因变量问题[1]，避免参数估值结果出现偏误，还可以改善回归结果的有效性和稳健性[2]。因此，在采用 DEA-BCC 模型对农户生计效率进行评价的基础上，第二阶段采用 Tobit 回归模型分析农户生计绿色转型对农户生计效率的影响，Tobit 模型表达式如下：

$$\theta_i^* = \alpha_0 + \beta_1 LGT_i + \beta_2 Control_i + \mu_i$$

$$\theta_i = \begin{cases} \theta_i^*, & \theta_i^* \geqslant 0 \\ 0, & \theta_i^* < 0 \end{cases} \quad (5-2)$$

式中：i 为第 i 个农户；θ_i^* 为观测不到的变量或潜在因变量；θ_i 为实际观测到的因变量（农户生计效率）；LGT 为农户生计绿色转型变量；$Control$ 为控制变量；μ 为随机误差项。

（二）回归结果

采用 Tobit 回归检验农户生计绿色转型对生计效率的影响，为减少估计偏差，在模型（1）至模型（4）中逐步加入了控制变量（如家庭特征、村域特征、自然环境特征），比较生计绿色转型影响系数的变化，验证生计绿色转型的作用，结果见表 5-5。

表 5-5　　　　　　　　Tobit 模型的回归结果

变量	模型（1）	模型（2）	模型（3）	模型（4）
生计绿色转型	0.043** (2.52)	0.046*** (2.67)	0.046*** (2.71)	0.049*** (2.85)
农业收入占比		−0.003 (−0.10)	−0.005 (−0.16)	0.006 (0.22)

---

[1] 曾卓骐、王跃：《战略性新兴产业上市公司动态创新效率测度及其影响因素研究——基于两阶段 DSBM 模型与 Tobit 模型》，《科技进步与对策》2022 年第 21 期。

[2] Su, S., Zhang, F., "Modeling the Role of Environmental Regulations in Regional Green Economy Efficiency of China: Empirical Evidence From Super Efficiency DEA-Tobit Model", *Journal of environmental management*, Vol. 261, 2020, 110227.

续表

变量	模型（1）	模型（2）	模型（3）	模型（4）
突发重大疾病		−0.015** （−2.35）	−0.013** （−2.06）	−0.011* （−1.68）
家庭信息风险		−0.019* （−1.77）	−0.017 （−1.59）	−0.016 （−1.51）
基础设施			−0.005 （−0.78）	−0.002 （−0.21）
医疗保障			0.003 （0.25）	0.011 （0.97）
社会治安			0.015 （1.38）	0.015 （1.35）
水质超标程度				0.022 （1.62）
植被破坏情况				−0.031*** （−2.80）
环境灾害严重程度				−0.015 （−0.87）
常数项	0.841*** （62.22）	0.870*** （48.75）	0.812*** （16.56）	0.819*** （16.70）
LR chi^2	6.36	15.93	19.24	31.24
Prob>chi^2	0.012	0.003	0.008	0.001
Pseudo R^2	−0.320	−0.801	−0.967	−1.570
Log likelihood	13.125	17.911	19.567	25.567
观测值	447	447	447	447

注：*、**、*** 分别表示在10%、5%、1%的水平下显著，括号内为标准误。

表5-5的估计结果显示，在所有模型中，生计绿色转型对生计效率的影响系数均显著为正，表明绿色生计转型能够显著促进农户生计效率的提高。具体而言，首先，实现生计绿色转型的农户，部分参与了乡村旅游、生态采摘、休闲农业等新型绿色农业，从自身特色出发，充分利

用乡村、自然和生态优势，将农业景观、乡土文化与服务业相结合，带动了农村餐饮、住宿、娱乐等相关产业发展，进而推动了农户生计活动多样化；其次，新型绿色农业的市场化竞争增进了农户对市场的认识与了解，直接对接消费市场需求，从而促进了农户自身经营能力提升，优化了农户资源配置；最后，生计绿色转型的农户部分采用了农业绿色技术，促使资源利用效率随着技术进步而提升，改善了经济效益。这些情况均有力地促进了生计效率的提高。

就控制变量而言，表 5-5 模型（1）估计结果显示，在不考虑控制变量的情况下，生计绿色转型对生计效率的影响系数为 0.043，在 5% 的水平下显著；模型（2）加入农业收入占比等农户家庭特征后，生计绿色转型的影响系数提高，显著性水平上升；模型（3）继续控制了农户所处村域的基础设施等因素后，估计结果与之前保持一致；模型（4）进一步控制了当地水质超标程度等自然环境因素后，生计绿色转型的影响系数提高。由此可知，农户家庭特征、当地自然环境特征等控制变量加入后，显著提升了生计绿色转型的回归系数，避免了因农户家庭条件和当地自然环境差异造成的估计偏差，而基础设施、医疗保障、社会治安等村域差异对实证结果的影响不大。此外，突发重大疾病、家庭信息风险、植被破坏情况三个特征，对生计效率有显著影响。然而，农户植被破坏情况所处村域的基础设施、医疗保障、社会治安等村域因素，均对生计效率无显著影响，这一发现与逐步加入控制变量后，生计绿色转型回归系数的变化一致。可能的原因在于陕南各地的基础设施建设、医疗保障政策以及社会治安情况差异不大。

四 生计绿色可持续发展的对策建议

利用 2021 年陕南秦巴山区的农户调研数据，运用 DEA-Tobit 两阶段法，从生计资本和生计产出两个方面构建生计效率评价指标体系，分析研究区域农户生计效率现状，并揭示农户生计绿色转型对生计效率的影响机制。鉴于当前农业绿色高质量发展的迫切要求，推动农户生计绿色转型，以此作为提升农户生计效率的关键路径，不仅是巩固脱贫攻坚成果的重要举措，还是实现农业增长与环境保护协调发展的必然选择。根据所得结论，提出如下政策建议。

（一）农户层面的建议

整体而言，陕南秦巴山区农户户主以中老年人为主，身体健康，但文化水平偏低，导致家庭农业收入占家庭总收入的比重较少，非农化水平则相对较高。该地区的基础设施建设、医疗保障以及地区治安水平均表现良好，同时，水质超标、植被破坏、自然环境灾害发生情况较少。为提升农户生计效率，建议采取以下策略：①农户应实现生计活动的优化升级，加快农业绿色转型，从而促进生计效率的提高。②陕南秦巴山区农户生计效率的纯技术效率低，存在投入资源浪费的情况。农户应该合理配置资源，加强自身管理水平，补齐短板。③陕南秦巴山区大部分农户处于规模收益递减阶段，投入资源存在冗余，超出农户自身管理能力的范围。因此，农户应该改变过去高投入的模式，通过控制生产规模、减少生计资本投入来提高生计效率，促进资源合理利用。④在控制生产规模的前提下，农户获得更高的收益需要采用更先进的绿色生产技术，提升资源利用效率，应以"技术创新效应"来提高综合生计效率。⑤尽可能减少对柴薪、秸秆等生物质能源的使用，转向更加清洁的能源，实现能源结构优化，从而促进生计效率的提升。

（二）政府层面的建议

陕南秦巴山区农户生计效率的综合效率、纯技术效率、规模效率整体处于较高水平。其中，综合效率最低，仍有相对较大的提升空间；规模效率最高，农户投入产出规模效果较好；纯技术效率略低于规模效率，拉低了综合效率，存在农户投入资源配置不合理的情况。同时，大部分农户生计活动呈现规模收益递减状态，生计产出的增长低于生计资本投入的增长，农户在生产经营过程中投入的生计资本要素没有得到充分利用，出现投入资源浪费冗余的现象。经过异质性分析，发现生计绿色转型能够更好地促进经济状况较差或社会信任水平较高农户的生计效率。此外，经过影响机制分析发现，农户在生计绿色转型的同时，可通过加强清洁能源使用、提高环境意识等路径实现生计效率的提升。基于此，政府应采取一系列措施，从多个维度入手，以促进农户生计绿色转型：①大力促进陕南乡村生态产业发展，促进农户生计绿色转型，提高农户生计效率。利用区域自然环境优势发展当地经济，通过乡村旅游、生态采摘、绿色有机农产品、地方特色农产品等模式，探索适合当地实际的新型绿色农业。同时，鼓励农户参与休闲农业和生态旅游等产业，将当地独特的农业资源合理开发为特色生态商品和服务,实现农户发展和生态环保的双向促进。②加大对农业绿色清洁技术的政策扶持,做好绿色技术的推广。政府可通过金融、税收优惠政策等鼓励性措施,积极引导农户采用绿色技术,对采用可降解农膜等绿色生产技术的农户进行补贴或实行一定的优惠减免,最终改善农户生计效率。③相关部门要加强对农户的宣传教育,引导农户对绿色农业的认知,推动农村居民树立绿色发展理念。政府应联合农业、环保、教育等部门,开展形式多样的宣传教育活动,如举办绿色农业讲座等,向农户普及绿色农业的重要性,增强他们的环保意识和绿色发展观念,强化环境意识,减少农业污染,促进农户生计效率。

尽管对农户生计绿色转型与生计效率的关系进行了较为详细的论证,但还存在一些不足:第一,随着城镇化进程的加快,农村劳动力的转移、农村家庭收入中农业收入比重的逐渐减少,导致本次调研收集到的纯农型农户样本较少,在之后的调研中要注重对纯农型农户的数据收集。第二,除了集中于农户自身因素对生计效率的影响,后续可以对政府政策、企业帮扶等外部因素进行分析,继续研究提高农户生计效率的路径。第三,生计效率的提高是增强农户可持续生计能力的重要手段,而关于农户生计效率的现有研究尚处于发展阶段,后续将以农户生计效率作为重点研究对象,对农户生计效率的空间分异、时空演变规律以及其他影响因素展开进一步分析。

第四节　生活富裕——乡村振兴进程中的农户旅游生计转型研究

近年来,乡村旅游发展迅速,已成为推进乡村振兴战略的路径选择,完美地契合了乡村振兴战略对新时代乡村发展的总要求。2024年1月,《中共中央 国务院关于学习运用"千村示范、万村整治"工程经验有力有效推进乡村全面振兴的意见》指出,要学习运用"千万工程"蕴含的发展理念、工作方法和推进机制,把推进乡村全面振兴作为新时代新征程"三农"工作的总抓手,因地制宜地发展乡村旅游等特色产业,以加快农业农村现代化,更好地推进中国式现代化。党的二十届三中全会提出,要完善乡村振兴投入机制，壮大县域富民产业，培育乡村新产业新业态。农户作为乡村振兴的主要承担者，其生计能力的提高与降低关系到微观个体的生存与发展，进而影响乡村振兴战略的有效实施[1]。当前，越来越多的农户参与到旅游生计转型中，逐步由传统的务农和打工模式向旅游经营—务工模式转变[2]，农户生计得以优化和转型，而农户生计的重组与优化为实现资本积累、改善农户生计、提高农户生计能力提供了重要途径[3]。探讨生计能力的提升，对农户满足自身生存发展、解决中国"三农"问题、实现乡村振兴具有实践指导意义[4]。

一 乡村旅游视角下农户生计能力的理论分析框架

自可持续生计理论提出以来，众多组织与机构开始运用此理论制定可持续生计分析框架，其中英国国际发展部（DFID）提出的可持续生计分析框架（SLA）应用最为广泛[5]。该框架由脆弱性背景、生计资本、结构和制度的转变、生计策略、生计结果5个部分组成，将生计资本（自然资本、人力资本、物质资本、金融资本和社会资本）作为核心内容，通过探究这五个组成成分的相互作用[6]，为改善农户生计、实现乡村振兴战略提供思路。随着互联网的不断发展，信息已成为现代社会的重要资源，是人们生活中重要的组成部分，是农户生计提升和发展的关键。因此，在借鉴现有研究的基础上，将信息资本纳入生计资本改进了SLA框架。为进一步阐述农户生计能力与旅游生计转型的关系，本部分构建了乡村旅游视角下农户生计能力的理论分析框架（见图5-12）。

---

[1] 麦强盛、李乐：《新型农业经营主体生存动态演化的时空格局及其影响因素》，《地理科学进展》2024年第1期。

[2] 苏芳：《乡村振兴背景下农户旅游生计转型对生计能力的影响研究》，《贵州社会科学》2023年第2期。

[3] 孙凤芝、欧阳辰姗、胥兴安等：《乡村旅游背景下农户生计策略转变意愿研究》，《中国人口·资源与环境》2020年第3期。

[4] 金书秦、张哲晰、胡钰等：《中国农业绿色转型的历史逻辑、理论阐释与实践探索》，《农业经济问题》2024年第3期。

[5] Su, F., Yin, Y. J., "Optimal Livelihood Strategy for Different Poverty Groups among Farmers: A Case Study of the Qin-Ba Mountain Area in South-Shaanxi, China", *Journal of Mountain Science*, Vol. 17, No. 5, 2020.

[6] 伍薇、刘锐金、何长辉等：《基于生计资本的农户可持续生计研究——以滇琼天然橡胶主产区为例》，《热带地理》2024年第4期。

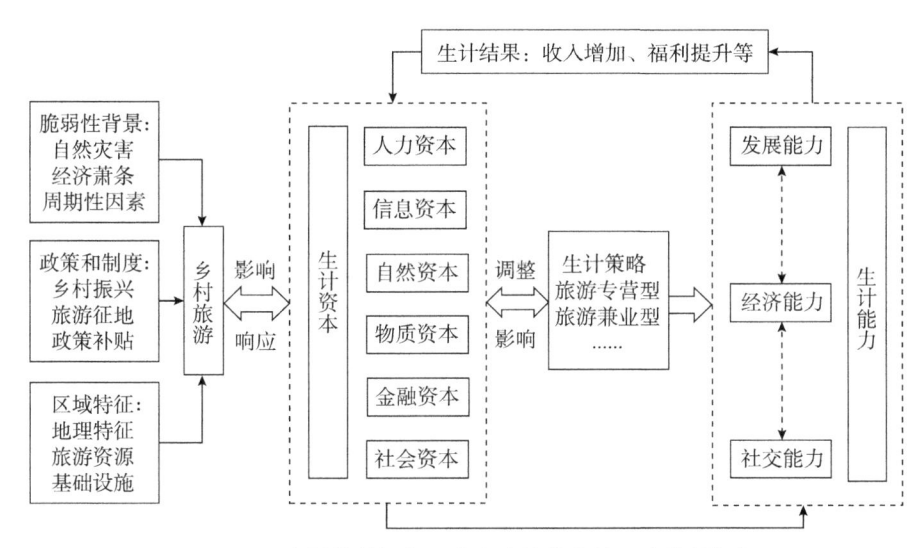

图 5-12 乡村旅游视角下农户生计能力的理论分析框架

由图 5-12 可知，该框架由脆弱性背景、政策和制度、区域特征、乡村旅游、生计资本、生计策略、生计能力、生计结果 8 个部分组成，这些组成部分相互作用形成农户的生计活动。其中，脆弱性背景指农户面临的风险，是农户生计过程中不可避免的环境因素（如自然灾害、经济萧条等）；政策和制度主要指政府为农户生计提供支持与保障的有效途径（如实施乡村振兴战略）；区域特征则反映了农户所处的生活环境与生活条件（如地理特征、基础设施等）。受上述三个方面外部因素影响，乡村旅游的产生与发展给农户带来了新的生计方式，促使农户生计资本发生变化，进而影响农户生计策略的选择，推动了部分农户从务农和打工模式向旅游生计模式转变，实现旅游生计转型。而旅游生计转型会反作用于生计资本[1]，引起农户生计资本水平和结构性发生变化，进而对农户生计能力产生影响。本部分借鉴已有成果将生计能力定义为一种综合能力，由发展能力、经济能力和社交能力构成，这三种生计能力彼此之间能够相互转化，最终实现生计目标。总体来说，本框架以"乡村旅游—生计策略—生计能力"为研究主线，揭示了乡村旅游推动农户实现生计转型，进而影响生计能力的作用路径。

---

[1] 张平、周国华、余翰武等：《传统村落旅游生计转型意愿及影响机制研究——以古丈县默戎镇龙鼻嘴村为例》，《人文地理》2024 年第 2 期。

二 农户旅游生计转型现状及问题分析

（一）研究区概况与数据来源

陕西省是中国的旅游大省，在发展乡村旅游方面有着独特的优势。中国社会科学院在 2016 年和 2017 年发布的《中国乡村旅游发展指数报告》中均指出，陕西省乡村旅游发展水平在全国各重点省份中排名第二位[①]。截至 2022 年底，陕西省共有 9 个旅游特色名镇、17 个乡村旅游示范村。乡村旅游已经成为带动陕西省农民脱贫致富的重要抓手、促进乡村振兴的重要动力[②]。

数据样本源自课题组于 2021 年 8—9 月，在陕西省陕南地区的 3 市 15 区县、陕北地区的 2 市 10 区县以及关中地区的 4 市 12 区县内，针对村域农户所开展的一项微观调查。调查时采取随机抽样的方式向农户发放问卷和深度访谈，共计获取调查问卷 567 份，结合统计年鉴及统计公报，剔除样本数据大量缺失等问卷，最终获取有效问卷 497 份。问卷内容主要涉及两部分：①生计资本调查，包括人力、自然、物质、金融、社会以及信息资本；②生计策略调查，包括农户旅游参与情况、收入变化情况以及当前生计进一步投入意愿等。基于问卷分析得到样本农户基本情况（见表 5-6）。由表 5-6 可以看出，受访农户分布于陕南、陕北、关中三地，其中参与乡村旅游的农户有 161 个，未参与乡村旅游的农户有 336 个，男女比例基本相当，且涵盖了不同年龄阶段、收入水平的农户。但被调查者多为小学及以下和初中学历，比重高达 78%，高中以及大学以上学历只占 22%，反映了所调查区域农户受教育度普遍较低。

表 5-6　样本农户基本情况

指标名称	类别	样本量	百分比（%）
是否参与乡村旅游	是	161	32.4
	否	336	67.6

---

① 丁华、梁婷、薛艳青等：《基于 ArcGIS 的陕西省乡村旅游空间分布与发展特色研究——以 231 个省级乡村旅游示范村为例》，《西北师范大学学报》（自然科学版）2020 年第 3 期。

② 李卓、刘天军、郭占锋等：《乡村走向全面振兴过程中的多元组织机制及其制度逻辑——基于陕西省袁家村的经验研究》，《农业经济问题》2024 年第 6 期。

续表

指标名称	类别	样本量	百分比（%）
地区	关中	132	26.6
	陕北	83	16.7
	陕南	282	56.7
性别	男	258	52.0
	女	239	48.0
年龄	20—44岁	151	30.4
	45—60岁	239	48.1
	60岁以上	107	21.5
收入	5万元以下	146	29.4
	5万—10万元	233	46.9
	10万元以上	118	23.7
受教育程度	小学及以下	177	35.8
	初中	210	42.2
	高中	74	14.8
	大学及以上	36	7.2

（二）农户旅游生计转型现状

当前，学术界在生计能力的研究领域内，展现出对此的高度关注与深入探讨，研究主要聚焦两个方面：一方面，重点关注农户生计能力的评估与测度。例如，高原和赵凯、张崇梅和汪为、李聪等学者均在研究中通过考察农户生计资本变化情况来理解和测度农户的生计能力[1][2][3]。高帅等认为农户的生计资本能够反映出农户在生计的发展能力、经济能

---

[1] 高原、赵凯：《以地为生的转型：宅基地退出对老年农户生计策略的影响》，《农村经济》2024年第7期。
[2] 张崇梅、汪为：《风险冲击、金融行为与农户可持续生计》，《山西财经大学学报》2024年第6期。
[3] 李聪、郭嫚嫚、李明来等：《易地扶贫搬迁农户生态系统服务收益不平等的测度和分解研究》，《统计与信息论坛》2024年第8期。

力和社交能力①。贺志武将生计能力划分为谋生能力、学习能力和应对外界风险的能力，并探讨其与持续性贫困的关系②。金惠双和刘辉选择从经济能力、人力资本、固定资产、职业发展状况和抵抗风险能力五个方面对生计能力进行评价③。另一方面，关注农户生计能力的变化研究。例如，肖开红和刘威认为在后脱贫时代，电商扶贫政策的实施能够提升农户生计能力④。刘格格等表明生态补偿政策的实施能够显著增强东平湖水源地农户可持续生计能力，实现农户生计可持续发展⑤。曾学文和徐拓远指出农村"守值"群体金融素养的提高可显著增加农户可持续生计能力，实现农业农村现代化⑥。综上所述，学者对生计能力有着诸多有益探索，不足的是从乡村旅游视角讨论农户生计能力的研究相对较少。那么，参与旅游生计转型能否有效提高农户生计能力，成为推动农户生计可持续的重要路径？此外，由于农户家庭特征、资本积累以及区域环境的不同，旅游生计转型后其生计能力是否存在差异？

基于此，从乡村旅游视角出发，尝试构建农户生计能力理论分析框架和指标体系，分析乡村振兴背景下农户旅游生计转型对生计能力的影响效应，揭示不同年龄、收入和区域农户之间的组间差异，为有效推进农户生计转型、促进乡村振兴战略的有效实施提供一定的理论支持和经验借鉴。

（三）农户旅游生计转型问题分析

"农户生计能力"为因变量。借鉴王振振和王立剑的研究成果⑦，并依据上文构建的农户生计能力分析框架，对构成生计能力的三个指标作出界定。其中，发展能力是指农户能够完成某项工作拥有的技术与能力，

---

① 高帅、程炜、唐建军：《风险冲击视角下革命老区农户生计韧性研究——以太行革命老区为例》，《中国农村经济》2024年第3期。

② 贺志武：《生计能力视角下陕南秦巴山区农户持续性贫困原因分析》，《西安文理学院学报》（社会科学版）2020年第4期。

③ 金惠双、刘辉：《人力资本对移民生计适应性的影响研究》，《农业现代化研究》2023年第2期。

④ 肖开红、刘威：《电商扶贫效果评价及可持续反贫政策建议——基于农户可持续生计能力视角的实证研究》，《河南大学学报》（社会科学版）2021年第5期。

⑤ 刘格格、周玉玺、葛颜祥：《多样化生态补偿对农村家庭生计策略选择的影响——以生态保护红线区农村家庭为例》，《农村经济》2024年第8期。

⑥ 曾学文、徐拓远：《共同富裕视角下农村金融高质量发展：理论分析与实现路径》，《宏观质量研究》2024年第3期。

⑦ 王振振、王立剑：《精准扶贫可以提升农村贫困户可持续生计吗？——基于陕西省70个县（区）的调查》，《农业经济问题》2019年第4期。

由人力资本和信息资本组成；经济能力是指农户拥有的资源和获取的资金以支持其生存和发展的能力，由物质资本组成；社交能力是指农户与外部社会具有良好互动的能力，由自然资本、金融资本和社会资本组成。由于生计能力各指标的量纲与数量级不同，先对各指标进行分段赋值、极差标准化等处理，再采用熵值法计算指标权重，这样能够有效避免主观影响，各指标的定义及权重结果见表5-7。

表5-7　　　　　　　农户生计能力评价指标体系及权重

一级指标	二级指标	三级指标	指标赋值与说明	权重
发展能力（0.135）	人力资本（0.056）	家庭成员健康状况	1=非常差，2=较差，3=一般，4=较好，5=非常好	0.105
		家庭成员受教育程度	农户家庭受教育年限总和/总人数	0.519
		职业稳定性	农户当前职业是否稳定；1=是，0=否	0.376
	信息资本（0.079）	宽带安装	农户家庭中是否安装宽带；1=是，0=否	0.317
		旅游政策及时性	农户获取旅游政策是否及时；1=是，0=否	0.376
		信息获取渠道	农户获取旅游有关信息渠道数（个）	0.307
经济能力（0.653）	物质资本（0.403）	牲畜拥有量	农户家庭所拥有的牲畜的数量（个）	0.876
		家庭耐用品拥有量	每个农户家庭中所拥有的耐用品的数量（个）	0.124
社交能力（0.212）	自然资本（0.145）	家庭住房总面积	农户目前居住的宅基地的面积（亩）	0.045
		家庭住房类型	1=平房，2=楼房，3=单元房，4=窑洞，5=其他	0.153
		耕地资源	农户所在村集体包发耕地面积（亩）	0.279
		实际种植面积	农户实际种植的面积（亩）	0.523
	金融资本（0.105）	家庭年均收入	农户的家庭年均收入（万元）	0.247
		借贷机会	农户本年是否进行借款或者贷款；1=是，0=否	0.411
		借贷渠道	农户进行借款或贷款的渠道（个）	0.342

续表

一级指标	二级指标	三级指标	指标赋值与说明	权重
社交能力（0.212）	社会资本（0.212）	社会信任度	农户对亲朋邻里的信任程度，五分值量表	0.012
		社会联结度	家庭中是否有成员在乡镇/村里任职；1=是，0=否	0.935
		社会支持度	农户遇到困难时可获得的帮助的渠道数（个）	0.053

"农户是否参与旅游生计转型"为核心变量，也是处理变量。由于农户配合乡村旅游政策进行生计转型时会产生自选择问题，将参与旅游生计转型的农户作为处理组，赋值为1；未参与旅游生计转型的农户作为对照组，赋值为0，进而比较两组样本的生计能力水平差异，以评价乡村振兴背景下农户旅游生计转型对生计能力的影响。

由于农户生计会受到所处区域环境的影响，借鉴已有的研究成果[1][2]，选取公路距离、卫生机构床位数、普通中小学在校人数、社会机构数和旅游景区数区域特征作为控制变量（见表5-8）。其中，公路距离作为交通便利程度的衡量指标，反映了农户所处区位的优劣，距离公路越近意味着交通越便利、区位条件更优越，更有利于农户转型；农户所在县域拥有的卫生机构床位数、普通中小学在校人数、社会机构数作为基础设施的衡量指标，这些指标不仅反映了当地基础设施建设水平，同时反映了农户所处地区的生活环境与条件；旅游景区数反映了当地乡村旅游发展水平，对农户旅游生计转型意愿及参与度具有一定影响。

表 5-8　　　　　　控制变量的变量说明及描述性分析

变量	指标描述	均值	标准差
公路距离	家庭住址是否靠近公路（路程≤1千米），1=是，0=否	0.781	0.414

---

[1] 耿亚新、刘栩含、饶品样：《农户生计资本和区域异质性对生计策略的影响研究——基于中国家庭追踪调查数据的实证分析》，《林业经济》2021年第5期。
[2] 安士伟、樊新生：《基于收入源的农户生计策略及其影响因素分析——以河南省为例》，《经济经纬》2018年第1期。

续表

变量	指标描述	均值	标准差
卫生机构床位数	农户所在地医疗卫生机构床位（床）	0.312	0.281
普通中小学在校人数	普通小学、中学在校学生总人数（人）	0.116	0.097
旅游景区数	A级旅游景区数量（个）	0.526	0.346
社会机构数	提供住宿的社会工作机构（个）	0.349	0.272

三 农户旅游生计转型对生计能力的影响效应分析

采用 k 近邻匹配（$k=4$）、卡尺内最近邻匹配（$k=4$，卡尺=0.01）、卡尺匹配（卡尺=0.01）、核匹配四种方法测算农户生计能力各项指标的平均处理效应（见表5-9）。可以发现，运用四种方法匹配后获取的估计结果相似，表明样本数据具有较好的稳健性。参考已有文献，选取其算术平均值表征农户旅游生计转型对生计能力的影响效应。

表 5-9　　　　　　　　　匹配方法检验

匹配方法	项目	k 近邻匹配	卡尺内最近邻匹配	卡尺匹配	核匹配	平均值
生计能力	ATT	0.052***	0.051***	0.044***	0.036***	0.046
	S.E	0.011	0.011	0.010	0.009	
	T-stat	4.64	4.58	4.46	3.94	
发展能力	ATT	0.014***	0.014***	0.012***	0.011***	0.013
	S.E	0.003	0.003	0.002	0.002	
	T-stat	5.01	4.93	5.24	4.90	
经济能力	ATT	0.013***	0.013***	0.009**	0.005	0.010
	S.E	0.005	0.005	0.004	0.004	
	T-stat	2.70	2.60	2.18	1.21	
社交能力	ATT	0.025***	0.025***	0.022***	0.021***	0.023
	S.E	0.009	0.009	0.008	0.008	
	T-stat	2.77	2.78	2.78	2.78	

注：**、***分别表示在5%、1%的水平下显著。

乡村旅游背景下，农户旅游生计转型对生计能力具有显著正向影响，影响净效应为 0.046，表明在考虑了农户选择性偏差问题后，农户进行旅游生计转型能促使其生计能力水平提高 4.6%，虽然提高比率不大，但表明乡村旅游政策的实施推动农户选择新的生计策略，以更好地应对外部与内部所带来的冲击，全面提高生计能力。从生计能力的各维度来看：

（1）发展能力由人力资本和信息资本组成。人力资本是一切生计活动的基础，其影响着农户旅游活动的参与程度。由于农户对旅游业的认知水平和接受能力具有一定的局限性，在旅游生计转型后，政府会通过旅游相关技能等培训，将农户打造为旅游专业型人才，进而提高农户工作能力与发展潜力，促进农户生计的可持续性。此外，伴随互联网的高速发展，信息已成为人们生活中不可或缺的要素，农户生计方式的转变，逐渐增强农户对日常生活中各种信息的需求量（尤其是旅游信息），旅游转型农户会比较及时地能从多种渠道获取相关信息。且在电子媒介的作用下，农户对乡村旅游政策的认知能力以及新事物的学习能力逐渐得到提升。因此，农户发展能力提高了 1.3%。

（2）经济能力由自然资本、物质资本和金融资本组成。随着调查地农户大多数从农业活动转向旅游业，他们逐渐减少对耕地和畜牧活动的过度依赖，这虽然促进了经济结构的多元化，但同时也可能引发耕地闲置、畜牧资源减少等问题。或者，政府为建设乡村旅游发展，需征用农户土地以建设景点、旅游公共基础设施及旅游道路，这一举措虽能促进旅游基础设施的完善，却也不可避免地会导致自然资本的流失。为缓解这一过程中农户可能面临的损失，政府会提供相应政策补贴，比如给予农户资金补助，增加农户的借贷渠道、借贷机会等，提高农户收入水平。同时，随着当地旅游基础建设水平的提高，农户的生活环境与工作环境得到了显著改善，进一步激发了他们参与旅游活动的积极性，进而增强农户的物质资本与金融资本。因此，虽然自然资本有所减少，但物质资本和金融资本的提高，使农户经济能力提高了 1%。

（3）社交能力由社会资本组成。社会资本不仅包括横向联系，即农户与农户之间的联系；还包括自上而下的联系，即农户与政府、组织和村域等外部社会的联系。一方面，由于调查地农户生计转型通常涉及某一整体村域，转型后，农户之间仍存在良好的社会关系网络，信任度较高。此外，彼此会通过相互传递信息，提高工作效率和信息获取能力。另一方面，由于农户实现生计转型后，政府、组织及村域会增强对农户旅游技能的培训以及对农户的扶持力度,加强了农户与政府、组织和村域自上而下的联系,进而具有较高的联结度。因此,农户社交能力提高了2.3%。社交能力的增强,能够使农户人力资本、信息资本和金融资本得到相应的支持,有助于全面提高个体农户的生计能力,促进其生存与发展。

四 乡村振兴背景下农户旅游生计转型的对策建议

基于上述研究结论,为有效提高农户生计能力,发挥政府在解决农户生计问题的积极作用,提出如下对策建议。

(一)提升农户认知水平,引导转变生计策略

乡村旅游的发展为农户提供了新的生计来源,生计策略的转变能够有效提高生计能力。然而,由于农户在旅游发展中处于劣势地位,且认知能力具有局限性,部分农户无法顺利转型。更关键的是,在后续的旅游经营中,多数农户的小农意识强烈,满足于既有状态,缺乏进一步发展的动力。因此,政府应从多角度入手,引导农户参与乡村旅游。一方面,政府可以通过知识普及以及组织培训的形式,让农户认识到乡村旅游的发展潜力,鼓励农户投资;另一方面,通过宣传身边旅游转型经典案例,推广先进经验,激发农户通过旅游转型改善生计资产的动力,让农户真正理解和参与旅游生计活动。

(二)增强农户各项能力,促进自身综合发展

生计能力是一种综合能力,由三种能力组合而成。实现生计能力的稳步增强与良性循环,关键在于促进各项能力的提升及它们之间的有效融合与转换。首先,应充分发挥当地职业院校和相关人才的作用,通过对转型农户的旅游技能进行有针对性、有计划性、有组织性的培训,尽可能地将农户打造成旅游专业型人才,全面提升知识水平、服务水平和适应能力;其次,加强村域的信息化建设,降低信息不对称给农户带来的风险感知,提升发展能力;再次,通过多种途径和渠道为转型农户搭建良好的社会关系网络,促进农户与农户、农户与村域、农户与组织之间的交流与联系,增强彼此的交往凝聚力,提升社交能力;最后,政府可以通过与银行、企业等部门合作,完善金融支持体系,加大对农户的资金支持,拓宽农户贷款渠道,推动其进一步投资,提升经济能力。

(三)根据农户异质性特征,制定差异化策略

建议政府部门在制定旅游发展政策时,针对不同类型农户,采取差别化策略。青年和中年农户相较于老年农户身体素质高、收入来源丰富

且接受能力强，政府可以为其创造有利的发展空间，加强旅游技能培训，改善其生计资本；低收入农户相较于中高收入农户贷款意愿和能力弱，政府可以为其提供贷款保障，增强贷款能力，通过后续的资金投入，进一步巩固和增强农户生计能力。此外，为缩小地区间及农户间的差距，应打破区域界限，整合各类特色旅游资源。以关中地区为例，其旅游业发展相对领先，可以充分发挥其带动作用，将陕南地区、陕北地区的自然生态资源和传统文化与关中优秀的旅游文化资源和旅游品牌相整合，形成完善的乡村旅游体系，增强陕南地区、陕北地区旅游知名度，推进两地旅游业的快速发展，进而提高转型农户的生计能力。在此基础上，政府还要依据区域发展状况，完善旅游相关公共服务设施，如提高乡村通达性、开发旅游资源等，为农户提供良好的工作环境，增强农户转型意愿与能力。

（四）完善乡村旅游政策，全力助推乡村振兴

乡村振兴的出发点和归属点是人的发展问题，乡村旅游的根本落脚点是实现农户生存和发展。发展乡村旅游已逐渐成为广大乡村地区农户脱贫致富的重要途径，农户是乡村旅游最直接的承担者，其生计过程也在发生显著变化。鉴于乡村振兴的成效直接关系到农户生计能力的提升。因此，大力发展乡村旅游，以此增强农户生计能力，成为实现乡村振兴的必由之路。然而，当前部分农户认知能力较低、参与旅游的积极性不高以及小农思想严重，同时，村域存在旅游专业人才稀缺、旅游产品同质化严重等问题，导致乡村旅游扶贫效果不显著、旅游发展后劲不足。为破解这些难题，未来需进一步优化乡村旅游政策，通过政府领导、政策引领、创新机制、多样带动等方式，使农户根据自身生计资本状况调整生计策略，适应乡村旅游发展，实现旅游扶贫到旅游富民、提高农户的内生动力与自我发展能力、促进乡村振兴战略的有效实施。

第五节 乡村治理——乡村振兴进程中的农村土地政策改革研究

全面深化改革需要农村土地制度改革的助力，以实现城乡一体化进程，达成普惠全国的全面小康目标，进而推动中华民族伟大复兴的历史进程。自21世纪初以来，中国学者就土地制度改革展开了多番争论。

2015年，十二届全国人大常委会第十三次会议授权国务院在33个试点地暂时调整《中华人民共和国土地管理法》及《中华人民共和国城市房地产管理法》中对农村三项土地制度的相关规定，标志着中国农村土地三项制度改革正式进入试点阶段。试点项目开展以来，包括北京大兴、浙江义乌和德清、四川泸县、陕西高陵、河北定州等33个试点县（市、区）结合实际，积极探索，通过实践检验了土地三项制度改革的可行性与成效。一是"试制度"，如对城乡统一建设用地市场制度的探索为2019年新修订的《中华人民共和国土地管理法》提供了现实参考；二是"试成效"，随着试点的扩大，不断创新的改革政策为有效改善农村土地问题提供了可行方案。然而，试点项目在实践中也显露出土地三项制度改革存在的一些问题。具体而言，各试点地进展程度不一，对改革的适应性也各不相同。另外，改革政策本身也有待完善，在试点的扩大中若只是简单地借鉴或模仿典型试点的成功经验，则未尽其"试点"妙用。对此，在重点关注试点项目产生的直接效应的同时，还需要特别关注试点项目对政策创新的外溢效应。试点项目应被视为推动更大范围内政策推广与创新的重要平台与契机，通过总结经验、提炼模式，为全面深化农村土地制度改革提供可复制、可推广的宝贵经验。

一 土地三项制度改革试点的探索

（一）政策演进路线

中国对农村土地三项制度改革试点项目的探索路线如图5-13所示。由图5-13可知，该探索最早可追溯至1999年，当时国土资源部开始关注征地制度改革，并在全国范围选取一些地方进行试点。经过两年的探索，2001年，该部门开始在成都、武汉等地推行两轮征地改革试点，同时在安徽芜湖、广东顺德等地推行农村集体经营性建设用地流转等改革试点，这些举措为后续土地三项制度改革试点的正式启动提供了可借鉴的经验。2013年，党的十八届三中全会对土地三项制度给出了明确的改革方向，并提出首先在33个试点地进行试点改革。2014年通过的《关于农村土地征收、集体经营性建设用地入市、宅基地制度改革试点工作的意见》标志着土地制度改革的启动[①]。

[①] 张勇、张宇豪：《农村集体经营性建设用地入市的内在逻辑和实施路径》，《西北农林科技大学学报》（社会科学版）2024年第5期。

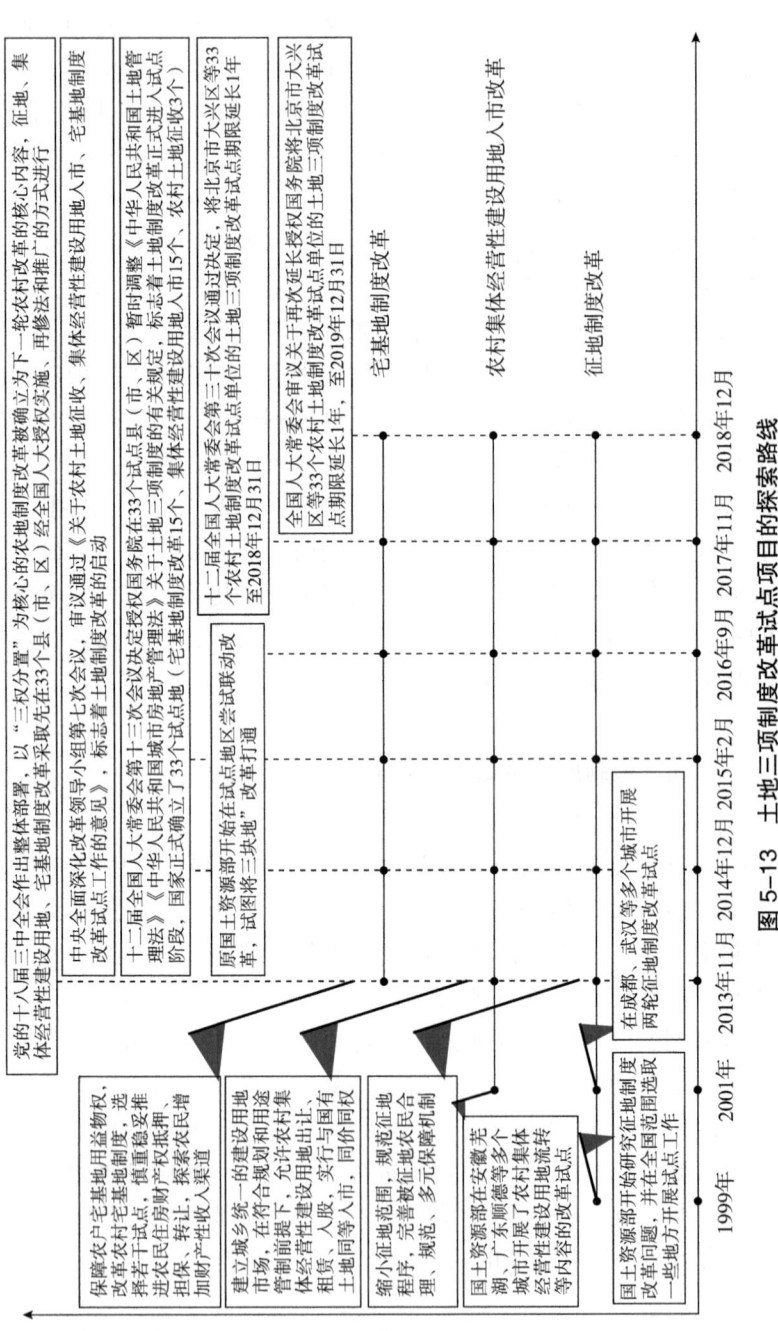

图 5-13 土地三项制度改革试点项目的探索路线

中国于 2015 年正式确立了 33 个土地三项制度改革试点地，每个试点地区只开展一项试点。具体而言，四川泸县、安徽金寨、陕西高陵等 15 个地区开始农村宅基地改革试点；同时，北京大兴、上海松江等 15 个地区开始集体经营性建设用地入市试点；山东禹城、河北定州、内蒙古和林格尔 3 个地区开始农村土地征收改革试点。随后，2016 年，为了进一步深化改革探索，土地三项制度改革试点地均扩大到 33 个，显示出国家对土地制度改革的高度重视与持续推进的决心。原定于 2017 年完成的试点项目，实践中全国人大常委会在 2017 年和 2018 年对其两次进行了为期 1 年的延长。

（二）试点实践与成效

自开展土地三项制度改革试点工作以来，多个试点地探索出了值得借鉴的成功改革模板。具体而言，在农村宅基地制度改革试点中，中国西部、中部、东部地区分别探索出了 3 种典型形式，即"土地收储 + 以地养老"的"平罗经验"，"货币补偿 + 住房优惠"的"余江样板"和从城乡新社区集聚建设到"集地券"制度的"义乌智慧"①。尤其是浙江义乌探索出的"集地券"制度，不仅促进了农村集体存量建设用地的有效流动，还通过复垦闲置、废弃土地为建设用地指标开辟了新路径，为全国宅基地制度改革树立了标杆。针对农村宅基地推出的试点探索，欠发达地区也提供了宝贵经验：一是探索出了如安徽金寨将宅基地退出与易地扶贫搬迁等结合起来的经验；二是总结了如江西余江推出的有偿与无偿退出相结合的经验，并设立"宅改理事会"的模式。综合各试点的情况，发达地区比欠发达地区退出的宅基地多，政府充足的财力使其有足够的资金去探索多种宅基地退出形式。转向农村集体经营性建设用地入市改革，发达地区如浙江德清，坚守四条底线，遵循四项工作原则，构建"一办法、两意见、五规定、十范本"的政策体系，对镇、村、组分别规定不同的（自主、委托、合作）入市方式，并创新性地设立了股份经济合作社②；欠发达地区如成都郫都、重庆大足、贵州湄潭等成功经验，推动大量集体经营性建设用地直接入市，使土地收益惠及多数村民的同时，在操作流程、收益分配、制度建设等方面形成了一些相对成熟的经验，为随后的试点推广给出了一系列新的规范性政策。另外，在农

---

① 余永和：《农村宅基地退出试点改革：模式、困境与对策》，《求实》2019 年第 4 期。
② 章俊、赵旭、姚叶平：《农村集体经营性建设用地入市的"德清实践"》，《浙江国土资源》2020 年第 4 期。

村土地征收制度改革试点中，中部、西部、东部地区分别探索出 3 种不同经验：安徽金寨对征地补偿费增加了对被征地农民的社会保障费用；内蒙古和林格尔将土地的征转和补偿设为同步推进，探索留用地安置；上海松江建立了补偿款预存制度，探索出"社保+持股、留房、农业、就业"的保障形式，为被征地农民提供了更加多元化的生活保障。这些改革经验不仅丰富了中国农村土地征收制度的内涵，也为未来的政策制定与实施提供了有益参考。

土地三项制度改革试点同时也显露出了改革试点与政策存在的一些问题。章俊等通过对浙江义乌和德清土地三项制度改革试点的调研，发现试点未能做到统筹协调，且各试点地进展有差异[①]；贺雪峰提出要谨慎将发达地区土地利用的经验应用于中西部地区[②]；夏柱智基于 33 个试点资料，分析了缩小征地范围、宅基地财产化等不能得到试点支持的问题[③]；陈卫华和吕萍基于对河南长垣土地三项制度改革试点的调研，发现存在建设用地指标交易的制度基础不稳定、试点的短期性与契约的长期性矛盾等问题[④]。

当前学术界对农村土地三项制度改革的探索，主要关注的是单独一项制度改革试点。如姚树荣和熊雪锋研究了四川泸县探索出的宅基地有偿退出结合易地扶贫搬迁工作的"嘉明模式"[⑤]；唐健和谭荣通过对内蒙古和林格尔、四川泸县等建设用地入市试点的比较，分析了试点地区制度创新路径的规律性[⑥]；冯宪芬等探究了土地征收补偿安置政策的路径[⑦]。同样，也有部分学者对"三块地"试点进行了总体研究。如陈卫华

---

① 章俊、赵旭、姚立平：《农村集体经营性建设用地入市的"德清实践"》，《浙江国土资源》2020 年第 4 期。

② 贺雪峰：《现行土地制度与中国不同地区土地制度的差异化实践》，《江苏社会科学》2018 年第 5 期。

③ 夏柱智：《农村土地制度改革的进展、问题和启示——基于 33 个试点的资料》，《云南行政学院学报》2017 年第 5 期。

④ 陈卫华、吕萍：《产粮核心区农村土地三项改革：经验、难题与破解——以河南长垣为例》，《农村经济》2019 年第 9 期。

⑤ 姚树荣、熊雪锋：《以宅基地有偿退出改革助推易地扶贫——四川省泸县"嘉明模式"分析》，《农村经济》2017 年第 2 期。

⑥ 唐健、谭荣：《农村集体建设用地入市路径——基于几个试点地区的观察》，《中国人民大学学报》2019 年第 1 期。

⑦ 冯宪芬、蒋鑫如、武文杰：《土地征收补偿制度的经验借鉴与完善路径》，《新视野》2020 年第 2 期。

和吕萍分析了河南长垣土地三项制度改革试点的经验与成效[①]；刘探宙和杨德才探索了四川泸县土地三项制度改革试点经验，并验证了改革的叠加效应[②]。可见，虽然学术界对农村土地制度改革的研究较多，但是缺少对"三块地"改革试点的综合研究，从政策创新效应角度综合研究的文献更是缺乏。现有研究中，部分学者关注试点的政策创新机制，如李兆友和于士其从政策过程的一般性理论角度研究了中国政策试点的发生机制与内在逻辑[③]；冯锋和周霞以留守儿童社会政策的扩散为例，论证了试点的政策创新扩散机制[④]；宋云鹏以医保和卫生政策为例，研究了试点引致政策创新的机制，并提出试点有助于政策参与者信念体系的改变，从而实现政策创新[⑤]。综上所述，本部分将从综合角度尝试构建土地三项制度改革试点政策创新理论分析模型，并结合陕西省高陵区土地三项制度改革试点，分析试点项目在具体实践中对相关政策创新的溢出效应与作用路径。

二　土地三项制度改革试点与政策创新

（一）试点项目的政策创新机制

试点项目是中国制定政策的一种特色机制。李娉提出，试点是政府在正式推行新政策或法规前，政策参与者检测和调整新政策或法规时借助从点向面的一种途径[⑥]，这种途径已经广泛应用于各领域相关政策的制定，如医保、新型农村合疗政策等。在中国的政策制定实践中发现，试点项目的开展对政策制定起到了以下作用。一是有助于降低政策创新风险。通过试点来检验政策是否可行及成效如何，能有效避免盲目推行新政策面临的极大不确定性。二是能有效减少政策创新的成本投入。在小范围内进行试点不需要过多的资金投入，若检验出政策可行，再扩大规

[①] 陈卫华、吕萍：《产粮核心区农村土地三项改革：经验、难题与破解——以河南长垣为例》，《农村经济》2019年第9期。

[②] 刘探宙、杨德才：《农村三项土地制度改革的推进模式与叠加效应研究——基于泸县的实证研究》，《农村经济》2018年第8期。

[③] 李兆友、于士其：《政策试点结果差异的影响因素及生成机制——基于20个案例的清晰集定性比较分析》，《长白学刊》2023年第5期。

[④] 冯锋、周霞：《政策试点与社会政策创新扩散机制——以留守儿童社会政策为例》，《北京行政学院学报》2018年第4期。

[⑤] 宋云鹏：《试点引致政策创新机制研究——以医保和卫生政策为例》，《社会保障评论》2020年第3期。

[⑥] 李娉：《中国政策试点的三重逻辑：历史、理论与实践》，《学海》2023年第5期。

模并投入相应资金。三是可以帮助克服政策创新面临的障碍。一项新政策的诞生需要民众政治意愿支持,现实中新政策的制定与实施总伴随着反对声音,先在小规模内试行新政策在时间上为争取民众政治意愿支持提供了更大可能性。四是能够大大增加政策创新成功的可能性。试点项目为新政策的制定减小了风险,削减了成本,同时又清扫了障碍,使新政策的可行率大大提高。

试点项目为政策制定者提供学习方式。依照倡议联盟理论①,可以认为试点项目的成功会改变政策制定者的政策理念,实现政策创新。试点项目为政策制定者提供多样的学习方式才可能改变他们的政策理念,这些学习方式主要包括实践探索、借鉴经验、不同试点地的相互交流。一是试点地区通过开展试点项目能够检验政策的可行性与成效,成功经验能够为上级政府制定政策提供参照,但同时也不能忽视失败经验的重要警示作用。二是后试点的地区可以借鉴已有试点的成功经验。一方面,在试点项目向上级纵向扩展的过程中,上级地区学习该试点的成功实践;另一方面,向省外横向扩展过程中,外省向该试点学习成功经验,为其政策制定提供参照。三是试点地区的政策制定者通过召开会议、学术报告、论坛等途径进行学习交流,并要听取相关专家的意见,这样的交流学习将有效促进政策制定者政策理念的正向改变,实现政策创新。

试点项目的实施为政策创新提供专业与意愿基础。政策创新往往意味着在原政策中引入一些适应性的新政策,或者从根本上推翻原政策重新制定一套适应当下需求的新政策。无论是哪种方式,政策创新都面临来自现实环境的多种挑战,如前期需要投入大量财政资金,政府是否具有完备的专业技术能力制定出好的政策、国家的制度体系是否足以支撑其实施、是否能得到广大群众政治意愿的支持等。克服这些现实问题的一种好方法就是试点项目,即在进行大规模普遍化政策创新之前首先在较小范围内进行小规模试验。具体来说,试点项目这种试验方法是在某一领域内推行一种新方法,通过观察该领域的政策等环境与新方法之间的相互作用,总结出这种新方法在该类领域内使用的经验,并据此改进新方法或者调整政策环境。采用试点项目这一手段能够降低推行政策创

---

① Weible, C. M., Sabatier, P. A., et al., "Coalitions, Science, and Belief Change: Comparing Adversarial and Collaborative Policy Subsystems", *Policy Studies Journal*, Vol. 37, No. 2, 2009.

新所承担的风险，有利于地方政府及时有效地管理推行新政策带来的复杂性影响，并从公众政治意愿、实施成效等方面对新政策进行合理评估，为政策创新提供专业与意愿基础。

试点项目的扩展迫切要求创新相关政策。要确保试点项目的成效服务于政策创新，只在小范围内试点是远远不够的，单个例子的经验并不具有代表性。因此，试点项目需要扩大规模。值得注意的是，试点的扩大并不是对已有实践模板简单模仿或者照搬到更大范围，而是必须充分考虑制度政策环境、试点经验的可借鉴性等多种因素，国内外学者对此进行了探索。国外有学者提出试点项目扩展过程中遇到的3个常见的"瓶颈"，即资金不足、缺乏政治意愿和体制错位。在试点项目不同规模和方向的扩展过程中，这些因素的具体表现和重要性又有所不同，有时群众政治意愿和制度体制方面的因素占据主导地位，而有时更侧重财政资金和时间等因素。这种复杂性意味着在地方一级可行的措施不一定适合国家或地方以外的决策规则或行政机构。正如贺雪峰在研究土地三项制度改革试点时所提出的，发达地区的试点经验未必适合中西部地区借鉴[①]。试点项目向上一级进行纵向扩展，需要克服融资和协调更大规模的挑战；横向扩展到另一地区，则需要克服制度和政治阻碍。扩大试点项目追求的结果是试点项目对政策创新可持续发展作出更大贡献。因此，无论是将从试点项目中学到的经验转化为创新政策的基础，还是试点项目规模扩展中的新挑战带给政策创新的新契机，都迫切需要相关政策的创新，这在很大程度上促进了政策创新。

（二）土地三项改革试点的政策创新效应

目前，国内外已经有多个领域对试点项目这一试验方法进行了众多有益的尝试。其中，国外学者Sara等以加拿大多伦多社会住房建筑改造试点为例，探索了试点项目在城市气候变化政策创新中的作用[②]。此外，试点项目的应用范围还推广至更可持续的交通运输模式、开发新的水资源管理方法、管理空气污染、测试新的就业和福利政策等其他领域。当前，中国正处于乡村振兴的重要节点，迫切需要改革土地制度以解决农

[①] 贺雪峰：《三项土地制度改革试点中的土地利用问题》，《中南大学学报》（社会科学版）2018年第3期。

[②] Sara H, Samer Y, Laurel B, "The Role of Pilot Projects in Urban Climate Change Policy Innovation", *Policy Studies Journal*, Vol. 48, No. 2, 2020, pp. 271–297.

村土地问题。2015年2月27日，中国正式确立了33个土地三项制度改革试点地，这一举措标志着中央政府正在以试点项目这一方法，积极探索土地制度的改革路径。土地三项制度改革试点已成为促进中国现有土地制度创新的重要机制。那么，土地三项制度改革试点究竟是如何对土地制度创新起作用的？其能否产生真正的可借鉴方案并推动更广泛的转型呢？

依前文所述，试点项目能够帮助克服政策创新在实践中面临的现实挑战，因此要分析土地三项制度改革试点对政策创新的作用路径就要将其与这些现实挑战联系起来（见图5-14）。首先，土地三项制度改革面临来自现实环境的多种挑战，包括前期改革资金的高额需求、地方政府政策调整的灵活性、国家土地制度框架的支撑力度，以及农民群众的支持程度等。试点项目正是在此背景下应运而生的，它们通过在小规模范围内先行先试，如陕西省高陵区在通远街道何村开展的宅基地退出试点，有效降低了改革初期的资金门槛，减小了政府的财政压力。同时，小规模试点有利于政府评估试点地的农业及技术水平，从而依据实际情况灵活调整政策，积攒宝贵经验。此外，试点还促进了政府对农民改革态度的观察，有助于分析并管控改革试点对政策环境的复杂影响，推进土地三项制度改革向更专业、更具适应性的方向发展。其次，为进一步扩大试点项目对政策创新的贡献，必须实施规模上的跨越，这既包括向上一级（省市一级）纵向扩大试点，也包括国内其他相似地区横向扩大。然而，这一扩大过程同样面临来自多方的挑战，向上一级即纵向扩展面临的主要挑战是资金不足、政府要具备统筹好更大规模试点项目的专业能力等问题；向外扩展即横向扩展面临的挑战则更侧重各省份复杂的政策体制协调及广大农民的支持意愿问题。土地三项制度改革试点项目扩大规模最终追求的目标是试点为实现土地制度创新可持续发展作出更大贡献。总体而言，土地三项制度改革试点项目对政策创新的促进作用主要有四点：一是改革政策的制定需要试点项目这一工具的辅助；二是试点项目为土地政策制定者提供了学习路径；三是通过试点项目检验新土地政策是否可行及其成效，总结经验，为政策创新提供专业基础；四是试点项目扩展过程中面临的挑战迫切需要政策创新对其实施干预。

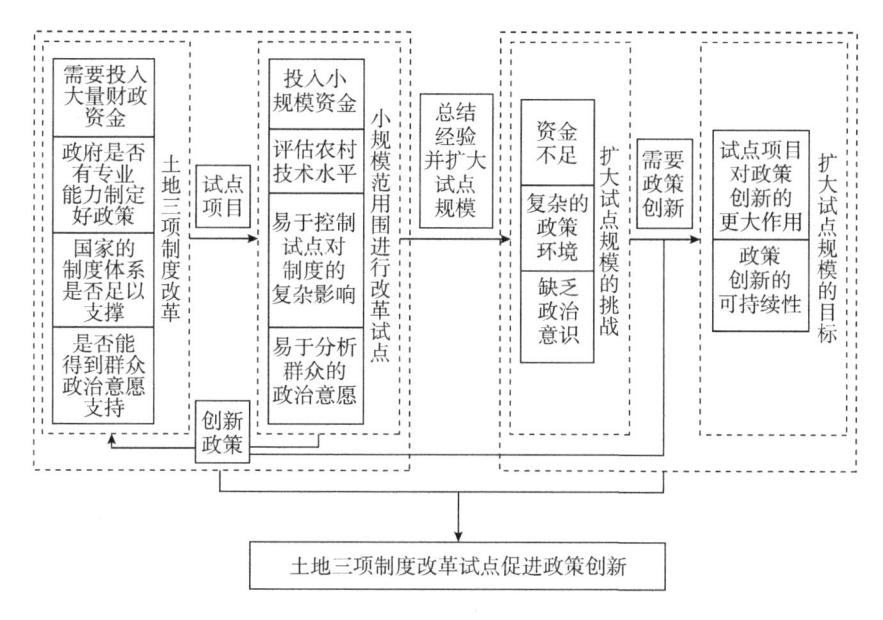

图 5-14　土地三项制度改革试点项目的政策创新效应模型

三　土地三项制度改革试点与政策创新的实践：以陕西省西安市高陵区为例

高陵区位于陕西省西安市北部，地处关中平原，2015 年 8 月由县改为区，是陕西省唯一的土地三项制度改革试点地区。高陵区在历史上是一个农业大县，曾在 20 世纪 50 年代被国务院授予"农业社会主义建设先进单位"称号，并于 20 世纪 90 年代初，被评为西北唯一的"吨粮县"。鉴于农业对高陵区经济收入的支柱性作用，解决农村土地问题对该地区发展显得尤为重要。因此，在土地三项制度改革试点的实践中，高陵区探索出了许多新经验，为土地政策创新提供了参考。高陵区自 2014 年开始宅基地退出制度改革的试点探索，2015 年正式推进农村宅基地制度改革试点项目，通远街道何村是高陵区宅基地退出试点中整村退出的一个典型案例。2014 年，何村开始以土地增减挂钩政策为基础，探索农村宅基地制度改革试点，即村民全部搬迁，整体拆除原来的何村，资源部门对其实施复垦。这一过程中增加了耕地，节省了相应的建设用地指标。随后，土地部门开展招、拍、挂，为新社区建设吸引资金，建成后的新社区节省了一半多的占地面积。在该项试点过程中，部分村民有偿退出宅基地后进城落户,剩余村民则选择迁居新社区。该试点为高陵区探索出了"乡村社区"这一新形式。鉴于何村试点的成功经验,高陵区随后逐步扩大了"乡村社区"模式的试点范围,将这一创新理念推广至通远街道的大夫雷村等地,相继建立起多个面貌一新的"乡村社区"。随着扩展规模越来越大,扩展过程中的现实挑战迫切要求政策创新。在此背景下,高陵区又进行创新,推出了两种全新的"乡村社区"模式:一是整村退出融合,二是"共享村落"。整村退出融合模式,其核心在于引导城镇规划内的农村宅基地实现永久性退出,进而实施整个村庄拆旧建新、统一经营。高陵区内的源田梦工场就是典型例子。该项目整合了张卜街道张家、南郭、贾蔡3个村庄的宅基地与农用地,通过土地流转与村民入股的方式,构建起农村集体经济合作社和西安市源田农业技术开发有限公司的联合管理平台,对土地资源进行高效整合与利用。此举不仅让村民得到了分红,还为他们提供了就业的机会,成为促进农民增收的有效路径。而"共享村落"模式进一步打破了传统界限,允许宅基地使用权流转到本集体经济组织外,这一探索吸引了很多城市居民来体验田园生活。他们提出将自己城里的房子租给农民工,用房租来乡村共享田园生活。"共享村落"形式的探索在很大程度上推进了城乡一体化的实现。高陵区自2015年起,正式迈出了"三块地"改革试点的坚实步伐,这一举措标志着该地区在深化农村土地制度改革方面迈出了关键性的一步。改革的重点聚焦宅基地制度改革的深度探索上,通过优化宅基地配置,提升农村土地利用效率,保障农民土地权益,同时促进农村经济的多元化发展。随后,2016年9月逐渐开始对集体经营性建设用地入市、土地征收制度改革进行试点探索。2017年,高陵区实现了全国首宗农村土地经营权网拍;2018年,高陵区在土地征收制度改革试点中更是取得了显著成效,不仅优化了征收程序,提高了补偿标准,还通过建立健全的监督机制,确保了土地征收过程的公正性和透明度,赢得了广大农民的认可和支持。总体而言,高陵开展的农村土地三项制度改革试点,在多个方面体现出了土地三项制度改革的优势,不仅为其他地区提供了可借鉴的范例,更为农村土地制度的政策创新提供了强大的动力。

(一)高陵区试点实践下的政策创新

中国在积极推进农村土地三项制度改革试点的广泛实践中,成功积累了一系列宝贵的成功经验,为后续加入试点的地区提供了重要的参考与借鉴；后试点地区在结合自身实际对这些经验进行进一步完善的过程中，有力地促进了土地政策的持续创新与发展（见表5-10）。

表5-10　高陵区土地三项制度改革试点的政策创新

	国家政策	第一阶段典型试点区的政策创新	陕西省高陵区的政策创新
农村宅基地制度改革试点	保障农户宅基地用益物权，改革农村宅基地制度，选择若干试点，慎重稳妥推进农民住房财产权抵押、担保、转让，探索农民增加财产性收入渠道。2014年开展了15个宅基地制度改革试点，2016年9月扩大为33个	发达地区如浙江义乌探索出的"集地券"制度：重点关注的是盘活农村集体存量建设用地，规划内、条件内的闲地、废地、坏地先对其复垦达标，之后建成相应建设用地指标。而欠发达地区如安徽金寨将宅基地退出与易地搬迁帮扶等结合起来，江西余江推出有偿与无偿退出相结合，并设立"宅改理事会"。	2015年开始，探索实践有偿使用，对超占多占的宅基地每年按2—5元/平方米的标准收取有偿使用费，主要用于村集体基础设施建设和宅基地退出补偿等。改革审批管理制度，将存量农村宅基地审批权限下放给街道，凡申请使用存量建设用地和村内低效闲置用地的，村组审核、街道审批区级备案利用新增建设用地建住宅的，仍由区人民政府审批。同时，明确在城市规划区内不再实行"一户一宅"的宅基地分配，由政府提供城市社区住房，实现户有所居，城市规划区外按"一户一宅"审批宅基地推行多种退出方式，探索"老村规范提升型、新村建设转移型、整村退出融合型" 3种管理模式引导农村宅基地退出
集体经营性建设用地入市试点	建立城乡统一的建设用地市场，在符合规划和用途管制前提下，允许农村集体经营性建设用地出让、租赁、入股，实行与国有土地同等入市，同价同权。2014年开始在北京大兴、上海松江等15个地区开展试点，2016年9月扩大到33个	浙江德清坚守四条底线、遵循四项工作原则，构建了"一办法、两意见、五规定、十范本"的政策体系，坚持农民主体地位，针对镇、村、组三级入市主体不同形态，明确了自主入市、委托入市、合作入市3种方式，在村级成立了股份经济合作社，实行工商注册登记，具有独立法人资格，规定位于城市（乡镇）规划区内的集体经营性建设用地项目需交纳的土地增值收益调节金比例较高	2016年9月开始，初步形成"区域统筹、分类入市、收益共享"的"入市"模式，明确规定集体经营性建设用地使用权租赁、入股、出让、转让等一律在区农村产权交易市场内进行。确定入市最高年限为工矿、仓储用地50年，商业、旅游等用地40年，到期后，使用权归还给农村集体经营组织。为保持农民个人在农村土地与入市改革中土地增值收益的大体平衡，入市收益除按规定缴纳土地交易收益调节金外（25%—50%），其他收益全部归农村集体经济组织，统一纳入村级"三资"账户进行规范监管，用于集体成员社会保障、村内公益事业建设，或通过入股、联营、股权量化等方式发展第三产业。在区位条件较好地区，探索由农民自主、农村集体经济组织集中实施的方式开展经营性活动

续表

国家政策	第一阶段典型试点区的政策创新	陕西省高陵区的政策创新
土地征收制度改革试点 缩小征地范围，规范征地程序，完善被征地农民合理、规范、多元保障机制。2014年开始在山东禹城、河北定州、内蒙古和林格尔开展征地制度改革试点，2016年9月扩大到33个	上海松江区在征地补偿方面建立了补偿款预存制度，在征地报批前预存补偿款，确保补偿资金提前到位和征地后补偿费用足额及时支付，征地补偿标准提高了40%左右，形成了以社保安置为基础的"1+N"多元保障机制，不同乡镇根据实际情况，分别探索了"社保+持股""社保+留房""社保+农业""社保+就业"的安置模式	2016年9月开始，缩小土地征收范围，以公益性和非公益性为界线，明确因政府组织实施基础设施建设、公共事业、成片开发建设等六种情形需要用地的，可以征收集体土地。规范土地征收程序，按照"加强批前民主协商、简化批后实施程序"的思路对征地程序优化再造，明确9项征地前期工作和3项实施土地征收阶段的规定动作。建立土地征收信息公开、社会稳定风险评估、征地补偿安置争议协调裁决办法和土地征收民主协商机制。下调个人在土地补偿中的分配比例，提高村集体留取比例，为农村发展留取更加充足的资金。补偿方式上，采取"实物安置""房票安置""本地易地搬迁重建"3种方式，完善留地、留物业等多元化保障

（二）高陵区试点政策创新的溢出效应

高陵区在土地三项制度改革试点的实践中探索出多项政策，具体涵盖农村宅基地制度、集体经营性建设用地入市以及土地征收制度三大领域，形成了一套较全面的高陵区土地三项制度改革政策体系。这些新政策的推行使高陵区的土地三项制度改革取得了很好的成效。一是农村宅基地制度改革试点。高陵区已经审批1513宗宅基地，其中各街道办事处审批35宗，已有1776宗（71.04公顷）自愿有偿退出宅基地，已经流转1160万元农房抵押贷款，"共享村落"的成交额达150.52万元。二是集体经营性建设用地入市试点。已实现34宗（23.15公顷）土地入市，实现金额1.27亿元，收取3427.5万元的土地增值收益调节金。三是农村土地征收制度改革试点，已征得33宗（2215.28公顷）土地，同时拨付9151.44万元的土地征收补偿款。

第六节　支撑保障——共同富裕目标下的
基本公共服务均等化研究

共同富裕是社会主义的本质要求，也是全体人民的共同期盼和我们坚持社会主义道路的根本目标，而推进基本公共服务均等化是共同富裕实现的必然选择[1]。当前，推进基本公共服务均等化已成为保障人民基本生存和发展权利、实现全体人民共同富裕的现实路径[2]。近年来，中国政府对此高度重视，多角度、多层次、全方位投入资源，将推进基本公共服务均等化、实现共同富裕这一目标持续深化为党的执政理念和政府施政重点[3]，这一过程强调政府带头、社会引导、企业履责，不断完善基本公共服务，形成稳定均衡的服务体系。基于此，本节以陕西省为例，通过建立基本公共服务均等化评价指标体系，采用熵值法、变异系数等方法，从区域（陕南、陕北、关中）和领域（基本公共教育、基本医疗卫生、基本劳动就业创业、基本社会服务、基本城市绿化、基本公共文化、基本交通通信）两个方面，对陕西省基本公共服务均等化进行复合研究。此举不仅拓宽了基本公共服务均等化研究视角，还揭示了不同因素对基本公共服务均等化的影响作用，以期构建分区域、分领域基本公共服务均等化的对策体系与实现路径，从而为陕西省及其他区域促进基本公共服务均等化、缩小区域差距、丰富地方协调发展成果最终实现共同富裕提供重要借鉴。

一　基本公共服务均等化的多维评估及特征分析

（一）陕西省基本公共服务概况

党的十八大以前，由于制度、历史、财政等方面的差异，陕西省在基本公共服务的供给模式、覆盖范围、数量和水平上呈现显著的地区间不均衡。党的十八大以来，陕西省高度重视区域间、城乡间、群体间的基本公共服务均等化发展问题，提出把基本公共服务制度作为公共产品

---

[1]　菅泽华：《新时代共同富裕的理论内涵与实践经验》，《社会科学动态》2024年第8期。
[2]　姜晓萍、吴宝家：《人民至上：党的十八大以来我国完善基本公共服务的历程、成就与经验》，《管理世界》2022年第10期。
[3]　陈柳钦：《乡村振兴与新型城镇化战略耦合协同发展研究》，《贵州师范大学学报》（社会科学版）2024年第1期。

在社会面向全民推广。2013年，陕西省宣布并实行了第一部基本公共服务体系中长期规划，初步构建了覆盖全民、以陕西省基本公共服务项目及标准为核心的基本公共服务制度体系，为全省民生保障和社会治理体系建设奠定了坚实的基础。"十三五"时期，陕西省紧紧围绕全面建成小康社会的目标要求，采取了一系列措施：一方面，不断健全基本公共服务制度，强化基本公共服务供给能力；另一方面，着力提高基本公共服务质量，积极回应人民需求。具体表现为，既致力建立健全基本公共服务体系，又勇于探索创新供给模式，同时努力营造公平和谐的基本公共服务环境，逐步推进基本公共服务均等化，从而提升人民生活水平，增进人民福祉。总体上看，近年来陕西省通过大力实施民生工程，多措并举，强力推进基本公共服务均等化进程，有效推动了基本公共服务体系建设，逐步满足广大人民群众对美好生活的殷切需求。在这一过程中，"就学难、就医难、就业难"等民生问题有所缓解，基本实现了"学有所教、劳有所得、病有所医、老有所养、住有所居"的社会愿景。然而，尽管取得了显著成效，陕西省基本公共服务仍然存在以下问题。

1.基本公共服务体制机制有待完善

陕西省基本公共服务发展条块化、二元化现象仍然存在，显著阻碍了城乡区域间的基本公共服务制度体系设计的优化与完善。管理模式的碎片化导致资源配置不协调，同时，社会化与市场化参与程度不够，致使基本公共服务输出方式较为单一。此外，市级和县级政府财力与事权不匹配等问题仍然有待解决，以消除行政体制上的障碍。各级管理部门政策和制度的协调性差，资源整合失调。各级政府颁发的相关政策内容宽泛，各级供给主体间的决策不协调，"瓦解式"施政导致城乡区域间发展出现隔阂。这些局面直接导致人们对基本公共服务的接受程度和利用程度不一，进而难以实现基本公共服务在规则公平和机会公平条件下的社会效益最大化。

2.区域间基本公共服务供给总量不足，供给差异显著

陕西省正处于促进和完善基本公共服务体系的关键阶段，伴随工业化、城镇化的加速推进，城乡居民对教育、医疗等基本公共服务的需求均呈现日益旺盛的趋势。尽管陕西省政府不断加大对基本公共服务的投入力度，但面对人民群众日益增长且不断升级的服务需求，当前的供给

总量和质量仍然难以满足。值得关注的是，陕西省内各区域间基本公共服务的供给状况呈现较为明显的不平衡状态。一些经济较为发达、人口密集的地区，由于资源集中、财政实力雄厚，基本公共服务的供给相对充足；在一些偏远、低收入地区，受制于经济基础薄弱、财政压力大等因素，基本公共服务的供给显得较为匮乏。从数据上看，陕西省基本公共服务支出从2015年的359.36亿元扩大到2021年的543.87亿元，6年间实现了51.34%的显著增长。然而，受新冠疫情影响，陕西省基本公共服务支出略有回落，从528.96亿元减少至528.47亿元；随着疫情得到有效控制，2020—2021年，陕西省基本公共服务支出呈现上升趋势，从528.47亿元上升至543.87亿元。截至2022年，陕西省基本公共服务支出达607.89亿元，虽在陕西、甘肃、青海、宁夏等西北地区位居前列，但放眼全国，其支出水平仍然较低，与全国平均水平相比，仍存在差距。以2020年为例，做进一步分析，陕西省内区域间及区域内基本公共服务供给差异显著。关中地区人均基本公共服务支出为990元/人，低于陕北地区的2210元/人和陕南地区的1205元/人。而在关中地区内部，也存在显著的供给差异，如铜川市和西安市的人均支出分别为1913元/人和1551元/人，而咸阳市为629元/人。这些数据充分揭示了陕西省在基本公共服务供给上存在的区域间及区域内不均衡问题，亟须采取有效措施加以解决。

（二）陕西省基本公共服务均等化的多维评估

1. 数据来源

数据来源于2010—2020年的《陕西统计年鉴》《西安统计年鉴》《渭南统计年鉴》《宝鸡统计年鉴》《铜川统计年鉴》《咸阳统计年鉴》《榆林统计年鉴》《延安统计年鉴》《汉中统计年鉴》《商洛统计年鉴》《安康统计年鉴》等统计年鉴，以及相关统计公报。

2. 陕西基本公共服务均等化评价指标体系构建

根据2017年国务院印发的《"十三五"推进基本公共服务均等化规划》确定的公共教育、劳动就业创业、社会保险、医疗卫生、社会服务、住房保障、公共文化体育、残疾人服务等内容，以及《陕西省基本公共服务体系规划（2013—2020）》《陕西省"十三五"推进基本公共服务均等化规划》等文件所列示的基本公共服务领域，从基本公共教育、基本医疗卫生、基本劳动就业创业、基本社会服务、基本城市绿化、基本公共文化和基本交通通信七个方面构建了陕西基本公共服务均等化评价指标体系（见表5-11）。

表 5-11　　陕西基本公共服务均等化评价指标体系

目标变量	一级指标	二级指标
基本公共服务水平	基本公共教育	教育投资比上年增长率（%）
		普通中学学校数（所）
		普通小学学校数（所）
		教育支出（万元）
	基本医疗卫生	卫生机构数（个）
		卫生机构床位数（张）
		卫生技术员数量（人）
		城镇基本医疗保险参保人数（万人）
	基本劳动就业创业	就业人数（人）
		城镇登记失业率（%）
		城镇非私营单位就业人员平均工资（元）
	基本社会服务	城乡居民养老保险参保人数（万人）
		城乡最低生活保障人数（万人）
		人均日生活用水量（升）
		供水普及率（%）
		燃气普及率（%）
	基本城市绿化	人均公园绿地面积（平方米）
		人均城市道路面积（平方米）
		绿化覆盖率（%）
		公厕数量（座）
	基本公共文化	电视节目综合人口覆盖率（%）
		广播综合人口覆盖率（%）

续表

目标变量	一级指标	二级指标
基本公共服务水平	基本交通通信	城市出租车数量（辆）
		城市公共汽车数量（辆）
		移动电话总数（个）

3.陕西省基本公共服务均等化水平的影响因素及评估

基本公共服务均等化水平受多种因素的联合作用，在对现有文献中有关其影响因素梳理的基础上，吸收借鉴相关学者的研究成果，以基本公共服务均等化水平为被解释变量，以人口密度[1]、城镇化率、经济发展水平、政府支出偏好[2]、财政能力、税收收入[3]以及全社会固定资产投资为解释变量。具体如下：①人口密度。人口密度的增加，有助于基本公共服务的集中供给，提高基本公共服务供给率，进而影响地区整体的基本公共服务水平。②城镇化率。城镇化率越高，表明该地区人口越多，则人们对基本公共服务种类及质量的需求也越高，这种需求会促使政府增加基本公共服务供给。③经济发展水平。基本公共服务体系建设和经济社会发展是互相促进的，地区经济发展水平的高低，决定了地区财政能力的强弱。④政府支出偏好。一般来说，政府对基本公共服务支出偏好越强，基本公共服务支出占基本公共预算的比重就越高。⑤财政能力。财政能力的强弱决定了基本公共服务供给的能力和水平。⑥税收收入。税收收入既是反映地方自主性财政能力的重要指标，也是地区基本公共预算资金的重要来源。⑦全社会固定资产投资。全社会固定资产投资的规模越大、投资资金越多，可用于基本公共服务设施采购的资金来源就越多。如表5-12所示。

---

[1] 熊兴、余兴厚、王宇昕：《我国区域基本公共服务均等化水平测度与影响因素》，《西南民族大学学报》（人文社科版）2018年第3期。

[2] 贾晓俊、岳希明、王怡璞：《分类拨款、地方政府支出与基本公共服务均等化——兼谈我国转移支付制度改革》，《财贸经济》2015年第4期。

[3] 刘小春、李婵、熊惠君：《我国区域基本公共服务均等化水平及其影响因素分析》，《江西社会科学》2021年第6期。

表 5-12　变量的指标选取

变量	指标	具体含义
被解释变量	基本公共服务均等化水平	用变异系数法计算的基本公共服务均等化水平
解释变量	人口密度（%）	陕西省各地区人口数量与土地面积的比值
	城镇化率（%）	地区城镇常住人口占总人口的比例
	经济发展水平（亿元）	人均GDP
	政府支出偏好（%）	基本公共服务支出与基本公共预算支出的比值
	财政能力（亿元）	地方政府财政收入值
	税收收入（亿元）	地方政府税收收入值
	全社会固定资产投资（亿元）	地方政府全社会固定资产投资额

综上所述，选取以上七个指标，引入多元线性回归模型对基本公共服务均等化水平进行回归分析，将模型设定为

$$Y = \beta_0 + \beta_1 X_1 + \beta_2 X_2 + \cdots + \beta_6 X_6 + \beta_7 X_7 + v \tag{5-3}$$

式中：Y 为基本公共服务均等化水平；β_0 为常数项；β_1、β_2、β_3、β_4、β_5、β_6、β_7 分别为各变量回归系数；X_1、X_2、X_3、X_4、X_5、X_6、X_7 分别为人口密度、城镇化率、经济发展水平、政府支出偏好、财政能力、税收收入、全社会固定资产投资。

（三）基本公共服务均等化水平时空演变特征

1. 陕西省基本公共服务均等化水平分析

由熵值法求得陕西省基本公共服务水平综合得分，再利用变异系数法测算得到陕西省各市域基本公共服务均等化水平（见表 5-13）。由表 5-13 可知，陕西省整体基本公共服务均等化水平在 2010—2019 年一直保持波动上升趋势，2020 年开始微弱下降。根据 2016—2019 年陕西省一般公共服务支出分别以 50 亿元、70 亿元、40 亿元的增幅持续扩大可以初步估计，2020 年新冠疫情导致基本公共服务投入下降是陕西省基本公共服务均等化水平下降的主要原因。对比陕西省各地级市可以发现，西安市的基本公共服务均等化水平较高。2014 年之前，该市的变异系数值整体维持在 0.3 以内；2014 年后，其变异系数值降至

0.2以内，表明在研究期内，西安市的基本公共服务均等化水平是相对提升的。延安市的基本公共服务均等化水平较低。延安市除了2018年的变异系数值降至1以内，其他每年均大于1。受制于地理环境、人才资源等因素，延安市还未能形成一个良好的基本公共服务均等化上升环境。其他各市的均等化水平相对持中。未来陕西省应高度重视城市间基本公共服务的短板效应，这一问题直接关系到全省经济社会发展的均衡性与民众福祉的提升。应以识别并精准定位这些基本公共服务领域的缺口处为切入点，采取切实有效的措施，运用系统化的思维和创新性的方法，全面提升全省范围内基本公共服务的均等化水平和整体质量。

表5-13　　　　　陕西省各市域基本公共服务均等化水平

年份	西安市	铜川市	宝鸡市	咸阳市	渭南市	安康市	商洛市	汉中市	榆林市	延安市	平均值
2010	0.292	0.836	0.856	0.892	0.860	1.002	1.012	1.013	0.903	1.199	0.886
2011	0.241	0.818	0.781	0.834	0.828	0.915	0.971	0.920	0.840	1.104	0.825
2012	0.219	0.808	0.756	0.816	0.803	0.896	0.966	0.919	0.812	1.109	0.810
2013	0.229	0.929	0.805	0.790	0.812	0.878	1.060	0.934	0.788	1.168	0.839
2014	0.215	0.874	0.791	0.781	0.815	0.938	0.987	0.923	0.757	1.141	0.822
2015	0.149	0.880	0.740	0.668	0.784	0.901	0.984	0.893	0.742	1.054	0.780
2016	0.160	0.871	0.728	0.654	0.726	0.914	1.006	0.893	0.769	1.038	0.776
2017	0.144	0.848	0.737	0.681	0.694	0.955	0.959	0.872	0.737	1.044	0.767
2018	0.155	0.881	0.708	0.662	0.738	0.965	0.916	0.849	0.740	0.980	0.759
2019	0.164	0.855	0.706	0.721	0.703	0.954	0.928	0.864	0.708	1.002	0.760
2020	0.168	0.833	0.706	0.752	0.720	0.955	0.940	0.940	0.788	1.051	0.785

2.区域基本公共服务均等化水平分析

基于变异系数法求得的十个地级市的基本公共服务均等化水平，对其进行加权求和，分别得出2010—2020年陕南（汉中、安康、商洛）、陕北（延安、榆林）、关中（西安、铜川、宝鸡、咸阳、渭南）三大区域的基本公共服务均等化水平，各区域基本公共服务均等化水平的变化趋势如图 5-15 所示。

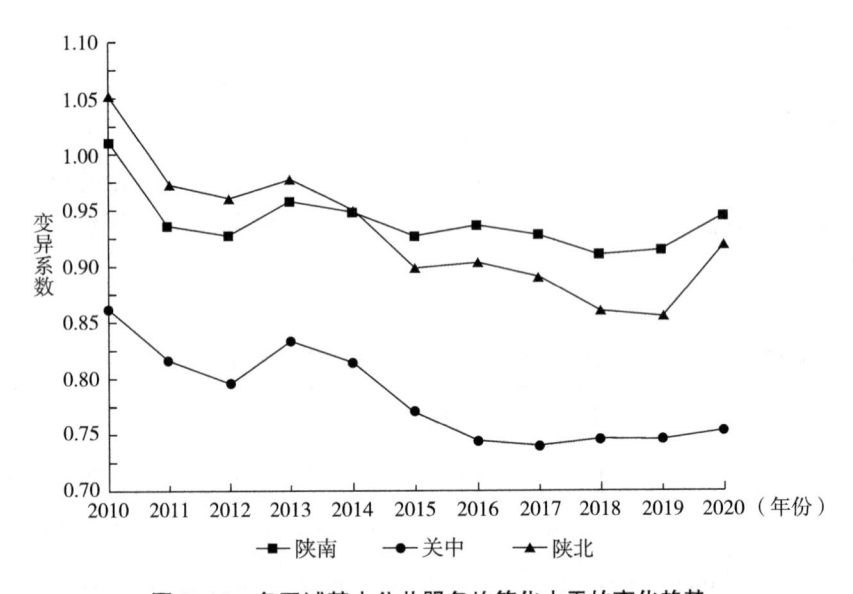

图 5-15　各区域基本公共服务均等化水平的变化趋势

由图 5-15 可知，各区域基本公共服务均等化水平呈中部强、南北部弱的特点。2014 年前，关中地区基本公共服务均等化水平最高，陕南次之，陕北最低；2014 年后，陕北地区基本公共服务均等化水平逐渐超过了陕南地区，这主要是因为，这一时期延安和榆林一方面通过印发《"十三五"城乡统筹发展规划》《延安市"十三五"基本公共服务体系规划》《榆林市"十三五"推进基本公共服务均等化实施意见》给予政策重视，另外以实际行动不断建立健全基本公共服务供给体系，强化基本公共服务供给能力，最大限度解决与人民群众息息相关的现实问题。从基本公共服务均等化水平发展趋势来看，三大地区的变异系数值均呈现显著下降—显著上升—显著下降—微弱上升的变化趋势。2010—2020 年，陕南、陕北、关中三大地区的变异系数值虽有上下波动的现象，但整体呈下降趋势，这也表明 2020 年陕南、陕北、关中三大地区的基本公共服务均等化水平相比 2010 年均显著提升，且由变异系数值的变化可以看出，关中和陕北地区的基本公共服务均等化水平提升速度最快，陕南基本公共服务均等化水平提升速度相对缓慢。从基本公共服务均等化水平的差异来看，陕南与陕北变异系数值之间的差距越来越小，表明陕南与陕北地区的基本公共服务均等化水平差异在逐渐减小；同理，陕北与关中地区的基本公共服务均等化水平差异先显著下降后又微弱上升；陕南与关中地区的基本公共服务均等化水平差异逐渐变大。从基本公共服务均等化水平变化幅度来看，2020年关中、陕南、陕北三大区域的基本公共服务均等化水平较2010年均呈现增长态势。由此可见，陕西省三大区域间的基本公共服务均等化水平虽在稳步提升，但变化幅度依然有差距，这启示地方政府在注重区域内部基本公共服务均等化水平发展的同时，也要协调好区域间基本公共服务均等化水平的发展，避免区域间差异扩大造成基本公共服务均等化整体水平的下降。

3.市域基本公共服务均等化水平分析

由表5-13可知，西安、宝鸡、渭南和铜川等城市的基本公共服务均等化水平较高，而延安、汉中、安康和商洛的基本公共服务均等化水平偏低。为更直观显示各市域基本公共服务均等化水平变化情况，探究市域间基本公共服务均等化水平差异，本部分借助自然断点法将全省基本公共服务均等化水平划分为5个等级，并采用Arcgis绘制出陕西省2010年、2015年和2020年各地级市的基本公共服务均等化水平。

由分析可知，2010—2020年渭南、榆林等部分城市的基本公共服务均等化水平得到改善，而延安、汉中、安康、商洛等城市的基本公共服务均等化水平没有明显变化。总体来看，除西安这个中心城市的基本公共服务均等化水平较高外，其他非中心城市总会因为对内财政实力弱、对外拉动不足等原因使各市域基本公共服务均等化水平发展极不均衡。

4.领域基本公共服务均等化水平分析

在熵值法求得各领域基本公共服务水平的基础上，借助变异系数法测算各领域基本公共服务均等化水平，并绘制出各领域基本公共服务均等化水平的变化趋势（见图5-16）。

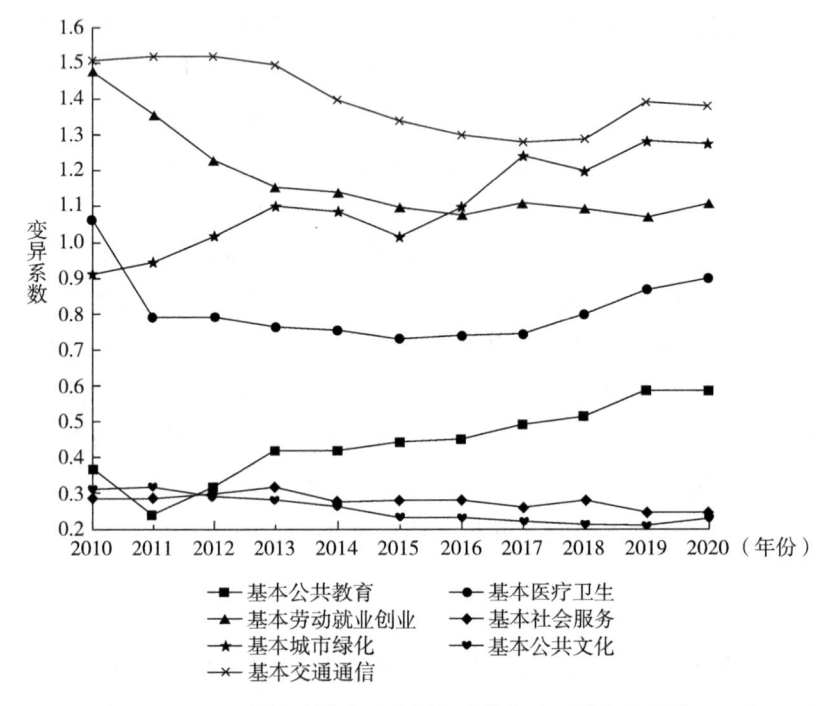

图 5-16　各领域基本公共服务均等化水平的变化趋势

由图 5-16 可知，各领域基本公共服务均等化水平在 2010—2020 年整体经历了显著上升—微弱下降—显著下降—微弱上升四个过程。其中，基本公共教育和基本城市绿化的变化最大，变异系数值分别从 2010 年的 0.364、0.914 增长到 2020 年的 0.587、1.273，涨幅均超过了 0.200，表明这两大领域的基本公共服务均等化水平下降空间较大。可能是因为陕西省依然存在着大量相对收入较低的县、镇、村，其基本公共教育、基本城市绿化方面的基础设施与人力资源还相对落后，从而影响了基本公共服务质量。在 2020 年，除基本公共教育和基本城市绿化的均等化水平较 2010 年呈现显著下降趋势外，其余五大领域的均等化水平均有所提升，即变异系数值均在下降，最大降幅达到 0.367。整体来看，2015 年后大部分领域的基本公共服务均等化发展趋势是正向的，但也有诸如基本医疗卫生、基本城市绿化和基本公共教育的均等化趋势负向发展，原因可能在于该领域设置规模不足、城乡资源配置不均、人才流失等导致发展不平衡不充分。

二 基本公共服务均等化水平的影响因素识别及作用效果研究

（一）各区域基本公共服务均等化水平影响因素分析

分别以陕西全省及陕北地区、关中地区、陕南地区的基本公共服务均等化水平为被解释变量，以人口密度、城镇化率、经济发展水平、政府支出偏好、财政能力、税收收入和全社会固定资产投资为解释变量，利用多元线性回归模型实证检验基本公共服务均等化水平的影响效应（见表5-14）。

表5-14　各区域基本公共服务均等化水平的影响效应

变量	基本公共服务均等化水平			
	陕西全省	陕北	关中	陕南
人口密度	-0.441*** （0.013）	-0.770** （0.054）	-0.421*** （0.029）	0.106 （0.014）
城镇化率	-0.111** （0.011）	-0.070 （0.027）	-0.199** （0.020）	-0.687* （0.019）
经济发展水平	0.059 （0.008）	0.104 （0.045）	0.056 （0.011）	0.295 （0.012）
政府支出偏好	0.039 （0.008）	0.165 （0.023）	0.044 （0.011）	-0.462* （0.013）
财政能力	0.267* （0.033）	-0.204 （0.028）	0.277 （0.078）	0.433 （0.018）
税收收入	-0.462*** （0.035）	0.111 （0.028）	-0.491 （0.081）	-0.670 （0.025）
全社会固定资产投资	-0.313*** （0.015）	-0.118 （0.060）	-0.253** （0.026）	-0.289 （0.023）
R^2	0.903	0.959	0.926	0.563
F	136.380	46.217	84.590	4.601

注：*、**、***分别表示在10%、5%、1%的水平下显著，括号内为标准误。

由表5-14可知，人口密度、城镇化率、财政能力、税收收入和全社会固定资产投资对陕西省基本公共服务均等化具有显著正向影响，其中，人口密度、税收收入和全社会固定资产投资在1%的显著性水平下显著，城镇化率在 5% 的显著性水平下显著。各因素对不同区域基本公共服务均等化水平的影响作用存在一定差异：在陕北地区，人口密度对基本公共服务均等化具有显著正向影响，并在 5% 的显著性水平下显著；在关中地区，人口密度、城镇化率和全社会固定资产投资对基本公共服务均等化具有显著正向影响，其中人口密度在 1% 的显著性水平下显著，城镇化率和全社会固定资产投资在 5% 的显著性水平下显著；在陕南地区，城镇化率和政府支出偏好对基本公共服务均等化具有显著正向影响，且城镇化率和政府支出偏好都通过了 10% 的显著性检验。具体促进作用表现在以下方面。

①人口密度越大，人口集中度越高，则基本公共服务受益群体越大，政府及相关资源也更有意愿在此地区投资；且人口密度的增加势必要求有更多的基本公共服务供给满足人均服务需求，因此，政府不得不扩大资金技术等的投入规模，确保人人都有享受基本公共服务的机会。②许多基本公共服务都先在城镇实施，而后渗入乡村，从这个角度来说，城镇化率越高，表明有更多的人享受到基本公共服务。另外，推进城镇化会使更多农业转移人口真正进入城市居民行列，对缓解城乡差距、真正做到基本公共服务普及化有很大帮助。③在地区财政收入中，税收占据主导地位，它不仅和社会再生产密切联系，还与分配、消费环节息息相关，有了稳定可靠的税收收入，地区就有充分的保障将之用于基本公共服务的发展上，满足人们日常生活的需求。此外，税收收入可以改善市场外部效应，从而保障基本公共服务产品的供应，促使资源得到合理配置。④增加全社会固定资产投资能够从多角度带动经济增长，为提高人民物质和精神文化生活奠定基础，保证社会再生产顺利进行，从而扩大居民的生产生活能力，而经济生产能力提升会促进更多的资金流出用于基本公共服务建设。⑤政府支出偏好高，意味着该地区在地方基本公共资源的分配上就能获得更多优势，充分利用这些资源，能够加强对农村基本公共服务均等化水平低的地区的供给力度，提高基本公共服务均等化水平。

（二）各领域基本公共服务均等化水平影响因素分析

以各领域基本公共服务均等化水平为被解释变量，以人口密度、城镇化率、经济发展水平、政府支出偏好、财政能力、税收收入和全社会固定资产投资为解释变量，再次利用多元线性回归模型进行回归，相关结果如表 5-15 所示。

表 5-15　各领域基本公共服务均等化水平的影响因素回归结果

变量	基本公共服务均等化水平						
	基本公共教育	基本医疗卫生	基本劳动就业创业	基本社会服务	基本城市绿化	基本公共文化	基本交通通信
人口密度	-2.143* (0.087)	0.642 (0.210)	2.438 (0.274)	-1.428 (0.069)	-1.682 (0.167)	-1.866 (0.047)	-3.659*** (0.049)
城镇化率	3.647* (0.130)	-1.689 (0.311)	-4.171 (0.406)	8.139 (0.103)	1.267 (0.248)	-2.137 (0.070)	-2.423** (0.073)
经济发展水平	1.748 (0.178)	1.517 (0.427)	2.063 (0.558)	-10.164 (0.141)	2.073 (0.341)	5.357 (0.096)	8.107*** (0.100)
政府支出偏好	-0.311 (0.021)	0.744 (0.050)	0.498 (0.066)	0.182 (0.017)	-0.303 (0.040)	0.450 (0.011)	1.197*** (0.012)
财政能力	-1.615** (0.035)	-2.303* (0.083)	-0.581 (0.108)	0.687 (0.027)	-0.665 (0.066)	0.508 (0.019)	1.036** (0.019)
税收收入	2.109** (0.070)	0.591 (0.169)	-0.851 (0.220)	3.219 (0.056)	0.393 (0.135)	-2.205 (0.038)	-3.138*** (0.040)
全社会固定资产投资	-0.396 (0.023)	-1.619* (0.056)	-0.630 (0.073)	0.953 (0.018)	0.757 (0.045)	0.302 (0.013)	-0.250 (0.013)
R^2	0.991	0.937	0.938	0.852	0.977	0.981	0.996
F	44.824	6.405	6.523	2.463	17.894	21.725	116.430

注：*、**、*** 分别表示在10%、5%、1%的水平下显著，括号内为标准误。

（1）人口密度对基本公共教育和基本交通通信均等化具有显著正向影响。一方面，各地区公民享受大致相当的基本公共教育服务是基本公共服务均等化目标的实质要求之一。各地区人口越多，基本公共教育服务需求越多，政府在考虑基本公共教育的集中供给成本优于分散供给后，会择优集中供给，那么人口密度越大，就有更多的学生享受到基本公共教育。另一方面，人口密度的增加和人口流动有着不可忽视的关系。近年来，人们出行次数、出行范围和出行距离的需求都在持续扩大，为满足这一需求，政府对城市公共汽车的投入也会随之增加以满足人们的日常出行需求。

（2）财政能力对基本公共教育和基本医疗卫生均等化具有显著正向影响。财政能力对基本公共教育和基本医疗卫生均等化的影响主要是通过财政收入作用的，基本公共教育和基本医疗卫生作为"保障式"服务，在很大程度上依赖政府的资金资源输入。一般而言，财政收入多、财政压力小，政府越有机会和能力实现基本公共教育和基本医疗卫生的均等化。同时，政府财政能力强表明其可以通过开拓多条渠道以保证教育和医疗基金经费充足，也能使有限资金得到合理规划，直接提高基本公共教育和基本医疗卫生资金的使用效率。

（3）全社会固定资产投资对基本医疗卫生均等化具有显著正向影响。一方面，全社会固定资产投资增加在提高国民经济生产总值的同时会吸引更多资源流入，让地方有能力实现对基本医疗卫生的投入；另一方面，投资会带动地方经济发展，有了财力支撑，便能保证该地区的医疗设施更为完善、医务人员水平更高，满足不同人群的多种需求，从而促进基本医疗卫生的供给水平和均等化水平逐步提高。

（4）税收收入和城镇化率对基本交通通信均等化具有显著正向影响。具体促进作用表现在：一方面，税收与分配、消费环节息息相关，稳定可靠的税收收入是保障地区投资基本交通通信服务的重要基础。此外，税收收入有利于促进基本公共交通通信资源的合理有效配置，让公众都有享受基本交通通信的权利和机会。另一方面，城镇化率越高，从某种程度上也表明人口在这一地区越集中，包括老人、儿童等部分交通弱势群体，在城镇化率高的地区提供平等、安全的出行条件，对促进基本交通通信均等化有着深远影响。

三　共同富裕目标下基本公共服务均等化的对策建议

推进基本公共服务均等化是国家保障和改善民生的关键举措，是实现共同富裕的重要前提和现实途径，也是整个西部地区乃至全国现阶段推进高质量发展的重大问题，本部分基于构建的基本公共服务均等化评价指标体系，测度了陕西全省、各区域和各领域的基本公共服务均等化水平，并探究其影响因素效应，从以下几个方面提出对策建议。

（一）多维度促进基本公共服务均等化高水准发展

当前，陕西省的基本公共服务均等化水平整体处于上升趋势，其中，人口密度、城镇化率、税收收入和全社会固定资产投资的提升将对全省总体的基本公共服务均等化水平起推动作用。人口密度的增加，一方面能降低人均基本公共服务成本，提高基本公共服务资源利用效率；

另一方面基本公共服务的集中供给也能惠及更多人，直接提高均等化水平。而推进城镇化建设会使人口向城市集中，因此将推动新型城镇化进程作为基本公共服务均等化建设的切入口，不仅能够促进城乡融合发展，还能实现基本公共服务供给与城镇化进程的协同促进，形成良性循环。同时，为了进一步强化这一趋势，需要增强地方自主性财政能力，优化资金分配和使用结构，将固定资产投资用于加强农村基础设施建设，以缩小城乡基本公共服务发展的落差。

（二）提高基本公共服务低水平区域的重视程度

从区域角度来看，各地市的基本公共服务均等化水平发展态势良好，但也有个别地市的基本公共服务均等化水平提升速度相对缓慢，除西安外，其他地市基本公共服务均等化水平整体较低，导致区域间基本公共服务均等化水平各不相同。通过影响因素作用结果可以发现，人口密度、城镇化率、全社会固定资产投资和政府支出偏好的提升有助于区域基本公共服务均等化的实现。

继续推动基本公共服务均等化水平高的地区，在确保稳中向好的同时，必须加大对陕南地区和延安等基本公共服务均等化水平低的地区的帮扶力度，以保障各区域基本公共服务均衡发展。具体措施应聚焦以下几个方面：首先，加快推进城镇化建设，紧紧围绕新型城镇化建设目标，提升城镇化速度和质量；其次，需加大对乡镇基本公共服务投入的力度，通过增加财政支持、优化资源配置，显著扩大乡镇基本公共服务覆盖面和服务种类，以推动城乡融合发展；最后，在适合的区域，应合理扩大人口规模，促进公共资源集中供给，进一步完善税收政策，确保税收收入能够改善市场外部效应，从而直接支持并保障基本公共服务产品的供应量。

（三）扩大并优化各短板领域资源配置

从领域角度来看，各领域的基本公共服务均等化水平整体呈现先上升后下降的演化趋势，其中，基本公共教育和基本城市绿化两大领域的均等化水平下降尤为明显。同时，基本交通通信、基本城市绿化、基本劳动就业创业的均等化水平和其他领域相比差距依然显著。根据领域间各影响因素回归结果发现，人口密度、城镇化率、财政能力、税收收入和全社会固定资产投资对各领域基本公共服务均等化水平具有正向影响作用。

鉴于上述差异，本书建议在继续加大对基本公共教育、基本医疗卫生等领域资源投入的同时，应加大基础设施投资、民生保障等领域补短板力度，利用资金牵引作用，提升基本公共服务均等化水平。此外，政府应优先确保绝大多数城乡居民最关心、最直接、最现实的基本公共服务需求得到落实，围绕建立协调机制、抓好税收收入系列来源资金储备、加强要素保障等方面，引导金融机构部门加大对短板项目的信贷投放，从而进一步强化资金引导作用，促进基本公共服务均等化的全面实现。

第六章　共同富裕目标下全面乡村振兴的实践路向

现阶段，中国社会主要矛盾已转化为人民日益增长的美好生活需要和不平衡不充分的发展之间的矛盾，其最大的不平衡是城乡关系的不平衡，最大的不充分是农村发展的不充分。乡村振兴战略的实施正是对这一客观问题的关键把握，是针对主要矛盾和矛盾的主要方面进行的精准施策和战略部署。党的十九大报告提出两个阶段的目标：第一个阶段，从2020年到2035年，在全面建成小康社会的基础上，再奋斗十五年，基本实现社会主义现代化；第二个阶段，从2035年到本世纪中叶，在基本实现现代化的基础上，再奋斗十五年，把中国建成富强民主文明和谐美丽的社会主义现代化强国。为实现这一总体目标，党中央明确指出实施乡村振兴战略的三步走目标任务：到2020年，乡村振兴取得重要进展，制度框架和政策体系基本形成；到2035年，乡村振兴将取得决定性进展，农业农村现代化基本实现；到2050年，乡村全面振兴，农业强、农村美、农民富全面实现。目前，中国已实现乡村振兴战略三步走目标任务中的第一步，而实现全面乡村振兴、全体人民共同富裕任重而道远。基于此，本章通过分析共同富裕目标下全面乡村振兴的实践选择，作出关于全面推进乡村振兴的实践展望，最终确定实践路向，这对破解中国城乡关系不平衡、农村发展不充分等问题，促进乡村全面振兴，实现共同富裕目标具有重要的实践意义。

第一节　共同富裕目标下全面乡村振兴的实践选择

乡村振兴需要通过一系列政策措施的引导，从多方面入手，让已经出现衰败问题的乡村恢复元气，重新繁荣起来，从而缩小城乡差距，平衡区域发展，最终使乡村达到"产业兴旺、生态宜居、乡风文明、治理有效、生活富裕"。目前，国内乡村振兴的实践主要围绕乡村振兴的五个总体目标展开，这五个目标涵盖了乡村发展的方方面面，为全面推进乡村振兴提供了明确的指导。因此，本节将从这五个总体目标入手，深入探讨共同富裕目标下全面乡村振兴的实践选择，为推动乡村共同富裕提供有益的参考和借鉴。

一　产业融合推进乡村振兴价值链重构

乡村振兴战略的实施强调产业兴旺的带动作用，打造山、水、林、田、湖、草、沙、冰生命共同体。自2018年《乡村振兴战略规划（2018—2022年）》出台以来，产业兴旺就一直被看作乡村振兴的重点[①]，只有产业兴旺了，实现农业强、农村美、农民富才有扎实的经济基础。坚持绿色、创新发展，以当地特色产业为基础，通过产业融合推进乡村振兴价值链重构，实现农业功能叠加、多元价值与多元效益，已成为产业振兴的必然选择。产业融合推进乡村振兴价值链重构要着力做好以下两个方面的工作：一方面，促进农商文旅体融合发展。全面实现乡村振兴，必然要突破人和人之间、城市和农村之间的物理距离，以满足人民群众对于美好生活的更高层次需求。农商文旅体融合以多种业态为纽带，以感知为导向，以科技赋能为手段，破界融合、跨界合作，催生了许多新业态与新情景，助力乡村振兴发展与建设进程中消费情景与生活情景的打造。乡村振兴所承载的产业范围较广，涵盖了农商文旅体等众多产业部门，以农商文旅体融合为抓手，进行多种产业间交流合作，产业间优势和劣势相互补充，打造功能更齐全的产业生态圈，推动生态价值向真实优质资产转化，是乡村振兴战略全面落实的有效途径。另一方面，建立合理的利益分配机制。振兴乡村经济应摆脱主要依赖农业的固有思维，进行全方位、多行业的导入，在确保乡村生态文明发展的前提下，根据本地实际条件强化相关加工业、旅游业、建筑业、服务业的发展，同时，关注各方利益的均衡分配，通过建立合理的利益分配机制，确保农民、企业、消费者等各方的利益得到保障，从而形成良好的利益共同体，共

[①] 董翀：《产业兴旺：乡村振兴的核心动力》，《华南师范大学学报》（社会科学版）2021年第5期。

同推动乡村振兴事业的发展。

二 生态宜居助推乡村振兴可持续发展

实施乡村振兴战略将提高经济效益作为终极目标，但是这一过程绝不能忽视社会效应与环境效益之间的关系，以免片面发展对社会与环境造成不良后果。早在21世纪初，中国政府就明确提出经济发展不应牺牲环境，强调农民增收的同时应注重保护绿水青山，达到经济发展、社会关系和谐和生态环境美好的三赢局面。绿色发展已成为农业农村现代化的题中应有之义，也是推动农业高质高效发展、农村宜居宜业、农民富裕富足的必由之路，更是实现乡村全面振兴的必然选择[1]。当前，农村生态环境面临的严峻挑战严重影响了建设美丽乡村目标的实现。因此，加强农村环境治理和生态保护已迫在眉睫，要着力做好以下几个方面的工作。首先，提高生态保护认知水平。要牢固树立和践行"人与自然生命共同体"理念、"绿水青山就是金山银山"的生态文明理念，注重对农民进行生态环保教育，逐渐增强农民生态文明意识，发挥生态优势，变绿色资源为产业发展动能。其次，促进多领域协调发展。关注乡村发展进程中的经济、社会、环境协调性，通过发展绿色经济、低碳经济，以期实现产业兴旺和生态宜居。同时，在注重公平、效率的前提下，合理使用资源、分配利益、充分调动乡村劳动者的积极性、自觉地为社会主义新农村建设增添活力。特别是民族地区，更应该重视民族关系和谐和共同进步。最后，提高农村环境治理能力。建立完备的农村环境治理体制机制，逐步提升农村环境质量，创新农村生态环境治理体系，改进方式方法，不断提高生态环境治理能力，助力美丽乡村建设[2]。

三 乡风文明推动乡村振兴塑形铸魂

乡风文明是乡村振兴的灵魂，也是目前乡村振兴中的短板。乡村没有正气之风，乡村振兴就是无本之木，难以持久保持和发展得更好。农业强不强、农村美不美、农民富不富，决定着全面建成小康社会的成色

---

[1] 刘儒、何莉：《以绿色发展促进乡村全面振兴：目标任务、基本依循与路径优化》，《西北农林科技大学学报》（社会科学版）2024年第3期。

[2] 张长娟：《加强农村生态环境治理建设美丽乡村》，《河南日报》2015年11月1日。

和社会主义现代化的质量。乡风文明的高低是评判乡村地区进步开化与否的标准，是乡村发展水平和程度的外显[1]。而乡风文明重塑虽是一个复杂的系统性工程，但最主要的是寻回中国百年变迁中遗失和被破坏的传统乡风文明，并融入新时代中国特色社会主义核心价值观和法治理念。自乡村振兴战略实施以来，各地乡风文明建设如火如荼。在看到已有成绩的同时，我们更应做好以下两个方面的工作：一方面，保护和传承乡村文化。立足乡村发展实际、遵循乡村发展规律、尊重乡村发展特点、注意乡土味道、保留乡村风貌，通过实施历史文化村落保护工程，对传统物质文化遗产（如乡土建筑）进行保护，同时再造田园和生活系统，从而留住乡愁具象记忆并延续乡土文化的意象系统。另一方面，有机结合农耕文明和现代文明。立足社会主义核心价值观，在风俗习惯、村规民约中探寻深厚的中华优秀传统文化基因，推动农耕文明融入现代生活，发挥文化引领作用，满足广大农民对美好生活的需要，提高乡村社会文明程度，落实创新发展理念，同时，运用农耕智慧打造现代生态产业，走农文旅相结合的道路，让现代产业模式与乡村文化内涵有机统一。

四 治理有效促进乡村振兴优势整合

乡村振兴战略实施是一个治理过程，但不是政府治理、市场治理、社会治理的简单相加，也不是简单的乡村治理、城市治理、统筹治理的区域叠加，而是一个全方位治理的过程[2]，涉及"五位一体"、不同层级、不同主体。组合各参与要素的优势是一个动态的过程，不仅体现在时间轴上，也体现在空间轴上，具体问题要具体分析，现实情况要现实辨别。中西有别，国内有异，在不同的区域、不同的场合、不同的时间，优势治理的组合方式也会不一样，高效推进乡村治理，发挥乡村振兴的优势治理，要着力做好以下几个方面的工作。首先，组合参与要素优势。在"共建共治共享"理念统领下有效组合各参与要素的优势是实现乡村振兴、社区治理、环境保护及社会经济全面发展等关键领域持续进步的重要途径。在相关建设领域中，根据各参与主体的独特优势，遵循"谁有

---

[1] 徐越：《乡村振兴战略背景下的乡风文明建设》，《红旗文稿》2019 年第 21 期。

[2] 张大维：《优势治理的概念建构与乡村振兴的国际经验——政府与农民有效衔接的视角》，《山东社会科学》2019 年第 7 期。

优势就由谁占位补位,其他要素协同参与"的原则,进行精准的角色定位与任务分配。其次,科学制定法律法规。加强政府在法律法规、服务支持上的主导作用,更要赋予农民在生产合作、自主治理上的权利,让农民成为治理主体。特别要加强农业农村的法律制定,而不仅仅是政策出台。法律的制定涉及多方面,从支持农业到支撑农民,引导农民合作,而不是"形合神散"。最后,构建多方共治格局。除政府作为主导力量、农民作为核心主体外,还要通过社会参与、市场运作、法治保障等方式,共同构建有效衔接和良性互动的共治格局,推动全要素参与、全流程嵌入,形成合力善治,为实现乡村振兴和社会全面进步奠定坚实基础。

五 生活富裕筑牢乡村振兴基座

乡村振兴,生活富裕是根本[①]。基层政府要全面落实农民增收长效机制的构建,围绕农民群众最关心、最直接、最现实的利益问题,一件事情接着一件事情办,一年接着一年干,积极促进农民持续稳定增收,着力做好以下三个方面的工作。首先,延伸产业链价值链。以田园生态商务区建设为引领,鼓励发展农村新产业新业态,通过政策引导、技术培训和市场对接等多种措施,带动农民融入产业链各环节,实现从传统农业生产者向现代农业经营主体的转变,促进农民共享产业链延伸增值收益。其次,打造多元合作模式。加快拓展乡村的生态涵养、休闲观光、文化体验等多种功能,鼓励村社采取"合作社+平台公司+创新团队+农户""合作社+社会资本""合作社+旅行社"等方式,由公司负责规划建设、管理运营,引进创新创意人才,引导农户以房屋等资源资产入股组建旅游合作社,积极推行联合经营、众筹合作等方式,推动乡村旅游由分散经营向规模化、品牌化转型,拓宽农户增收致富渠道。最后,以重大节会促进观光旅游。围绕踏青赏花、采摘体验、避暑玩水、文化美食、运动休闲等内容,举办采茶节、车迷健身节、啤酒节等活动,推出亲子户外体验游、乡村田园风光游、蜀地古镇历史游、健身游等旅游线路,进一步提高农户经济收入,通过产业发展带动群众增收致富,改善民生福祉,实现生活富裕。

---

① 梁伟军:《以乡村振兴筑牢共同富裕的"三农"基础》,《湖北日报》2021年10月27日。

第二节 共同富裕目标下全面乡村振兴的实践展望

进入新时代，全体人民在全面建设社会主义现代化国家、实现中华民族伟大复兴的道路上仍要怀揣奋斗理想和前进动力，有效提高农业现代化水平，扎扎实实把乡村振兴战略落到实处，为实现共同富裕不懈努力。乡村振兴实践路径的制定和选择，必须在尊重和遵循指导原则的基础上，立足当地实际现状，紧扣价值追求，科学规划。因此，本节将运用战略学框架，从中观角度提出更新乡村主体认知图式、创新乡村社会组织方式、改革乡村社会体制结构、落实乡村社会政策制度以及拓展乡村社会产业形态五条具有普适性的实施路径。

一 更新乡村主体认知图式

认知是行动的先导，认知水平的高低决定着实践的成败。提高乡村社会实践主体的认知水平，对五大振兴及其关系的认知至关重要。然而，在乡村振兴的实践过程中发现，当前部分基层组织和农村主体对乡村振兴的认识仍然存在偏差，受市场经济和工业发展的传统观念，他们将乡村振兴归结于产业振兴，忽视了组织、人才、文化、生态与产业的协同发展。提高农村实践主体对乡村振兴战略基本内涵、发展逻辑、理论基础的认知水平，特别是对五大振兴及其逻辑关系的深入理解，是全面推进乡村振兴的重要任务。更新乡村主体认知图式：首先，基于现代化全局考虑。当前乡村的发展环境和发展条件发生了深刻变革，乡村作为中国式现代化建设不可或缺的组成部分，其发展必须置于现代化全局中考虑，这一观点强调了乡村在现代化建设中的战略地位。其次，基于文化与国际背景的考虑。优秀文化的根脉在乡村，民族的魂魄在乡村，乡村发展必须置于民族复兴、文化传承的大背景下进行考虑，同时，乡村作为国际民族多元融合发展中独特的标识和符号，必须置于百年未有之大变局的国际环境中进行酌定。再次，基于历史外延角度考虑。只有充分了解中国农村发展的历史阶段和阶段特征，才能正确把握乡村振兴的时代内涵和发展外延，将乡村发展置于历史的外延角度权衡考虑。这要求我们在推进乡村振兴时尊重历史、尊重实际，避免盲目跟风、急功近利。最后，基于新时代需求考虑。乡村振兴必须深入贯彻新发展理念，把握新发展阶段的具体特征，推进构建新发展格局，强化农民对"三新"（立足新发展阶段、贯彻新发展理念、构建新发展格局）的深入认知，把握时代发展的目标性、合规性、实际性原则，明确乡村振兴战略的价值导向和方向路径，提高实践成效。

二 创新乡村社会组织方式

组织振兴是所有振兴的根本保障，是其他振兴实施的根本方法[①]。目前，在传统的集体经济组织方式中，集体拥有全部的所有权和经营权，这种方式倾向追求公平而忽视效率。而经过实践的验证，这种组织方式确实存在一些问题。一方面，容易导致资源分配不均，出现"大锅饭"的现象，在一定程度上削弱了个体成员的积极性和创造力；另一方面，难以实现持续发展，因此，创新乡村社会的组织方式成为推动乡村组织振兴的必然选择，其不仅能够提高组织效能，还能充分发挥组织优势。创新集体经济组织方式，积极发展新型集体经济。首先，扩展已有模式与理论，在深入探讨乡村社会组织创新的路径时，本书借鉴并扩展了徐祥临教授提出的"双层经营，三位一体"模式[②]以及温铁军教授提出的"三变"理论[③]，这些理论为乡村社会的组织重构与经济发展提供了宝贵的思路与框架，有助于推动乡村全面振兴和可持续发展。其次，吸纳已有经验做法。湖南省张家界市桑植县合群村的"村社合一"、重庆市铜梁区的"三社合一"、湖南省娄底市双峰县的公益银行等，通过整合村级组织和社区组织的职能与资源，取得了积极成效，为乡村振兴提供基础保障，并实现组织效能和组织优势最大化。最后，汇聚多方力量。立足各地实情，依靠政府、合作社、村"两委"、企业等多方共同努力，为乡村发展提供更多的人才支持、资源支持和技术支持，创造更多的就业机会，以增加农民收入，促进社会公平和共同富裕的目标实现。

[①] 赵延安、陈凤仪：《乡村振兴战略的思想资源、科学内涵和实现路径》，《西北农林科技大学学报》（社会科学版）2023年第6期。

[②] 徐祥临：《乡村振兴的基础理论与应用》，中国建筑工业出版社2019年版。

[③] 温铁军：《激活沉淀资产以乡村振兴助力国内大循环》，《中国农村金融》2021年第1期。

三　改革乡村社会体制结构

改革开放初期，供销社、农技站、种子站、信用社、村"两委"等基层组织在推动乡村经济和社会发展方面发挥了重要作用。然而，随着改革开放的深入和市场化制度的建立，传统的组织方式已经失去了应有的活力和效能。它们无法适应当前中国社会发展的需求，无法适应新时代的挑战和机遇。在当前的宏观社会环境中，为适应新形势下的发展需求，基层组织机制的改革势在必行，它是推动乡村振兴和社会进步的关键一环。2015年，发布了《中共中央 国务院关于深化供销合作社综合改革的决定》。2023年中央一号文件也进一步强调要深化供销合作社综合改革[①]。进入新时代更应创新体制机制，这是乡村振兴战略实施的需要，应从以下两个方面入手。一方面，创新经济体制改革。完善农村土地承包制度，稳定农村土地承包关系，并探索土地经营权流转的多种形式；推动农业产业化经营，培育新型农业经营主体，如家庭农场、农民合作社等，促进农业与二三产业的融合发展，提高农业附加值；完善农村金融体系，鼓励金融机构向农村提供贷款、保险等金融服务，支持农村小微企业和农户的发展。另一方面，创新政治体制改革。建立党委领导、政府主导、人民参与的治理机制，形成共建、共治、共享的新体系；加强农村法治宣传教育，提高农民的法律意识和法治素养，完善农村公共法律服务体系，维护农村社会稳定和谐。新的机制和体系的建立不仅能为乡村振兴提供保障，而且更能适应乡村振兴需求，为乡村振兴提供可靠的组织和机制支持。

四　落实乡村社会政策制度

政策是各种资源要素流动的导向，在社会和经济发展建设中具有非常关键的作用[②]。制定有利于要素流动、吸引要素集中的政策制度，是有力推动乡村振兴的重要基础。党的二十届三中全会明确提出，健全推进新型城镇化体制机制，巩固和完善农村基本经营制度，完善强农惠农富农支持制度，深化土地制度改革，不断强调动员全党和全社会的力量，

[①] 曾鸣、孙长坪、李定珍：《深化供销合作社综合改革的困境与路径——基于湖南省的调研分析》，《商业经济研究》2023年第16期。

[②] 史乃聚、杨卓、李海源：《析乡村振兴战略现实逻辑与实践路径》，《智库理论与实践》2022年第6期。

重点关注农业农村发展，这些政策的出台为乡村振兴指出了明确的方向和政策保障。如何有效落实乡村社会的政策制度以适应新时代的需求？首先，加强政策的宣传和解读。分析目标受众最关心的政策点，用通俗易懂的语言和案例，让广大农民群众了解政策的内容和意义，引导他们积极参与乡村振兴建设。其次，加强各区域的落实情况。推动各区域各级政府和相关部门积极落实相关政策，确保政策的有效执行，并推动各区域在具体领会、细化中央有关农业农村工作精神的基础上，有针对性地调整并颁布实施一系列具有区域特色的政策措施，包括土地政策、人才政策、税收政策、教育政策、医疗政策和社会保障政策等。特别是针对人才资源实施的一系列特别措施，如晋升渠道、资金补贴等，为人才提供良好的发展环境与空间。最后，定期总结回顾政策落实进度。从经济、社会、环境、文化等多个维度评估政策制度的实施成效，分析政策对目标群体的影响和效果，根据分析结果和经验总结，制定具体的改进措施和建议，措施应具有针对性和可操作性，能够切实解决政策实施过程中存在的问题。

五 拓展乡村社会产业形态

产业兴旺是乡村振兴的基石，而农业发展是产业兴旺的关键[①]。农业被视为一种基于特定生态资源和地理环境条件形成的文明存在，而不仅仅是第一产业。农业在东方社会中被赋予了经济基础、社会稳定、文化传承等多重意义，同时也与人们的生活方式、信仰体系、社会关系和价值观紧密相连。然而，在历史发生变革及现代化建设的过程中，源自西方的产业化农业理念逐渐被传入中国，很快得到了认可并纳入国家的统计指标之一。但随着产业化农业的深入发展，农业的内涵变得单一、固化，农业被简单地归类为第一产业，过分追逐高产量、高效益，而忽视了农业的生态、文化和社会功能，且化学农业已经面临着难以实现持续发展的困境，可见，产业优化改进十分必要。首先，发展绿色农业。推动农业产业的创新和转型，寻找更加环保、可持续的农业生产方式，如有机农业、生态农业和循环农业等，减少对化学农药和化肥的依赖，保护农田生态系统的健康，提高农产品的质量和安全性。其次，借助科技

[①] 吴海峰：《乡村产业兴旺的基本特征与实现路径研究》，《中州学刊》2018年第12期。

手段。加快培育农业新质生产力,强化农业科技研发,推动农业技术创新,提高农业生产效率和农民收入,同时,延伸农业的内涵范畴,充分发挥农业的功能功效,扩大农业增值范围,形成"多主体参与、多功能发掘、多角度进步"的格局,实现第三产业和农业的有机融合。最后,发挥各区域自然优势。充分发挥各区域环境的特有优势,结合区域特色进行针对性调整,积极向生态化、社会化、个性化农业靠拢,迈向农业4.0。

参考文献

中文文献

《马克思恩格斯全集》第 46 卷（下），人民出版社 1980 年版。

习近平：《加快建设农业强国 推进农业农村现代化》，《新长征》2023 年第 7 期。

习近平：《坚持把解决好"三农"问题作为全党工作重中之重 举全党全社会之力推动乡村振兴》，《新西藏》（汉文版）2022 年第 4 期。

习近平：《决胜全面建成小康社会 夺取新时代中国特色社会主义伟大胜利——在中国共产党第十九次全国代表大会上的报告》，人民出版社 2017 年版。

中共中央党史和文献研究院编：《习近平关于"三农"工作论述摘编》，中央文献出版社 2019 年版。

《中共中央关于制定国民经济和社会发展第十四个五年规划和二〇三五年远景目标的建议》，人民出版社 2020 年版。

中共中央文献研究室编：《习近平关于社会主义生态文明建设论述摘编》，中央文献出版社 2017 年版。

［美］费景汉、［美］古斯塔夫·拉尼斯：《增长和发展：演进观点》，洪银兴、郑江淮等译，商务印书馆 2004 年版。

［美］D. 盖尔·约翰逊：《经济发展中的农业、农村、农民问题》，林毅夫、赵耀辉编译，商务印书馆 2004 年版。

渠涛、邵波编著：《生态振兴：建设新时代的美丽乡村》，中原农民出版社、红旗出版社 2019 年版。

宋晓梧等主编：《不平等挑战中国：收入分配的思考与讨论》，社会科学文献出版社 2013 年版。

［美］西奥多·W. 舒尔茨：《改造传统农业》，梁小民译，商务印书馆 2009 年版。

张培刚：《农业与工业化》，中国人民大学出版社 2014 年版。

安士伟、樊新生：《基于收入源的农户生计策略及其影响因素分析——以河南省为例》，《经济经纬》2018 年第 1 期。

白永秀、苏小庆、王颂吉：《巩固拓展脱贫攻坚成果同乡村振兴衔接的理论与实践逻辑》，《人文杂志》2022 年第 4 期。

蔡文成：《基层党组织与乡村治理现代化：基于乡村振兴战略的分析》，《理论与改革》2018 年第 3 期。

常钦：《按下农村电商发展"快进键"》，《人民日报》2024 年 4 月 8 日。

陈晨：《攥紧中国种子，为良种装上"中国芯"》，《光明日报》2024 年 1 月 11 日。

陈慧敏：《以传统乡愁文化推动新时代乡村文化振兴的逻辑理路》，《西北民族大学学报》（哲学社会科学版）2024 年第 3 期。

陈柳钦：《乡村振兴与新型城镇化战略耦合协同发展研究》，《贵州师范大学学报》（社会科学版）2024 年第 1 期。

陈美球：《乡村振兴与土地使用制度创新》，南京大学出版社 2019 年版。

陈明星：《脱贫攻坚与乡村振兴有效衔接的基本逻辑与实现路径》，《贵州社会科学》2020 年第 5 期。

陈朋：《夯实乡村振兴的治理根基》，《光明日报》2021 年 3 月 30 日。

陈卫华、吕萍：《产粮核心区农村土地三项改革：经验、难题与破解——以河南长垣为例》，《农村经济》2019 年第 9 期。

陈锡文：《乡村振兴开启农业农村现代化新路径》，《中国乡村发现》2018 年第 1 期。

程国强、马晓琛、肖雪灵：《推进巩固拓展脱贫攻坚成果同乡村振兴有效衔接的战略思考与政策选择》，《华中农业大学学报》（社会科学版）2022 年第 6 期。

崔永东：《社会治理及其对企业合规治理的切入和渗透》，《学术月刊》2024 年第 4 期。

丁华、梁婷、薛艳青等：《基于 ArcGIS 的陕西省乡村旅游空间分布与发展特色研究——以 231 个省级乡村旅游示范村为例》，《西北师范大学学报》（自然科学版）2020 年第 3 期。

丁玲、吴娜:《从脱贫攻坚迈向共同富裕的三重维度论析——基于对马克思主义反贫困理论的考察》,《老区建设》2021年第22期。

董翀:《产业兴旺:乡村振兴的核心动力》,《华南师范大学学报》(社会科学版)2021年第5期。

董晓峰、杨春志、刘星光:《中国新型城镇化理论探讨》,《城市发展研究》2017年第1期。

豆书龙、叶敬忠:《乡村振兴与脱贫攻坚的有机衔接及其机制构建》,《改革》2019年第1期。

杜岩、李世泰、秦伟山等:《基于乡村振兴战略的乡村人居环境质量评价与优化研究》,《中国农业资源与区划》2021年第1期。

杜志雄、来晓东:《农业强国目标下的农业现代化:重点任务、现实挑战与路径选择》,《东岳论丛》2023年第12期。

杜志雄、王瑜:《"十四五"时期乡村基层治理体系建设与减贫治理转型》,《改革》2021年第11期。

杜志雄:《持续推动农民增收的几点思考》,《中国人口科学》2024年第1期。

杜志雄:《共同富裕思想索源及农民农村实现共同富裕的路径研究》,《经济纵横》2022年第9期。

杜志雄:《农业农村现代化:内涵辨析、问题挑战与实现路径》,《南京农业大学学报》(社会科学版)2021年第5期。

段若男、杨乃坤:《脱贫攻坚与乡村振兴有效衔接:内在逻辑与实现路径》,《农村经济与科技》2022年第22期。

段雪辉、李小红、赵欣彤:《"现实—价值"目标互动视角下的合作社养老行动分析》,《山西农业大学学报》(社会科学版)2022年第3期。

樊祥成、许英梅:《乡村振兴与中国式现代化:内在逻辑、历史任务与实践要求》,《理论学刊》2024年第1期。

范根平:《中国式现代化视域下城乡融合发展的理与路》,《河海大学学报》(哲学社会科学版)2024年第4期。

方志权:《打好乡村振兴的持久战与攻坚战》,《农村·农业·农民》(B版)2019年第12期。

冯锋、周霞:《政策试点与社会政策创新扩散机制——以留守儿童社会政策为例》,《北京行政学院学报》2018年第4期。

冯宪芬、蒋鑫如、武文杰：《土地征收补偿制度的经验借鉴与完善路径》，《新视野》2020年第2期。

付胜南、郎珺荷：《跑出农业机械化的加速度》，《经济日报》2024年7月4日。

富丽莎、汪三贵、秦涛等：《森林保险保费补贴政策参保激励效应分析——基于异质性营林主体视角》，《中国农村观察》2022年第2期。

高千、孙鹤汀：《乡村振兴视域下推进农村共同富裕：内在逻辑、现实困境与路径优化》，《宁夏社会科学》2022年第5期。

高强：《乡村善治的基本特征、实现路径与政策支撑》，《环境保护》2019年第2期。

高守强：《论扶贫攻坚战略向脱贫攻坚战略转变的重大意义》，《蚌埠学院学报》2021年第4期。

高帅、程炜、唐建军：《风险冲击视角下革命老区农户生计韧性研究——以太行革命老区为例》，《中国农村经济》2024年第3期。

高原、赵凯：《以地为生的转型：宅基地退出对老年农户生计策略的影响》，《农村经济》2024年第7期。

高云才：《全面推进乡村振兴落地见效》，《人民日报》2022年12月14日第4版。

戈大专、龙花楼、乔伟峰：《改革开放以来我国粮食生产转型分析及展望》，《自然资源学报》2019年第3期。

耿亚新、刘栩含、饶品样：《农户生计资本和区域异质性对生计策略的影响研究——基于中国家庭追踪调查数据的实证分析》，《林业经济》2021年第5期。

耿羽：《壮大集体经济 助推乡村振兴——习近平关于农村集体经济重要论述研究》，《毛泽东邓小平理论研究》2019年第2期。

顾仲阳、常钦、郁静娴：《我国农村移风易俗工作取得积极成效——推动乡村焕发文明新气象》，《人民日报》2023年10月12日。

郭鹏：《乡村振兴必须始终坚持农民主体地位》，《人民日报》2022年7月11日。

郭少雅：《接续书写全面推进乡村振兴新篇章》，《农民日报》2022年10月22日。

韩立达、史敦友：《民族地区乡村产业振兴实践研究——以西藏山南市滴新村为例》,《西北民族大学学报》(哲学社会科学版)2018年第5期。

郝文强、王佳璐、张道林:《抱团发展:共同富裕视阈下农村集体经济的模式创新——来自浙北桐乡市的经验》,《农业经济问题》2022年第8期。

贺雪峰:《三项土地制度改革试点中的土地利用问题》,《中南大学学报》(社会科学版)2018年第3期。

贺雪峰:《现行土地制度与中国不同地区土地制度的差异化实践》,《江苏社会科学》2018年第5期。

贺志武:《生计能力视角下陕南秦巴山区农户持续性贫困原因分析》,《西安文理学院学报》(社会科学版)2020年第4期。

洪耿聪、刘翔:《巩固脱贫攻坚成果推进乡村振兴战略研究》,《农业经济》2022年第12期。

胡鞍钢、周绍杰:《2035中国:迈向共同富裕》,《北京工业大学学报》(社会科学版)2022年第1期。

胡德宝、翟晨喆:《脱贫攻坚与乡村振兴有机衔接:逻辑、机制与路径》,《政治经济学评论》2022年第6期。

黄承伟:《论乡村振兴与共同富裕的内在逻辑及理论议题》,《南京农业大学学报》(社会科学版)2021年第6期。

黄承伟:《推进乡村振兴的理论前沿问题》,《行政管理改革》2021年第8期。

黄金辉、王驰:《理解新时代中国特色社会主义历史方位的三个基本维度》,《理论视野》2019年第12期。

黄祖辉、李懿芸、马彦丽:《论市场在乡村振兴中的地位与作用》,《农业经济问题》2021年第10期。

贾晓俊、岳希明、王怡璞:《分类拨款、地方政府支出与基本公共服务均等化——兼谈我国转移支付制度改革》,《财贸经济》2015年第4期。

贾玉婷、赵雪雁、介永庆:《脱贫山区农户生计转型的低碳效应研究：以陇南山区为例》,《地球环境学报》2023年第6期。

菅泽华:《新时代共同富裕的理论内涵与实践经验》,《社会科学动态》2024年第8期。

姜晓萍、吴宝家:《人民至上:党的十八大以来我国完善基本公共服务的历程、成就与经验》,《管理世界》2022年第10期。

蒋永穆:《基于社会主要矛盾变化的乡村振兴战略:内涵及路径》,《社会科学辑刊》2018年第2期。

金惠双、刘辉:《人力资本对移民生计适应性的影响研究》,《农业现代化研究》2023年第2期。

金书秦、张哲晰、胡钰等:《中国农业绿色转型的历史逻辑、理论阐释与实践探索》,《农业经济问题》2024年第3期。

金轩:《深入推进城乡融合发展 促进城乡共同繁荣(深学笃行阐释习近平经济思想)》,《人民日报》2024年9月25日。

景跃进:《当代中国农村"两委关系"的微观解析与宏观透视》,中央文献出版社2004年版。

李长学:《论乡村振兴战略的本质内涵、逻辑成因与推行路径》,《内蒙古社会科学》(汉文版)2018年第5期。

李超:《乡村振兴背景下农民主体性发挥的制约因素与培育路径》,《贵州社会科学》2023年第12期。

李聪、郭嫚嫚、李明来等:《易地扶贫搬迁农户生态系统服务收益不平等的测度和分解研究》,《统计与信息论坛》2024年第8期。

李光耀、孙乾翔、徐颖等:《乡村振兴背景下的城乡融合发展研究——以徐州市为例》,《商丘师范学院学报》2023年第3期。

李慧敏:《中国式现代化视野下的乡村振兴特征、关键议题与路径安排》,《理论探讨》2024年第1期。

李俊利:《共同富裕视域下高质量推进乡村振兴的价值旨归与实践路径》,《农业经济》2024年第7期。

李林:《乡村振兴与共同富裕:理论逻辑、现实挑战与实现路径》,《河北大学学报》(哲学社会科学版)2024年第2期。

李明:《人民对美好生活的向往就是党的奋斗目标》,《人民论坛》2018年第33期。

李娉:《中国政策试点的三重逻辑:历史、理论与实践》,《学海》2023年第5期。

李实、陈基平、滕阳川:《共同富裕路上的乡村振兴:问题、挑战与建议》,《兰州大学学报》(社会科学版)2021年第3期。

李维露、张明斗:《城乡基本公共服务均等化的时空格局及驱动效应》,《郑州大学学报》(哲学社会科学版)2024年第4期。

李兆友、于士其:《政策试点结果差异的影响因素及生成机制——基于20个案例的清晰集定性比较分析》,《长白学刊》2023年第5期。

李正图:《中国特色社会主义反贫困制度和道路述论》,《四川大学学报》(哲学社会科学版)2020年第1期。

李卓、刘天军、郭占锋等:《乡村走向全面振兴过程中的多元组织机制及其制度逻辑——基于陕西省袁家村的经验研究》,《农业经济问题》2024年第6期。

梁伟军:《以乡村振兴筑牢共同富裕的"三农"基础》,《湖北日报》2021年10月27日。

刘博敏、戴嵘、杜建军:《农业产业集聚对乡村振兴的影响》,《统计与决策》2023年第1期。

刘得扬、朱方明:《统筹城乡发展的理论与实践探讨》,《经济纵横》2011年第12期。

刘格格、周玉玺、葛颜祥:《多样化生态补偿对农村家庭生计策略选择的影响——以生态保护红线区农村家庭为例》,《农村经济》2024年第8期。

刘杰:《深入推进乡村善治 持续夯实振兴根基》,《农民日报》2024年1月4日。

刘晋如、朱炳元:《扎实推进全体人民共同富裕——坚持"脱贫攻坚—乡村振兴—共同富裕"的逻辑进路》,《创新》2022年第2期。

刘明松、曹席:《从乡村振兴战略总要求看党的初心和使命》,《湖北社会科学》2020年第3期。

刘儒、何莉:《以绿色发展促进乡村全面振兴:目标任务、基本依循与路径优化》,《西北农林科技大学学报》(社会科学版)2024年第3期。

刘士林:《苏州的城市化,带着农村一起跑》,《光明日报》2019年4月17日。

刘守英、熊雪锋:《我国乡村振兴战略的实施与制度供给》,《政治经济学评论》2018年第4期。

刘帅:《全面推进乡村振兴 实现全体人民共同富裕》,《人民日报》2023年4月13日。

刘探宙、杨德才:《农村三项土地制度改革的推进模式与叠加效应研究——基于泸县的实证研究》,《农村经济》2018 年第 8 期。

刘小春、李婵、熊惠君:《我国区域基本公共服务均等化水平及其影响因素分析》,《江西社会科学》2021 年第 6 期。

刘彦随、周扬:《中国美丽乡村建设的挑战与对策》,《农业资源与环境学报》2015 年第 2 期。

卢泓钢、郑家喜、陈池波:《中国乡村生活富裕程度的时空演变及其影响因素》,《统计与决策》2021 年第 12 期。

陆倩倩、戴向芸:《"全面实施乡村振兴战略"的三重逻辑》,《辽宁农业职业技术学院学报》2022 年第 1 期。

罗明忠、刘子玉、郭如良:《合作参与、社会资本积累与农户相对贫困缓解——以农民专业合作社参与为例》,《农业现代化研究》2021 年第 5 期。

马德坤:《中国式社会治理现代化的制度需要与路径选择》,《学术界》2024 年第 7 期。

马玉荣:《如何实施乡村振兴战略——专访国务院发展研究中心农村经济研究部部长、研究员叶兴庆》,《中国经济报告》2017 年第 11 期。

麦迪娜·吐逊江、杨瑶:《"目标—行动—反馈"框架下 Z 县脱贫攻坚到乡村振兴的衔接路径——基于产业发展的视角》,《新疆大学学报》(哲学社会科学版)2024 年第 4 期。

麦强盛、李乐:《新型农业经营主体生存动态演化的时空格局及其影响因素》,《地理科学进展》2024 年第 1 期。

梅立润、唐皇凤:《党建引领乡村振兴:证成和思路》,《理论月刊》2019 年第 7 期。

孟祥琳、徐永新:《从脱贫攻坚到乡村振兴:内在逻辑、困境与实践路径》,《河南理工大学学报》(社会科学版)2023 年第 2 期。

明若愚、李凡略、何可:《减污降碳视角下的粮食绿色低碳生产:现实基础、主要问题与优化路径》,《科技导报》2024 年第 16 期。

彭斌:《乡村振兴与共同富裕的协同发展》,《山西财经大学学报》2024 年第 S1 期。

蒲实:《共同富裕目标下乡村振兴的战略逻辑与路径选择》,《行政管理改革》2022 年第 10 期。

乔炎:《解构乡村振兴创新人才培养模式》,《中国农业资源与区划》

2023年第11期。

曲延春：《从"二元"到"一体"：乡村振兴战略下城乡融合发展路径研究》，《理论学刊》2020年第1期。

申云、李京蓉：《我国农村居民生活富裕评价指标体系研究——基于全面建成小康社会的视角》，《调研世界》2020年第1期。

史乃聚、杨卓、李海源：《析乡村振兴战略现实逻辑与实践路径》，《智库理论与实践》2022年第6期。

双传学：《唯物辩证法视域下新发展阶段的历史方位探析》，《中国特色社会主义研究》2021年第4期。

宋惠敏：《乡村振兴与农民工人力资源开发研究》，河北人民出版社2019年版。

宋小霞、王婷婷：《文化振兴是乡村振兴的"根"与"魂"——乡村文化振兴的重要性分析及现状和对策研究》，《山东社会科学》2019年第4期。

宋云鹏：《试点引致政策创新机制研究——以医保和卫生政策为例》，《社会保障评论》2020年第3期。

苏芳、胡玲、梁秀芳：《农业劳动力老龄化对生计效率的影响》，《中国农业资源与区划》2023年第12期。

苏芳、马南南、宋妮妮等：《不同帮扶措施执行效果的差异分析——基于可持续生计分析框架》，《中国软科学》2020年第1期。

苏芳：《乡村振兴背景下农户旅游生计转型对生计能力的影响研究》，《贵州社会科学》2023年第2期。

苏小庆、王颂吉、白永秀：《新型城镇化与乡村振兴联动：现实背景、理论逻辑与实现路径》，《天津社会科学》2020年第3期。

孙凤芝、欧阳辰姗、胥兴安等：《乡村旅游背景下农户生计策略转变意愿研究》，《中国人口·资源与环境》2020年第3期。

孙继国、孙尧：《共同富裕目标下金融科技是否促进了乡村产业振兴》，《财经论丛》2022年第11期。

孙蕾：《共同富裕目标下乡村振兴的理论逻辑与实现路径——基于政治经济学的分析》，《经济问题探索》2022年第11期。

唐健、谭荣：《农村集体建设用地入市路径——基于几个试点地区的观察》，《中国人民大学学报》2019年第1期。

唐任伍、孟娜、叶天希：《共同富裕思想演进、现实价值与实现路径》，《改革》2022年第1期。

唐任伍、史晓雯：《新时代共同富裕的价值取向、价值追求和价值实现》，《新疆师范大学学报》（哲学社会科学版）2023年第4期。

唐任伍、唐堂、李楚翘：《中国共产党成立100年来乡村发展的演进进程、理论逻辑与实践价值》，《改革》2021年第6期。

唐任伍、许传通：《乡村振兴推动共同富裕实现的理论逻辑、内在机理和实施路径》，《中国流通经济》2022年第6期。

唐任伍、张景森：《现代流通体系推动共同富裕实现的功能、作用和路径》，《中国流通经济》2022年第1期。

田光辉、李江苏、苗长虹等：《基于非期望产出的中国城市绿色发展效率及影响因素分析》，《经济地理》2022年第6期。

田祥宇：《乡村振兴驱动共同富裕：逻辑、特征与政策保障》，《山西财经大学学报》2023年第1期。

涂华锦、邱远、赖星华：《科技人才下乡助力乡村振兴的困境与实践——基于广东省河源市的田野调查》，《中国高校科技》2020年第4期。

涂圣伟：《脱贫攻坚与乡村振兴有机衔接：目标导向、重点领域与关键举措》，《中国农村经济》2020年第8期。

万是明：《论党的十九大对新时代社会主要矛盾的认识及其价值》，《社会主义研究》2018年第6期。

汪三贵、马兰、孙俊娜：《从绝对贫困到共同富裕：历史协同、现实基础与未来启示》，《贵州社会科学》2024年第2期。

汪三贵、周园翔、刘明月：《乡村产业振兴与农民增收路径研究》，《贵州社会科学》2023年第4期。

王成利：《顶层设计与基层探索的良性互动——新中国成立70年来农地产权制度变迁研究》，《经济问题》2019年第11期。

王春光：《关于乡村振兴中农民主体性问题的思考》，《社会发展研究》2018年第1期。

王凤臣、刘鑫、许静波：《脱贫攻坚与乡村振兴有效衔接的生成逻辑、价值意蕴及实现路径》，《农业经济与管理》2022年第4期。

王立胜、张弛：《不断完善农村基本经营制度：乡村振兴战略的制度基础》，《理论学刊》2020年第2期。

王萍、柳瑞、朱礼想等：《双碳目标下农户组合能源消费选择研究：基于生计资本》，《生态与农村环境学报》2023年第6期。

王习明：《坚持人的全面发展：新中国如期消灭绝对贫困的密码》，《湖湘论坛》2022年第4期。

王星：《共同富裕视域下全面推进乡村振兴：若干关系和基本原则》，《重庆社会科学》2023年第3期。

王燕红、李俊杰、谭一帆等：《低碳技术引领乡村振兴的作用机制与实践路径——以宁夏光伏产业为例》，《科技管理研究》2024年第13期。

王耀晨、张桂文：《中国城乡融合发展进程评价》，《统计与决策》2022年第24期。

王兆林、王洁仪：《易地扶贫搬迁户返贫风险因素识别及防范策略——基于武陵山区典型项目区的调查研究》，《西南大学学报》（社会科学版）2024年第3期。

王振振、王立剑：《精准扶贫可以提升农村贫困户可持续生计吗？——基于陕西省70个县（区）的调查》，《农业经济问题》2019年第4期。

卫兴华：《论社会主义共同富裕》，《经济纵横》2013年第1期。

魏后凯、姜长云、孔祥智等：《全面推进乡村振兴：权威专家深度解读十九届五中全会精神》，《中国农村经济》2021年第1期。

魏后凯：《实施乡村振兴战略的科学基础和重点任务》，《团结》2018年第1期。

魏丽莉、张晶：《改革开放40年中国农村民生政策的演进与展望：基于中央一号文件的政策文本量化分析》，《兰州大学学报》（社会科学版）2018年第5期。

温铁军：《激活沉淀资产 以乡村振兴助力国内大循环》，《中国农村金融》2021年第1期。

文丰安：《新时代城乡共同富裕融合发展论——基于对党的二十大精神的学习与研究》，《重庆大学学报》（社会科学版）2022年第6期。

文宏：《建国以来乡村振兴路程回顾及未来展望——基于政策文本的内容分析》，《南通大学学报》（社会科学版）2019年第1期。

吴海峰：《乡村产业兴旺的基本特征与实现路径研究》，《中州学刊》2018年第12期。

伍薇、刘锐金、何长辉等：《基于生计资本的农户可持续生计研究——以滇琼天然橡胶主产区为例》,《热带地理》2024 年第 4 期。

武汉大学乡村振兴研究课题组:《脱贫攻坚与乡村振兴战略的有效衔接——来自贵州省的调研》,《中国人口科学》2021 年第 2 期。

奚哲伟、史婵、王小林:《共同富裕目标下县域基本公共服务短板及均等化政策分析》,《农业经济问题》2024 年第 2 期。

夏柱智:《农村土地制度改革的进展、问题和启示——基于 33 个试点的资料》,《云南行政学院学报》2017 年第 5 期。

肖开红、刘威:《电商扶贫效果评价及可持续反贫政策建议——基于农户可持续生计能力视角的实证研究》,《河南大学学报》(社会科学版) 2021 年第 5 期。

肖洋、陈佳、杨新军等:《社会—生态网络视角下干旱区农户生计适应路径及影响机理——以甘肃省民勤县为例》,《地理研究》2024 年第 8 期。

谢迪斌:《中国共产党民族复兴话语的百年建构与演进》,《求索》2021 年第 3 期。

谢乾丰、朱艳琳、冯讲琴:《脱贫攻坚与乡村振兴有效衔接问题研究——以江西省吉安市为研究对象》,《特区经济》2022 年第 8 期。

熊兴、余兴厚、王宇昕:《我国区域基本公共服务均等化水平测度与影响因素》,《西南民族大学学报》(人文社科版) 2018 年第 3 期。

徐勇:《中国农村村民自治》,华中师范大学出版社 1997 年版。

徐越:《乡村振兴战略背景下的乡风文明建设》,《红旗文稿》2019 年第 21 期。

许源源、陈安妮:《共同富裕目标下的乡村健康服务:价值意蕴、现实困境和优化路径》,《贵州师范大学学报》(社会科学版) 2023 年第 2 期。

薛凯丽、范建平、匡海波等:《基于两阶段交叉效率模型的中国商业银行效率评价》,《中国管理科学》2021 年第 10 期。

闫仲宇、张建军、曾磊:《乡村振兴战略视域下的美丽乡村建设对策创新研究》,《浙江工商职业技术学院学报》2022 年第 4 期。

严俊:《艺术乡建与文化自觉:关于目的、过程与影响的社会学思考》,《艺术工作》2021 年第 6 期。

严小龙、严驰洋:《乡村振兴战略下土地确权的实践形式和优化路径研究》,《马克思主义与现实》2022 年第 6 期。

颜军:《对习近平关于人民美好生活重要论述的深入思考》,《科学社会主义》2020 年第 2 期。

颜晓峰:《深刻认识中国特色社会主义新时代的历史新方位》,《思想理论教育导刊》2022 年第 10 期。

杨昌莲、黄海燕:《实施乡村振兴战略的成效与策略研究——以贵州省从江县少数民族地区为例》,《南方农机》2021 年第 12 期。

杨健燕、张宝锋等:《河南共享发展:现实与未来》,社会科学文献出版社 2017 年版。

杨丽、耿宪兵:《中国共产党领导乡村意识形态建构的百年历程与基本经验》,《南京审计大学学报》2021 年第 6 期。

杨伟民等:《新中国发展规划 70 年》,人民出版社 2019 年版。

姚树荣、熊雪锋:《以宅基地有偿退出改革助推易地扶贫——四川省泸县"嘉明模式"分析》,《农村经济》2017 年第 2 期。

叶敬忠、胡琴:《共同富裕目标下的乡村振兴:主要挑战与重点回应》,《农村经济》2022 年第 2 期。

尹广文:《新时代乡村振兴战略背景下乡村社会治理体系建构研究》,《兰州学刊》2019 年第 5 期。

余永和:《农村宅基地退出试点改革:模式、困境与对策》,《求实》2019 年第 4 期。

岳国芳:《脱贫攻坚与乡村振兴的衔接机制构建》,《经济问题》2020 年第 8 期。

岳文泽、钟鹏宇、甄延临等:《从城乡统筹走向城乡融合:缘起与实践》,《苏州大学学报》(哲学社会科学版) 2021 年第 4 期。

曾鸣、孙长坪、李定珍:《深化供销合作社综合改革的困境与路径——基于湖南省的调研分析》,《商业经济研究》2023 年第 16 期。

曾学文、徐拓远:《共同富裕视角下农村金融高质量发展:理论分析与实现路径》,《宏观质量研究》2024 年第 3 期。

曾卓骐、王跃:《战略性新兴产业上市公司动态创新效率测度及其影响因素研究——基于两阶段 DSBM 模型与 Tobit 模型》,《科技进步与对策》2022 年第 21 期。

张长娟:《加强农村生态环境治理建设美丽乡村》,《河南日报》2015

年11月1日。

张崇梅、汪为：《风险冲击、金融行为与农户可持续生计》，《山西财经大学学报》2024年第6期。

张大维：《优势治理的概念建构与乡村振兴的国际经验——政府与农民有效衔接的视角》，《山东社会科学》2019年第7期。

张凤翱：《陈云与新中国成立初期的纺织工业》，《党的文献》2020年第2期。

张厚安：《村民自治：中国农村基层民主建设的必由之路》，《河北学刊》2008年第1期。

张晶、王一桐：《基于人的全面发展视野下乡村振兴战略》，《经济研究导刊》2022年第30期。

张军：《新乡贤的嵌入与乡村治理结构的转型——基于两个村庄的比较分析》，《社会发展研究》2023年第1期。

张明皓、叶敬忠：《城乡融合发展推动共同富裕的内在机理与实现路径》，《农村经济》2022年第11期。

张平、周国华、余翰武等：《传统村落旅游生计转型意愿及影响机制研究——以古丈县默戎镇龙鼻嘴村为例》，《人文地理》2024年第2期。

张骞予：《以城乡公共服务均等化促进新型城镇化》，《宏观经济管理》2013年第10期。

张书慧、刘晓倩：《乡村振兴助力共同富裕：逻辑关系、道路羁绊与路径选择》，《当代经济管理》2023年第5期。

张晓山：《发展壮大农村新型集体经济刍议》，载《中国农村经济形势分析与预测（2017~2018）》，社会科学文献出版社2018年版。

张勇、张宇豪：《农村集体经营性建设用地入市的内在逻辑和实施路径》，《西北农林科技大学学报》（社会科学版）2024年第5期。

张占斌：《以制度系统集成创新扎实推动共同富裕》，《马克思主义与现实》2022年第2期。

张照新、吴天龙：《培育社会组织推进"以农民为中心"的乡村振兴战略》，《经济纵横》2019年第1期。

张志元、李洋：《共同富裕视域下高质量推进乡村振兴的路径探析》，《长白学刊》2022年第6期。

章俊、赵旭、姚叶平：《农村集体经营性建设用地入市的"德清实践"》,《浙江国土资源》2020年第4期。

赵延安、陈凤仪:《乡村振兴战略的思想资源、科学内涵和实现路径》,《西北农林科技大学学报》(社会科学版)2023年第6期。

赵媛媛:《马克思主义指导下的新农村建设哲学问题探讨》,《农业技术经济》2022年第5期。

周冬、叶睿:《农村电子商务发展的影响因素与政府的支持——基于模糊集定性比较分析的实证研究》,《农村经济》2019年第2期。

周立:《乡村振兴战略与中国的百年乡村振兴实践》,《人民论坛·学术前沿》2018年第3期。

周文、唐教成:《乡村振兴与共同富裕:问题与实践路径》,《浙江工商大学学报》2022年第6期。

周文、肖玉飞:《深刻把握习近平经济思想的三重逻辑要义》,《经济问题探索》2022年第6期。

周文、张旭、郭冠清等:《学习贯彻党的二十届三中全会精神笔谈》,《河北经贸大学学报》2024年第5期。

朱东波:《习近平绿色发展理念:思想基础、内涵体系与时代价值》,《经济学家》2020年第3期。

朱海波、聂凤英:《深度贫困地区脱贫攻坚与乡村振兴有效衔接的逻辑与路径——产业发展的视角》,《南京农业大学学报》(社会科学版)2020年第3期。

朱海波、熊雪、崔凯等:《深度贫困地区农产品电商发展:问题、趋势与对策》,《农村金融研究》2020年第10期。

庄天慧、孙锦杨、杨浩:《精准脱贫与乡村振兴的内在逻辑及有机衔接路径研究》,《西南民族大学学报》(人文社科版)2018年第12期。

英文文献

Banker, R. D., Charnes, A. W., & Cooper, W., "Some Models for Estimating Technical and Scale Inefficiencies in Data Envelopment Analysis", *Management Science*, Vol. 30, No. 9, 1984.

Sara, H., Samer, Y., Laurel, B., "The Role of Pilot Projects in Urban Climate Change Policy Innovation". *Policy Studies Journal*, Vol. 48, No. 2, 2020.

Su, F., Chang, J. B., Shang, H. Y., "Coupling Coordination Analysis of

Livelihood Efficiency and Land Use for Households in Poverty-Alleviated Mountainous Areas", *Land*, Vol. 10, No. 11, 2021.

Su, F., Yin, Y. J., "Optimal Livelihood Strategy for Different Poverty Groups among Farmers: A Case Study of the Qin-Ba Mountain Area in South-Shaanxi, China", *Journal of Mountain Science*, Vol. 17, No. 5, 2020.

Su, S., Zhang, F., "Modeling the Role of Environmental Regulations in Regional Green Economy Efficiency of China: Empirical Evidence From Super Efficiency DEA-Tobit Model", *Journal of environmental management*, Vol. 261, 2020.

Weible, C. M., Sabatier, P. A., et al., "Coalitions, Science, and Belief Change: Comparing Adversarial and Collaborative Policy Subsystems", *Policy Studies Journal*, Vol. 37, No. 2, 2009.